Nadine Grochla

Qualität und Bildung

Vechtaer Beiträge zur Frühpädagogik

herausgegeben von

Prof. Dr. Annette M. Stroß
Prof. Dr. Rudolf Rehn
Prof. Dr. Egon Spiegel

Band 2

LIT

Nadine Grochla

Qualität und Bildung

Eine Analyse
des wissenschaftlichen Diskurses
in der Frühpädagogik

LIT

Umschlagbild: www.artilerie.com, Bartosz Boron

Bibliografische Information der Deutschen Nationalbibliothek
Die Deutsche Nationalbibliothek verzeichnet diese Publikation in der
Deutschen Nationalbibliografie; detaillierte bibliografische Daten sind
im Internet über http://dnb.d-nb.de abrufbar.

ISBN 978-3-8258-1764-0

© LIT VERLAG Dr. W. Hopf Berlin 2008
Verlagskontakt:
Fresnostr. 2   D-48159 Münster
Tel. +49 (0) 2 51/620 32 - 22   Fax +49 (0) 2 51/922 60 99
e-Mail: lit@lit-verlag.de   http://www.lit-verlag.de

Auslieferung:
Deutschland/Schweiz: LIT Verlag Fresnostr. 2, D-48159 Münster
Tel. +49 (0) 2 51/620 32 - 22, Fax +49 (0) 2 51/922 60 99, e-Mail: vertrieb@lit-verlag.de
Österreich: Medienlogistik Pichler-ÖBZ GmbH & Co KG
IZ-NÖ, Süd, Straße 1, Objekt 34, A-2355 Wiener Neudorf
Tel. +43 (0) 2236/63 535-290, +43 (0) 2236/63 535 - 243, mlo@medien-logistik.at

Für meine Eltern, meinen Bruder und meine Schweden.

Danke für die Unterstützung in allen Lebenslagen.

S. 29   Experten

S. 30   Kontext in Qualk

S. 34   Qualität Kitas → Kinder

S. 36   Viereck: Perzeptive Kinder

S. 40: Fühlen wir überhaupt die Qualität di Kinder
oder überprüfen wir die Einhaltung der HiNBE?

Reihe „Vechtaer Beiträge zur Frühpädagogik"

Als einem speziellen erziehungswissenschaftlichen Reflexions- und Handlungsfeld eignet der Frühpädagogik eine hohe bildungspolitische Relevanz. Dem vielfältigen gesellschaftlichen bzw. politischen Interesse an der Frühpädagogik (der Elementarerziehung, Kleinkinderziehung, vorschulischen Erziehung usw.) entspricht ein mittlerweile expandierendes Forschungsfeld. Gleichwohl sind in der frühpädagogischen Forschung nach wie vor Defizite zu verzeichnen. Denn weder ist die Forschung zur Genüge disziplinenübergreifend ausgerichtet noch wird der Anschluss an bildungswissenschaftliche Debatten in hinreichendem Maße gesucht. Dabei bedarf gerade die frühpädagogische Forschung einer interdisziplinären bildungswissenschaftlichen Ausrichtung.

Die „Vechtaer Beiträge zur Frühpädagogik" stellen sich diesen Erfordernissen in mehrfacher Hinsicht und bieten eine Plattform für den Austausch. Mit dem dieser Reihe zugrunde liegenden Zusammenwirken von Allgemeiner Pädagogik, Philosophie und Praktischer Theologie wird der Notwendigkeit einer heute nur noch interdisziplinär voranzutreibenden Wissenschaft der Frühpädagogik Rechnung getragen. Zugleich liefern Allgemeine Pädagogik, Philosophie und Praktische Theologie einen bildungswissenschaftlichen Rahmen bzw. Ausgangspunkt für Forschungsarbeiten im Feld der Frühpädagogik. Die Reihe ist auch zu sehen im Zusammenhang mit der vom Fach Allgemeine Pädagogik an der Hochschule Vechta gegründeten Arbeitsstelle „Qualität in der Frühpädagogik" (AFP), an der neben den Kooperationspartnern aus Philosophie und Theologie weitere Wissenschaftlerinnen/Wissenschaftler der Hochschule Vechta und anderer Universitäten bzw. Expertinnen/Experten diverser Bildungseinrichtungen beteiligt sind.

Die Herausgeber forschen und lehren u.a. im Bereich der Lehrerbildung an der Vechtaer Hochschule und sind hier zugleich in der universitären Weiterbildung von Erzieherinnen/Erziehern tätig: Professorin Dr. Annette M. Stroß (Allgemeine Pädagogik), Professor Dr. Rudolf Rehn (Philosophie), Professor Dr. Egon Spiegel (Praktische Theologie).

Die Reihe richtet sich an Erzieherinnen/Erzieher und Praktikantinnen/Praktikanten in Kindertagesstätten, an bildungspolitisch verantwortliche Funktionsträger, Elternvertreter und Eltern, an (Fortbildungs-)Beauftragte in kirchlicher, kommunaler und anderer Trägerschaft, an Studierende der Frühpädagogik an Universitäten und Fachhochschulen in Aus- und Weiterbildung, an Auszubildende an Fachschulen sowie an Dozentinnen/Dozenten in verschiedenen Bereichen der Frühpädagogik.

Danksagung

Mein Dank gilt Allen, ohne die diese Arbeit heute nicht in dieser Form vorliegen würde.

Frau Prof. Dr. Annette M. Stroß möchte ich für die gute Betreuung und Unterstützung danken, die sie mir bis heute bietet. Mein Dank gilt ebenfalls Herrn Prof. Dr. Egon Spiegel, auch auf seine Unterstützung und Hilfe kann ich stets bauen. Beiden gilt auch maßgeblich ein Dank dafür, dass sie die Veröffentlichung dieser Arbeit ermöglicht haben.

Frau Gerda Büssing danke ich für die Durchführung der umfangreichen Formatierungsarbeiten, die als Vorbereitung für die Veröffentlichung notwendig waren.

Schließlich möchte ich meiner Familie dafür danken, dass sie mir während des Schreibens stets den Rücken freigehalten und mir so die Möglichkeit geboten hat, mich ganz auf meine Arbeit zu konzentrieren.

Einleitung

„Als eine Kommission der Organisation für wirtschaftliche Zusammenarbeit und Entwicklung (OECD) vor zwei Jahren Deutschland besuchte, zählten die Experten nur eine Hand voll Professorenstellen für Elementarpädagogik ... weniger als für japanische Sprache, wie die internationalen Experten in ihrem Abschlussbericht spitz anmerkten."[1]
Auch wenn in diesem Kontext darauf hinzuweisen ist, dass sich die Anzahl expliziter Lehrstühle für Frühpädagogik in Deutschland bis heute nicht grundlegend diversifiziert hat, lässt sich dennoch feststellen, dass in jüngster Zeit Themen der Frühpädagogik kontroverse Diskussionen erfahren.

Die Gründe für diese Entwicklung sind vor allem in einem verstärkten öffentlichen Interesse an dem Bereich der Frühpädagogik zu finden. So waren es primär die Ergebnisse der PISA-Studie, die Mängel am Bildungssystem Deutschlands offen legten und besonders den vorschulischen Bereich als erste Stufe des Bildungssystems verstärkt in den Fokus rückten. Zu groß war doch der Abstand zu Ländern, die mehr als Deutschland in die vorschulische Bildung und Erziehung investieren. Eine Reformierung des vorschulischen Bereichs steht seit dieser Zeit außer Frage und erinnert an Intentionen, die bereits in den 1970er Jahren Deutschland bewegten. Leider belegt ein Blick auf das heutige vorschulische System, dass damalige Bemühungen weitestgehend leer ausliefen. Ein Positives hat die Sache dennoch, denn aus Fehlern kann man bekanntlich lernen – eine Weisheit, der auch die wissenschaftliche Welt der Frühpädagogik zu folgen scheint. Denn so ist vor allem in den letzten Jahren eine nahezu gigantische Bewegung ins Feld der Frühpädagogik gekommen, die wie nie zuvor ihre Reputation in Politik und Gesellschaft findet. Der wissenschaftliche Diskurs der Frühpädagogik in Deutschland speist sich dabei vor allem aus zwei Quellen: Zum einen geht es um die Frage nach der Qualität von Kindertageseinrichtungen, zum anderen um den bislang eher verkannten Bildungsauftrag des Kindergartens.

Letzteren belegt ein kurzer Blick ins Gesetz, so heißt es im Kinder- und Jugendhilfegesetz:

„In Kindergärten ... soll die Entwicklung des Kindes zu einer eigenverantwortlichen und gemeinschaftsfähigen Persönlichkeit gefördert werden ... Die Aufgabe umfasst die Betreuung, Bildung und Erziehung des Kindes."[2]

---

[1]   Spiewak in: Die Zeit 29.9.2006.
[2]   Kinder und Jugendhilfegesetz, § 22.

„Die Zugehörigkeit von Kindertageseinrichtungen zum Bildungssystem ist in allerjüngster Zeit sozusagen wieder entdeckt worden."[3] Das Fundament für diese Exploration bietet vor allem die Erkenntnis, dass die Lernfähigkeit des Menschen in den frühen Jahren besonders stark ausgeprägt ist und Lernprozesse in der frühen Kindheit „eine nahezu schicksalhafte Basis für die lebenslange Bildungsbiographie eines Menschen darstellen."[4]

Bislang lastete dem Kindergarten eher eine gewisse Trivialität an. So tragen Kinder in der Schule den Namen ‚Schüler' – ein Begriff mit dem sich nahezu zwangsläufig Termini wie Lernen und Wissenserwerb verbinden. Im Kindergarten sind sie Kinder – zwar nicht mehr im Sinne Aristoteles, der die Kindheit als Unglück des menschlichen Lebens, vergleichbar mit einem schweren Schicksalsschlag definiert[5], aber dennoch als in der Entwicklung begriffene Wesen - die vor allem der Betreuung, eventuell auch der Erziehung bedürfen, aber der Bildung? Wenn auch die Antwort aller Wissenschaftler des frühpädagogischen Bereichs auf diese Frage ein eindeutiges ‚Ja' ist, so wird diese Arbeit zeigen, für wie viel Streitstoff das Thema Bildung doch sorgen kann.

Nicht anders sieht es mit der Qualität von Kindertageseinrichtungen aus. Da stellt sich vor allem die konstitutive Frage, was denn unter Qualität genau zu fassen sei. Es sind genau diese Ungereimtheiten, die verschiedenen Perspektiven und die unterschiedlichsten Meinungen einzelner Wissenschaftler, die den Gegenstand dieser Arbeit bilden. Es geht um die Fragen: Wer positioniert sich im Diskurs an welcher Stelle? Wer denunziert wen? Wer ist Freund und wer ist Feind?

Möchte man das Ganze vor dem Hintergrund einer Theorie betrachten, so scheint die des sozialen Raumes von Bourdieu als adäquat.

Bourdieu definiert die soziale Welt als einen mehrdimensionalen Raum, in welchem Akteure oder Gruppen von Akteure ihre je spezifische Stellung haben.[6] Anhand der Stellung im sozialen Raum lassen sich einzelne Klassen spezifizieren, d.h. es existieren Ensembles von Akteuren mit ähnlichen Stel-

---

[3] Laewen/Andres 2002b, S. 36.

[4] Liegle 2006, S. 7.

[5] Vgl. Schäfer, J. 1987, S. 12.

[6] Vgl. Bourdieu 1985, S. 9. Als Konstruktionsprinzip dienen Bourdieu die verschiedenen Kapitalsorten (ökonomisches, soziales, kulturelles und symbolisches Kapital). Da eine Analyse des Diskurses anhand sämtlicher Kapitalsorten zu weit greifen würde, belasse ich es bei dieser Erwähnung in der Fußnote und greife die Theorie Bourdieus lediglich in den genannten Aspekten auf.

lungen. Bourdieu geht davon aus, dass der Zusammenschluss von einzelnen Akteuren um so wahrscheinlicher ist, je näher sich die Akteure im sozialen Raum stehen. Jedoch ist eine solche Annäherung nicht zwingend notwendig, da beispielsweise direkte Konkurrenz einen Faktor darstellt, der einer Annäherung hinderlich sein kann.[7]

Des weiteren geht Bourdieu davon aus, dass die Akteure bemüht sind ihre eigene Stellung in der sozialen Welt durchzusetzen und zu behaupten. Dies geschieht vor allem durch das Fällen positiver oder negativer Urteile, Lob und Tadel, Komplimente, Beleidigungen, Kritik oder Anklage.[8]

Diese ‚Kurzfassung' der Theorie Bourdieus soll als Folie für das Verständnis des frühpädagogischen Diskurses dienen. So gehe ich generell davon aus, dass die einzelnen Wissenschaftler als Akteure einer gemeinsamen Gruppe auftreten – einer Gruppe, die sich jedoch nicht aus paritätischen Mitgliedern zusammensetzt, sondern die durch eine permanente Aushandlung der sozialen Stellungen gekennzeichnet ist. Bourdieu spricht von Lob und Tadel, positiven und negativen Urteilen, Kritik und Anklage, all dies sind Aspekte, die in dieser Arbeit zum Ausdruck kommen werden und die zeigen, wie viel Klärungsbedarf beim ‚Innovationsprojekt Frühpädagogik'[9] noch von Nöten zu sein scheint.

Ich möchte anmerken, dass ich mit dieser Arbeit nicht den Anspruch erheben möchte bzw. kann, alle Personen, die im wissenschaftlichen Bereich der Frühpädagogik tätig sind, die ihnen gebührende Aufmerksamkeit zuteil werden zu lassen. Ich werde mich daher auf die Personen beschränken, die sich bei meiner Auseinandersetzung mit dem gegenwärtigen Diskurs als besonders relevant erwiesen haben.

Im ersten Teil meiner Arbeit möchte ich eine kurze begründete Auswahl der von mir betrachteten Wissenschaftler liefern, sowie einen generellen Einblick in die von mir gewählten Thematiken Qualität und Bildung geben. Die Arbeit gliedert sich dann im Folgenden in diese beiden großen Themenbereiche.

Den ersten Teil meiner Arbeit widme ich dem Bereich der Qualität. Hier wird es zunächst um die wesentliche Frage gehen, welche Relevanz der Qualität innerhalb von Kindertageseinrichtungen zukommt. Im Folgenden betrachte ich dann verschiedene theoretische Zugänge, bzw. Konstrukte von

---

[7] Vgl. Bourdieu 1985, S. 13.
[8] Vgl. Bourdieu 1985, S. 16.
[9] Ich orientiere mich hierbei an einem Buchtitel von Hammes-Di Bernardo und Hebenstreit-Müller (2005).

Qualität, sowie die Differenz zwischen einem einschließenden und einem ausschließenden Ansatz. Diese liefern mir die Basis, um der Frage nachzugehen, was die einzelnen Wissenschaftler für einen Begriff von Qualität entwickeln, wo Konformität oder unüberwindbare Differenzen vorzuliegen scheinen. Einen Hauptaspekt bildet dabei stets die Frage, ob die einzelnen Wissenschaftler einen einschließenden bzw. ausschließenden Ansatz der Definition, Feststellung und Sicherung von Qualität präferieren.

Dass Kinder, die eindeutig als Hauptnutzer von Kindertageseinrichtungen betitelt werden können, ganz evident im Fokus sämtlicher Qualitätsfragen stehen, scheint unumstritten. Wie diese Perspektive der Kinder jedoch in Forschungsarbeiten integriert wird, dient mir als weiterer Punkt, um den Diskurs der Frühpädagogik näher zu beleuchten. Ähnlich steht es mit Qualität als einem perspektivistischen Konstrukt, einem Ansatz, der sich als prädestiniert dafür erweist, Differenzen zwischen den Wissenschaftlern auszuweisen und sie im Diskurs zu positionieren. Wie unterschiedlich Forschungsarbeiten zur Qualitätsthematik sein können, möchte ich im Folgenden anhand zweier Ansätze darstellen, die wohl kaum konträrer sein könnten. Zum einen die Studie ‚Wie gut sind unsere Kindergärten?‘ von Wolfgang Tietze und in diesem Zusammenhang auch die von ihm entwickelte ‚Kindergarten-Skala‘ als Verfahren zur Qualitätsfeststellung, zum anderen das Qualitätskonzept des Modellprojekts ‚Kindersituationen‘ von Jürgen Zimmer.

Einen weiteren großen Part in dieser Arbeit nehmen die Projekte zur Nationalen Qualitätsinitiative ein. Nach einer eingehenden Betrachtung der einzelnen Projekte, die ich erneut primär mit dem Fokus auf einen einschließenden bzw. ausschließenden Ansatz vornehme – ich habe dazu das Trägerprojekt von Wassilios E. Fthenakis, Qualität im Situationsansatz von Christa Preissing sowie den Nationalen Kriterienkatalog von Wolfgang Tietze ausgewählt – möchte ich der Frage nachgehen, ob die Nationale Qualitätsinitiative zu einem Konsens unter den beteiligten Wissenschaftlern geführt hat.

Um einen Übergang zur Bildungsthematik zu generieren, gehe ich zunächst der Frage nach, in welchem Konnex Bildung und Qualität in Kindertageseinrichtungen zueinander stehen. Ich möchte dabei auch der Frage nachgehen, inwiefern die Bildungsthematik ihren Einzug in die Projekte der Nationalen Qualitätsinitiative gefunden hat.

Um dezidiert auf den Diskurs im Bereich der frühkindlichen Bildung einzugehen, wähle ich die beiden Pole Selbstbildung versus Ko-Konstruktivismus aus, da diese als Hauptdiskussionspunkte des Bildungsdiskurses betitelt werden können. Es wird in diesem Kontext um die Bildungskonzepte von Gerd E. Schäfer, Hans-Joachim Laewen und Wassilios E. Fthenakis gehen. Im Anschluss daran gehe ich in Bezug auf Hans-Günther Roßbach der Frage nach, ob die Debatte um Selbstbildung versus Ko-Konstruktivismus wahrhaft so konstitutiv ist, um einen so hohen Stellenwert im Diskurs zu rechtfertigen. Ein Aspekt wird in diesem Zusammenhang auch das Bildungskonzept von Ludwig Liegle darstellen. Während die eben genannten Konzeptionen frühkindlicher Bildung als ‚aktuell' oder ‚innovativ' deklariert werden können, existiert ein weiteres Bildungskonzept, das seine Wurzeln bereits in den Reformbemühungen der 1970er Jahre hat: Der Situationsansatz. Als wohl meist diskutiertes und kritisiertes Bildungskonzept des vorschulischen Bereichs, bietet er eine weitere Basis, um sich dem wissenschaftlichen Diskurs zu nähern.

Den Abschluss der Bildungsthematik stellt ein kurzer Vergleich der Bildungspläne Bayerns und Nordrhein-Westfalens dar. Es geht dabei wesentlich um die Frage, welcher Stellenwert dem Erwerb von Kompetenzen im vorschulischen Bereich zukommt.

Am Ende dieser Arbeit steht ein kurzes Resümee, in dem ich bemüht bin, den Diskurs in einer kurzen Gesamtschau darzustellen.

11

1 Zur Auswahl der Wissenschaftler

Wie bereits eingangs erwähnt, sind im Feld der Frühpädagogik in den letzten Jahren immense Bewegungen zu konstatieren. So gibt es heute eine Vielzahl von Personen, die sich auf wissenschaftlicher Ebene mit Thematiken der Frühpädagogik befasst. Obwohl in diesem Kontext wohl viele Namen nennenswert wären, muss ich mich Rahmen dieser Arbeit auf einige wenige beschränken. Auch wenn es nahe liegen würde, habe ich mich mit meiner Auswahl nicht an den Personen orientiert, die einen expliziten Lehrstuhl für Frühpädagogik innehaben, sondern an Personen, die mir bei einer anfänglichen Auseinandersetzung mit dem Diskurs besonders ins Auge gefallen sind. Ein weiterer Orientierungspunkt bot sich mir in der Fülle an Literatur, die im Zusammenhang mit den Thematiken Bildung und Qualität vorzufinden ist.[10] So lassen sich Wissenschaftler identifizieren, die sich besonders häufig mit dem einen oder anderen Thema auseinandergesetzt haben.

Ich habe für meine Diskursanalyse folgende Personen ausgewählt:

1. *Prof. Dr. Dr. Dr. Wassilios E. Fthenakis* ist Professor für Entwicklungspsychologie und Anthropologie an der Freien Universität Bozen. Bis zum Jahr 2006 war er zudem Leiter des Bayerischen Staatsinstituts für Frühpädagogik in München. Fthenakis zeichnet sich durch zahlreiche Veröffentlichungen im frühpädagogischen Bereich und eine Mitgliedschaft bei über 20 wissenschaftlichen Organisationen weltweit aus.

2. *Prof. Dr. Michael-Sebastian Honig* ist Professor für Pädagogik unter besonderer Berücksichtigung von Theorie, Geschichte und Methoden der Sozialpädagogik an der Universität Trier. Bis zum Jahr 2006 war er Vorstandsmitglied der ‚Kommission Pädagogik der frühen Kindheit'. Er befasst sich

---

[10] Vgl. z.B. die zahlreichen Veröffentlichungen von Fthenakis, wie z.B. Fthenakis/Textor: Qualität von Kinderbetreuung. Konzepte, Forschungsergebnisse, internationaler Vergleich, Weinheim und Basel 1998; Fthenakis/Oberhuemer: Ausbildungsqualität. Strategiekonzepte zur Weiterentwicklung der Ausbildung von Erziehern und Erzieherinnen, Neuwied, Kriftel, Berlin 2002; die Veröffentlichungen von Tietze, wie z.B.: Tietze/Roßbach/Grenner: Kinder von 4 bis 8 Jahren. Zur Qualität von der Erziehung und Bildung in Kindergarten, Grundschule und Familie, Weinheim 2005; Tietze: Wie gut sind unsere Kindergärten?, Neuwied 1998; die Veröffentlichungen von Schäfer, wie z.B.: Schäfer: Bildungsprozesse im Kindesalter. Selbstbildung, Erfahrung und Lernen in der frühen Kindheit, Weinheim und München 2005; Schäfer: Spielphantasie und Spielumwelt. Spielen, Bilden und Gestalten als Prozesse zwischen Innen und Außen, Weinheim und München 1989.

sowohl mit der Qualität von Kindertageseinrichtungen, als auch mit Bildungsfragen der frühen Kindheit. So leitete er zum Beispiel die Begleitstudie zur Umsetzung der Bildungs- und Erziehungsempfehlungen in Kindertageseinrichtungen in Rheinland-Pfalz. Relevant für den Diskurs ist jedoch vor allem seine Auseinandersetzung mit der Qualitätsthematik.

3. *Hans-Joachim Laewen* ist Soziologe und war in den Jahren 1980-1987 als wissenschaftlicher Mitarbeiter am Institut für Kleinkindpädagogik an der Freien Universität Berlin tätig. Im Jahr 1988 gründete er mit Beate Andres das 'Institut für angewandte Sozialforschung/Frühe Kindheit e.V.' (infans). Laewen befasst sich vor allem mit Bildungsfragen der frühen Kindheit.

4. *Prof. Dr. Ludwig Liegle* ist seit 1973 Professor am Institut für Erziehungswissenschaft an der Eberhard Karls Universität Tübingen (inzwischen emeritiert). Neben seinen Arbeitschwerpunkten der vergleichenden Erziehungswissenschaft und der Generationsbeziehungen in Familie und Gesellschaft, befasst er sich vor allem mit der frühkindlichen Bildung. Exemplarisch sei hier sein Werk 'Bildung in der frühen Kindheit' (2006) zu nennen.

5. *Dr. Christa Preissing* ist Geschäftsführerin am Institut für den Situationsansatz der Internationalen Akademie für innovative Pädagogik, Psychologie und Ökonomie gGmbH an der Freien Universität Berlin. In den Jahren 1998 bis 2004 war sie als Hochschulassistentin im Arbeitsbereich interkulturelle Erziehungswissenschaft an der Freien Universität Berlin tätig. Preissing widmet sich mit ihren Arbeiten vor allem dem Situationsansatz und war daher auch mit einem entsprechenden Projekt bei der Nationalen Qualitätsinitiative betraut.

6. *Prof. Dr. Hans-Günther Roßbach* hat seit 2002 einen Lehrstuhl für Elementarpädagogik an der Otto-Friedrich-Universität Bamberg inne. Er befasst sich vor allem in Zusammenarbeit mit Prof. Dr. Wolfgang Tietze mit der Qualität von Kindertageseinrichtungen. Es lassen sich ebenfalls Veröffentlichungen im Bereich der frühkindlichen Bildung von ihm finden.

7. *Prof. Dr. Gerd E. Schäfer* hat seit 1997 einen Lehrstuhl für Erziehungswissenschaft mit dem Schwerpunkt Pädagogik der frühen Kindheit an der Universität zu Köln inne. Sein Arbeitsschwerpunkt liegt vor allem im Bereich der frühkindlichen Bildung.

8. *Prof. Dr. Wolfgang Tietze* ist seit 1994 als Professor für Erziehungswissenschaft mit dem Schwerpunkt Kleinkindpädagogik an der Freien Universität Berlin tätig. Sein Arbeitsschwerpunkt liegt eindeutig auf der Qualität von Kindertageseinrichtungen. Dies belegen vor allem eine Vielzahl von Veröffentlichungen in diesem Bereich, sowie seine Mitarbeit an der Nationalen Qualitätsinitiative.

9. *Prof. Dr. Susanne Viernickel* lehrt seit 2005 Bildungsmanagement und Pädagogik mit dem Schwerpunkt frühe Kindheit an der Fachhochschule Koblenz/Remagen. In den Jahren 1998-2004 war sie als wissenschaftliche Assistentin am Arbeitsbereich Kleinkindpädagogik an der Freien Universität Berlin tätig. Zudem war sie Mitarbeiterin an Tietzes Projekt zur Nationalen Qualitätsinitiative.

10. *Prof. Dr. Jürgen Zimmer,* emeritierter Professor am Institut für interkulturelle Erziehungswissenschaft an der Freien Universität Berlin ist Gründer der Internationalen Akademie für innovative Pädagogik, Psychologie und Ökonomie gGmbH (INA) an der Freien Universität Berlin. Sein Name steht vor allem für den Situationsansatz. Zimmer war bereits bei den Reformbemühungen der 1970er Jahre mit der Curriculumentwicklung befasst.

Es wird im Folgenden also wesentlich um diese zehn Personen gehen. Natürlich muss ich vorab darauf verweisen, dass hin und wieder auch Personen Erwähnung finden werden, die aus der von mir gewählten Perspektive eher marginal am Diskurs beteiligt sind. Allerdings sind ihre Argumente oftmals so treffend, dass es bedauernswert wäre, sie nicht in diese Arbeit zu integrieren.

Letztlich möchte ich noch anmerken, dass ich bemüht bin, den Diskurs so objektiv wie möglich darzustellen, auch wenn darauf zu verweisen ist, dass es bei einer solchen Thematik nicht vollends vermeidbar ist, eigene Interpretationen zu integrieren.

2 Aktuelle Tendenzen der Frühpädagogik

Ein kurzer Blick in die Geschichte belegt, dass sich die ersten Einrichtungen vorschulischer Erziehung vor allem zu Beginn des 19. Jahrhunderts etablierten. Sie folgten zu dieser Zeit primär einer sozial-fürsorgerischen Funktion. Denn in Folge der Industrialisierung hatte sich die soziale Situation von Kindern so stark depraviert, dass eine Kompensation von Nöten war, der Kindertageseinrichtungen in ihrer Aufgabe als Bewahranstalten nachgingen.[11]

Es ist primär dem Wirken Fröbels zu verdanken, dass Kindertageseinrichtungen am Ende des 19. Jahrhunderts sukzessiv den Status von Bildungseinrichtungen erlangten.[12] Doch spätestens in der Weimarer Republik schien dieser Bildungsauftrag wieder vergessen, denn durch die Eingliederung der Kindertageseinrichtungen in die Jugendhilfe wurden diese erneut auf den Charakter von Bewahranstalten festgeschrieben.[13] So war erst der Sputnik-Schock Mitte der 1960er Jahre notwendig, um innerhalb Deutschlands einen Bildungsnotstand zu konstatieren und sich erneut auf den Bildungsauftrag von Kindertageseinrichtungen zu besinnen. Resultat waren forcierte Bemühungen um eine wissenschaftlich fundierte Vorschulerziehung. Der Ideenreichtum war groß und reichte von Forderungen einer systematischen Förderung des Kleinkindes bis hin zu alternativen Pädagogiken.[14] Im Jahr 1970 wurde dann der lang diskutierte Bildungsauftrag des Kindergartens, durch den, vom Deutschen Bildungsrat erstellten, Strukturplan für das Bildungswesen ratifiziert. Aus den Reformbemühungen gingen vorschulische Curricula hervor, wie der Funktionsansatz und das Curriculum des sozialen Lernens mit dem Situationsansatz.[15] Doch bereits Ende der 1970er Jahre kamen die Bemühungen um eine Verbesserung der vorschulischen Erziehung und Bildung zu einem Stillstand. Erst seit etwa Ende der 1990er Jahre lassen sich erneute Bemühungen feststellen, die derselben Intention folgen. Während es damals der Sputnik-Schock war, der auf eine Verbesserung des Bildungssystems in Deutschland verwies, so sind es, wie bereits eingangs erwähnt, aktuell vor allem die Ergebnisse der PISA-Studie bzw. primär die sich daran

---

[11] Vgl. Althaus/Hahn/Reul-Friedrich/Schön/Volk 1987, S. 11ff.
[12] Vgl. Schäfer, J. 1987, S. 39ff.
[13] Vgl. Schäfer, J. 1987, S. 116ff.
[14] Vgl. Althaus et al. 1987, S. 50ff.
[15] Vgl. Althaus et al. 1987, S. 57ff.

anschließenden Diskussionen, die Deutschland erneut auf die Relevanz der frühkindlichen Phase verweisen.[16]

Zu konstatieren ist in diesem Zusammenhang, dass das deutsche System der Tageseinrichtungen für Kinder weder den tief greifenden demographischen, gesellschaftlichen, ökonomischen und sozialen Veränderungen der letzten Jahrzehnte – exemplarisch lassen sich hierbei Stichworte wie Mobilität, Migration, kulturelle Diversität, demografischer Wandel oder der Strukturwandel in Wirtschaft und Arbeitswelt anbringen – noch den neu gewonnenen wissenschaftlichen Erkenntnissen in Bezug auf die Phase der frühen Kindheit, gerecht werden kann.

Schon längst gilt es als obsolet, die Phase der frühen Kindheit als einen Lebensabschnitt zu werten, in dem es lediglich um eine Ablösung von primären Bezugspersonen oder die Stiftung von Beziehungen zu Gleichaltrigen geht. Vielmehr ist die frühe Kindheit durch eine hohe Aufnahmebereitschaft und einen großen Erkundungsdrang gekennzeichnet. Sie stellt den Lebensabschnitt dar, bei dem konstitutive Dispositionen für jegliches spätere Lernverhalten generiert werden. Gemäß dem allgemein bekannten Sprichwort ‚Was Hänschen nicht lernt, lernt Hans nimmermehr' lassen sich auch Versäumnisse in der frühen Kindheit durch nachfolgende Bildungsinstanzen nur begrenzt kompensieren.

Vorschulische Einrichtungen und die Phase der frühen Kindheit generell haben somit ein neues Gewicht innerhalb der gegenwärtigen Bildungsdiskussion gewonnen. Dass der frühen Kindheit immer mehr Relevanz zugesprochen wird, zeigt sich auch an verstärkten Bewegungen in der Frühpädagogik. Natürlich ist dabei festzustellen, dass es Frühpädagogik als Politikum nicht erst seit PISA gibt, aber es gab wohl kaum eine Phase, innerhalb derer ihr so viel Aufmerksamkeit zu teil wurde, wie gegenwärtig. So erklärte zum Beispiel das Forum Bildung (2001) die frühe Förderung im Kindergarten, die Definition und Umsetzung eines Bildungsauftrages, sowie die Erweiterung der frühpädagogischen Forschungskapazitäten als konstitutiv zu bewältigende Aufgaben der Bildungspolitik.

Die Hauptforderung geht somit primär dahin, dass dem Bildungsauftrag der Kindertageseinrichtung eine neue, stärkere Gewichtung zuteil werden muss. So ist der Bildungsauftrags des Kindergartens zwar gesetzlich verankert[17], was jedoch keinesfalls seine adäquate Umsetzung in die Praxis garan-

---

[16] Die PISA-Studie zeigte, dass die Spitzenländer dem Elementarbereich ein großes Gewicht einräumen.

[17] Vgl. z.B. § 1 des Gesetzes über Tageseinrichtungen für Kinder.

tiert. Und auch wenn man im guten Glauben davon ausgehen möchte, dass dem Bildungsauftrag dezidiert nachgegangen wird, so gehen die deutschen Kindertageseinrichtungen in dieser Hinsicht sicherlich nicht konform.

Wie der kurze geschichtliche Rekurs gezeigt hat, verdankt sich der Kindergarten als Institution und gesellschaftspolitisches Projekt der Verknüpfung pädagogischer und sozialpolitischer Motive – Entwicklungsförderung und Armutsverhinderung.[18] Ein Erbe, das ihm bis heute inhärent ist. So trägt der Kindergarten zwar seit der Bildungsreform in den 1970er Jahren nominell den Status einer Bildungseinrichtung, er wird jedoch rechtlich gesehen weiterhin als eine Einrichtung der Kinder- und Jugendhilfe deklariert. Es scheint daher wenig verwunderlich, dass auch heute noch viele Eltern die Bildungsfunktion von Kindertageseinrichtungen als weniger relevant einschätzen, denn eine verlässliche institutionelle Betreuung.[19]

Natürlich soll die Programmatik auch im Kindergarten der Zukunft nicht die sein, vorgeschriebene Inhalte analog zur Schule zu vermitteln, gleichzeitig erschweren die großen Freiräume im vorschulischen Bereich die Prüfung, in welchem Maße dem Bildungsauftrag generell nachgegangen wird.

Es ist in diesem Kontext zwar festzuhalten, dass inzwischen jedes Bundesland über einen eigenen Erziehungs- und Bildungsplan für Kindertageseinrichtungen verfügt, diese Pläne aber dennoch eine lediglich notwendige, jedoch nicht hinreichende Voraussetzung für mehr Bildungsqualität in Kindertageseinrichtungen darstellen.[20]

Generell ist festzuhalten, dass es den deutschen Kindertageseinrichtungen an einer verbindlichen Bildungskonzeption mangelt. So ist man sich auch im wissenschaftlichen Feld längst nicht darüber einig, wie denn eine adäquate frühkindliche Bildung gestaltet sein müsse.

Ähnliche Differenzen lassen sich bei dem zweiten großen Thema der Frühpädagogik finden: Der Qualität.

Die Qualitätsfrage hat vor allem aus der Sorge um den ‚Wirtschaftsstandort Deutschland' und die Frage nach Investitionen in das Humankapital eine gesellschaftspolitische Relevanz erhalten. Dennoch ist die Frage nach der Qualität von Kindertageseinrichtungen keine neue, sondern wurde stets im Zusammenhang mit der vorschulischen Erziehung gestellt. Im gegenwärtigen Diskurs lassen sich die unterschiedlichsten Meinungen darüber finden, was denn genau unter Qualität von Kindertageseinrichtungen zu verstehen

---

[18]   Vgl. Honig/Joos/Schreiber 2004, S. 28.
[19]   Vgl. Honig et al. 2004, S. 34.
[20]   Vgl. Fthenakis in Wehrmann 2004, S. 564.

sei, wer für eine Definition und Feststellung von Qualität zuständig ist und welche Kriterien einer Evaluation zu Grunde liegen müssen.

Eine nüchterne Betrachtung des Diskurses zeigt weiterhin, dass die Frage nach der Qualität von Kindertageseinrichtungen dringender gewesen zu sein scheint als die Frage nach angemessenen Bildungskonzeptionen.

Und genau dort liegt, in Bezug auf den frühpädagogischen Bereich, das Problem der bislang unternommenen Reformbemühungen in Deutschland. So zeigt sich, dass vor allem auf wissenschaftlicher Ebene in den vergangenen Jahren die Prävalenz auf dem Bereich der Qualität lag – was sich zum Beispiel anhand der „Nationalen Qualitätsinitiative im System der Tageseinrichtungen für Kinder", die im Jahr 1999 vom Bundesministerium für Familie, Senioren, Frauen und Jugend mit 10 Bundesländern, sowie kommunalen und freien Trägern ins Leben gerufen wurde, zeigt. Dem Bereich der Bildung wurde hingegen nur marginal Aufmerksamkeit zuteil. Wassilios Fthenakis konstatiert in diesem Zusammenhang:

> „Anstatt sich aber zunächst auf die Qualität von Bildung zu besinnen, und die Frage aufzuwerfen und zu behandeln, nach welchem Konzept Kinder gebildet und gefördert werden sollen, um von da ausgehend die Frage nach der pädagogischen Qualität der Tageseinrichtung für Kinder zu stellen, reagierte die Administration mit einer Nationalen Qualitätsinitiative, deren Ziel lediglich darin bestand, pädagogische Qualität zu konzeptualisieren und Instrumente zu deren Messung und Evaluation zu gewinnen."[21]

Es scheint evident, dass sich im Normalfall eine Konzeptualisierung von pädagogischer Qualität nach dem vorhandenen Bildungs- und Erziehungskonzept zu richten hat. Schade nur, dass letzteres in Deutschland noch nicht vorhanden war, als die immense Diskussion um die Qualität begann. Folgt man Fthenakis, stellt dies „ein Problem dar, wofür bislang nur unzureichende Lösungen gefunden werden konnten."[22]

Trotz offensichtlich bestehender Probleme, scheinen die Reformbemühungen im vorschulischen Bereich dennoch unter einem guten Stern zu stehen. So ist festzuhalten, dass die Pädagogik der frühen Kindheit nicht nur zum Thema einer vornehmlich politisch motivierten Bildungsdebatte geworden ist, sondern, dass sie von ihrer eher marginalen und rudimentären Stellung ins Zentrum des gesellschaftlichen Interesses gerückt werden konnte. Fthenakis sieht in den derzeitigen Reformbemühungen um das Bildungssystems sogar die Intention „die Erziehung und Bildung von Kindern unter sechs

---

[21] Fthenakis in ebd. 2003, S. 14.

[22] Fthenakis in Fthenakis/Oberhuemer 2004, S. 393.

20

Jahren als eine gesamtgesellschaftliche Pflichtaufgabe zu begreifen"[23] und sieht damit „eine Entwicklung eingeleitet, die weit über den Anspruch der Bildungsreform der siebziger Jahre hinausgeht, in der affine bildungspolitische Fragen aufgeworfen wurden."[24] Und auch Wolfgang Tietze spricht im Kontext der Elementarerziehung von einer „gesellschaftlichen Umbruchphase."[25] So wenden sich verstärkt die Medien, aber auch Stiftungen wie Bertelsmann oder Bosch und Firmen wie McKinsey dem bislang vernachlässigten Bereich der frühen Jahre in einer bislang nie da gewesenen Intensität zu.[26] Selbst die Antwort eines Nobelpreisträgers für Wirtschaftswissenschaften aus dem Jahr 2000 auf die Frage, welchem Bereich bei der Verteilung staatlicher Fördermittel, seiner Ansicht nach, absolute Priorität zukommen müsse, lautet:

„Vor allem auf Kleinkinder. Eine stimulierende Umgebung im frühesten Kindesalter hat riesige Auswirkungen auf die Perspektiven eines Kindes. Die frühe Kindheit ist in der modernen Gesellschaft eine Hauptursache für wirtschaftliche Ungleichheit."[27]

Die Frühpädagogik ist somit zu einem Ort geworden, an dem kontroverse Diskussionen über Qualität und Bildung nicht nur stattfinden, sondern auch endlich die ihnen gebührende Anerkennung erhalten. Zugleich verweisen diese Entwicklungen auf eine politik- und praxisnahe, beratende Rolle der Frühpädagogik.

Wie bereits erwähnt, soll sowohl der Aspekt der Qualität als auch der der Bildung Ausgangspunkt für die folgende Diskursanalyse sein. Denn gerade diese beiden Thematiken scheinen prädestiniert dafür aufzuzeigen, dass der wissenschaftliche Bereich der Frühpädagogik kein in sich geschlossenes Bild darstellt, sondern durch diverse differierende und konkurrierende Auffassungen determiniert ist. Beide Thematiken zeigen, wie die einzelnen Vertreter im Diskurs verankert sind, wie sie sich positionieren und welche Reputation ihnen zu Teil wird.

Entsprechend der Chronologie der Reformbemühungen in Deutschland, möchte ich im Folgenden zunächst auf den Bereich der Qualität eingehen.

---

[23] Fthenakis in Wehrmann 2004, S. 560.
[24] Fthenakis in Wehrmann 2004, S. 560.
[25] Tietze/Roßbach/Grenner 2005, S. 271.
[26] Vgl. Diller/Rauschenbach in Diller/Leu/Rauschenbach 2006, S. 9.
[27] Jan Heckmann zitiert nach Laewen/Andres 2002b, S. 38.

3 Qualität – ein vielbedachtes Konstrukt in der Frühpädagogik

Seit den 1990er Jahren fällt im Zusammenhang mit Kindertageseinrichtungen vor allem ein Terminus: Qualität. Sie stellt wohl das Konstrukt dar, dass am eingehendsten aufzeigt, dass Kindertageseinrichtungen mehr sind als ein Ort, an dem Kinder von den oftmals als ‚netten Tanten' betitelten Erzieherinnen[28] betreut werden. Mit etwas Humor lässt sich das ganze wie folgt beschreiben:

> „Welch ein Wandel! Um als gute Kindertageseinrichtung zu gelten reichten lange Zeit helle Räume, elternfreundliche Öffnungszeiten und nette Kindergärtnerinnen, die am Rand der Sandkiste nicht rauchten. Stand gar noch ein Öko-Essen auf dem Speiseplan, waren selbst kritische Akademikereltern zufrieden."[29]

Die Qualitätsbestimmung der Erziehung und Betreuung von Kleinkindern stellt dabei keinesfalls ein neues Konstrukt dar, sondern wurde stets im Zusammenhang mit jeweils vorherrschenden pädagogischen Konzeptionen thematisiert.[30]

> „Vergegenwärtigt man sich, dass Qualität die Güte, den Wert, das Niveau bzw. Format der Beschaffenheit eines Sachverhalts meint ..., so kann kein Zweifel bestehen, dass es in der Pädagogik der frühen Kindheit schon immer darum ging, die Qualität des Kindergartens sicherzustellen ..."[31]

Es scheint nahezu trivial zu erwähnen, dass pädagogische Konzeptionen stets in einem Konnex zu den jeweils gegebenen gesellschaftlich-historischen Bedingungen stehen. Dieses impliziert, dass sowohl sie als auch die sie begleitenden Qualitätsbemühungen einem steten Wandel unterliegen. Zu Beginn der 1990er Jahre lässt sich zum einen eine neue Fokussierung im wissenschaftlichen Diskurs der Frühpädagogik konstatieren, die sich „von einer auf Programm hin orientierten, zu einer die Kompetenzen eines (resilienten) Kindes betonenden Frühpädagogik"[32] beschreiben lässt, zum anderen tauchte die Befürchtung auf, dass der gesetzlich verankerte Anspruch auf einen Kindergartenplatz zu einer Depravation der Qualitätsstandards führen

---

[28] Da der Beruf des Erziehers bis heute als eine Frauendomäne betitelt werden kann, verwende ich in dieser Arbeit durchgehend die weibliche Form.

[29] Spiewak in der Zeit 29.09.2006.

[30] Vgl. Fthenakis in Fthenakis/Textor 1998, S. 52.

[31] Fried/Honig/Dippelhofer-Stiem/Liegle 2001, S. 21.

[32] Fthenakis in Ftheankis/Textor 1998, S. 53.

könnte. Als Resultat dieser Entwicklungen entwickelte sich eine Debatte um die Qualität von Kindertageseinrichtungen, wie sie facettenreicher wohl kaum sein könnte. Als besonders innovativ ist hierbei zu bewerten, dass sie im Zentrum des öffentlichen Interesses steht und die Reputation erntet, die ihr zusteht. So merkt Michael-Sebastian Honig in diesem Kontext an:

„Der Qualitätsdiskurs ist vielstimmig, er hat viele Schauplätze und Artikulations-formen."[33]

Nicht nur Wissenschaftler zählen zu den Akteuren, sondern auch Trägerver-bände von Kindertageseinrichtungen, Berufsverbände oder die Politik. Letz-tere initiierte ein Projekt, an dem sich Wissenschaftler der Frühpädagogik, die sich, ohne vorgreifen zu wollen, nicht gerade durch konforme Positionen innerhalb der Qualitätsdiskussion auszeichnen, im Rahmen von Teilprojek-ten beteiligten: Die ‚Nationale Qualitätsinitiative im System der Tagesein-richtungen für Kinder' (NQI). Sie gilt als Kristallisationskern von For-schung, Evaluation und Entwicklung pädagogischer Qualität in Kinderta-geseinrichtungen.

Folgende, für den frühpädagogischen Diskurs relevante Wissenschaftler[34] waren an der Nationalen Qualitätsinitiative mit Teilprojekten beteiligt:

- Prof. Dr. Wolfgang Tietze, dessen Teilprojekt der Intention folgte, einen Qualitätskriterienkatalog für die Arbeit in Kindertageseinrichtungen für Kinder von 0 bis 6 Jahren sowie darauf bezogene Verfahren interner und externer Qualitätsfeststellung zu entwickeln, am Projekt beteiligt war des weiteren Prof. Dr. Susanne Viernickel.

- Dr. Christa Preissing, die im Rahmen ihres Projekts Qualitätskriterien, sowie Instrumente zur internen und externen Evaluation für die Arbeit in Kindertageseinrichtungen auf der Basis des pädagogischen Konzeptes des Situationsansatzes erarbeitet hat.

- Prof. Dr. Dr. Dr. Wassilios Fthenakis, der mit einem Projekt zur Ent-wicklung von Qualitätskriterien für die Arbeit der Rechtsträger von Kin-dertageseinrichtungen beteiligt war.

Ich möchte nun im folgenden einige Ausführungen vornehmen, die zeigen sollen, warum Qualität in Kindertageseinrichtungen eine nicht zu vernach-lässigende Determinante darstellt. Im Anschluss widme ich mich dem Beg-

---

[33] Honig et al. 2004, S. 19.

[34] Ich möchte dabei Rainer Strätz und seinem Teilprojekt damit nicht die Relevanz absprechen, aber im Rahmen dieser Arbeit waren Einschränkungen unabdingbar.

riff der Qualität, den die einzelnen frühpädagogischen Wissenschaftler ihren Forschungsarbeiten zu Grunde legen. Dabei werde ich mich nicht nur auf die Personen beschränken, die an der NQI mitgewirkt haben und auch nicht nur die Forschungsarbeiten miteinbeziehen, die im Rahmen der NQI entstanden sind, sondern einen umfassenderen Einblick gewähren, denn schließlich stand bereits vor der NQI die Frage im Raum: „Wie gut sind unsere Kindergärten?"[35]

3.1 Die Relevanz der Qualität

Was genau veranlasst dazu, nach der Qualität von Kindertageseinrichtungen zu fragen und der Qualität einen so hohen Stellenwert zuzuweisen?

Dass die Forderung nach einer hohen pädagogischen Qualität nicht als nebensächlich abgetan werden sollte, lässt sich vor allem vor dem Hintergrund einer Betrachtung ihres Einflusses auf den Entwicklungsstand des Kindes legitimieren. Ergebnisse dazu liefert die 2005 von Wolfgang Tietze, Hans-Günther Roßbach und Katja Grenner herausgebrachte Studie ‚Kinder von 4 bis 8 Jahren. Zur Qualität der Erziehung und Bildung in Kindergarten, Grundschule und Familie'.[36] Folgt man den Hauptaussagen dieser Studie, so ist bei einer besseren pädagogischen Qualität in Kindertageseinrichtungen folgendes zu konstatieren[37]:

- Die Kinder zeigen einen höheren Sprachentwicklungsstand.

- Sie sind sozial kompetenter im Umgang mit anderen Kindern, Erwachsenen und innerhalb des Gruppengeschehens.

- Sie schneiden bei der Bewältigung von Alltagssituationen besser ab.

Die Effekte einer qualitativ hochwertigen pädagogischen Qualität lassen sich selbst im Alter von achteinhalb Jahren noch signifikant zurückverfolgen. So weisen diese Kinder am Ende der zweiten Grundschulklasse einen höheren Sprachentwicklungsstand auf, zeigen eine höhere Schulleistung, bewältigen Alltagssituationen besser und besitzen ein höheres Maß an sozialer Kompetenz.[38]

---

[35] Eine Anlehnung an das Werk Wolfgang Tietzes (1998).

[36] Dieses Werk stellt eine längsschnittliche Erweiterung der Studie ‚Wie gut sind unsere Kindergärten?' von Tietze (1998) dar.

[37] Vgl. Tietze et al. 2005, S. 270.

[38] Vgl. Tietze et al. 2005, S. 270.

Es ist in diesem Zusammenhang natürlich anzumerken, dass die Sozialisationsinstanz Familie einen noch weit höheren Einfluss auf die kindliche Entwicklung hat.[39] Dieser Bereich bleibt jedoch aufgrund seiner privaten Sphäre wissenschaftlichen Bemühungen zur Qualitätsverbesserung eher unzugänglich.

Auch für Erzieherinnen, die der Qualitätsdebatte zunächst eher skeptisch gegenüberstanden, stellt die Entwicklung von Qualitätssicherungs- und -entwicklungsverfahren inzwischen einen Bereich dar, von dem sie profitieren können. So ist zu konstatieren, dass die Auseinandersetzung mit der Qualitätsthematik zu mehr Klarheit und Anerkennung bezogen auf die eigene Arbeit beiträgt. Qualitätskonzepte liefern dabei, neben Möglichkeiten der Orientierung und kritischen Reflexion der eigenen Tätigkeit, auch die Ausweisbarkeit für Geleistetes.[40]

3.2   Verschiedene Zugänge zur Qualität

In Rekurs auf die obigen Ausführungen ist festzuhalten: Qualität besitzt eine hohe Relevanz. Aber herrscht auch Einigkeit darüber, was explizit unter Qualität bzw. pädagogischer Qualität zu verstehen ist?

Ein Blick in die Literatur zeigt, dass zwischen verschiedenen konzeptionellen Zugängen zur Qualität differenziert werden kann.

Fthenakis[41] verweist in diesem Kontext auf einen relativistischen, einen dynamischen und einen mehrdimensionalen struktural-prozessualen Zugang.

Ein relativistischer Zugang verweist darauf, dass die Bestimmung von Qualität stets kulturspezifisch ist und sich auf historisch generierte Ziel- und Wertsetzungen sowie Wissensbestände einer Kulturgemeinschaft gründet. Die damit implizierten diversen Perspektiven, werden nach dem Verständnis des relativistischen Modells in einem Diskurs ausgehandelt.[42] Sie bilden letztendlich die Basis für die Definition von Qualitätskriterien. Das relativistische Konzept der pädagogischen Qualität zeichnet sich vor allem durch seine Dynamik aus, die sich vornehmlich aus den unterschiedlichen Perspektiven der Beteiligten und dem jeweiligen kulturellen Kontext ergibt.

Ein dynamisches Konstrukt von Qualität weist auf ein bewegliches Konzept der Qualität mit transitorischem Charakter hin. Qualität beinhaltet einen

---

[39]   Vgl. Tietze et al. 2005, S. 271.

[40]   Vgl. Diller/Leu/Rauschenbach in ebd. 2005, S. 15/16.

[41]   Vgl. Fthenakis in ebd. 2003, S. 208/209.

[42]   Vgl. Fthenakis in ebd. 2003, S. 211.

sich kontinuierlich modifizierenden Prozess, der auf verschiedene Aspekte, wie zum Beispiel gesellschaftliche Veränderungen, Bezug nimmt. Die Anliegen unterschiedlicher Interessengruppen sollen dabei wesentlich in Einklang gebracht werden.[43]

Ein struktural-prozessuales Konzept von pädagogischer Qualität basiert auf mehrdimensionalen Qualitätsmodellen, die strukturale und prozessuale Aspekte integrieren. Die Bestimmung von Qualitätskriterien dient dabei sowohl der externen Evaluation als auch der Selbstevaluation des pädagogischen Personals.[44]

Tietze, der wesentlich einem solchen Konzept folgt,[45] geht bei seinem Modell pädagogischer Qualität neben der Struktur- und Prozessqualität von einer dritten Dimension aus, der pädagogischen Orientierungsqualität.

Innerhalb der oben genannten einzelnen Qualitätsbereiche kann wiederum zwischen spezifischen Einzeldimensionen differenziert werden. Die Qualitätsbereiche sind dabei folgende.

1. Pädagogische Prozessqualität: Diese bezieht sich auf die Dynamik des pädagogischen Geschehens, d.h. sie umfasst sämtliche Interaktionen und Erfahrungen, die das Kind innerhalb einer Tageseinrichtung mit seiner sozialen und räumlich-materiellen Umgebung macht. Sie beinhaltet beispielsweise Aspekte wie einen adäquaten, entwicklungsfördernden Umgang mit dem Kind, räumlich-materielle Gegebenheiten, die ein Anregungspotential für entwicklungsangemessene Aktivitäten bieten sowie den Einbezug bzw. die regelmäßige Kommunikation mit der Familie des Kindes.[46]

2. Pädagogische Strukturqualität: Diese stellt die situationsunabhängigen, zeitlich stabilen Rahmenbedingungen der Kindertageseinrichtung dar. Innerhalb diesen Rahmens vollzieht sich Prozessqualität als dynamisches Element und wird von der Strukturqualität beeinflusst. Diese beinhaltet vor allem materielle Rahmenbedingungen, die die Praxis determinieren und sich durch eine politische Regulierbarkeit auszeichnen. Als Dimensionen sind in diesem Kontext exemplarisch der Erzieher-Kind-Schlüssel,

---

[43] Vgl. Bundesministerium für Bildung und Forschung 2005, S. 42.

[44] Vgl. Bundesministerium für Bildung und Forschung 2005, S. 42ff.

[45] Vgl. z.B. Tietze/Viernickel 2003, S. 11.

[46] Vgl. Tietze in Wehrmann 2004, S. 407f.

Ausstattungsmerkmale der Einrichtung und das Ausbildungsniveau der Erzieherinnen zu nennen.[47]

3. Pädagogische Orientierungsqualität: Diese bezieht sich auf die pädagogischen Werte, Auffassungen und Überzeugungen, die in der Kindertageseinrichtung dominieren und somit die pädagogischen Prozesse beeinflussen. Es handelt sich hierbei um Vorstellungen über kindliche Bildung und Entwicklung, das generelle Bild vom Kind, aber auch um Perspektiven auf Erziehungsziele und Erziehungsmaßnahmen.

Pädagogische Qualität ist demnach:

„...Wirkung (*outcome*) von Erfahrungen und Interaktionen in der Kindergartengruppe (Prozessqualität im Sinne eines Vorhandenseins von Leistungen, *output*); diese werden von Ressourcen ermöglicht (oder behindert, *input*), unter denen die materiellen Bedingungen der pädagogischen Arbeit und die professionellen Handlungsorientierungen des Personals die wichtigsten sind."[48]

Fthenakis differenziert in dem von ihm präferierten struktural-prozessualen Modell nicht wie Tietze zwischen einer Prozess-, Struktur- und Orientierungsdimension, sondern zwischen einer strukturellen, prozessualen und kontextuellen Dimension von Qualität, wobei er letztere als bislang nicht hinreichend berücksichtigt ansieht.[49] Unter die kontextuelle Dimension fallen Aspekte wie der Führungsstil der Leitung, das Betriebsklima oder die Arbeitsbedingungen.

Fthenakis verweist in diesem Zusammenhang auf Wechselwirkungseffekte zwischen der strukturalen und prozessualen Dimension, die seiner Ansicht nach sowohl bei der Konzeptualisierung als auch bei der Evaluation pädagogischer Qualität bislang zu wenig Beachtung gefunden haben.[50] So wirken zum Beispiel strukturelle Aspekte unterstützend auf die Ausgestaltung von Interaktionsmustern. Auch Tietze verweist darauf, dass eine Analyse der Zusammenhänge zwischen den verschiedenen Qualitätsdimensionen eine entscheidende Voraussetzung für die Verbesserung von Qualität in Kindertageseinrichtungen darstellt.[51] Für ihn besitzt dabei die Prozessqualität eine besondere Relevanz, da sie die Schnittstelle zwischen Kindern und Eltern darstellt.

---

[47] Vgl. Tietze in Wehrmann 2004, S. 407f.

[48] Honig et al. 2004, S. 21 (Hervorhebungen im Original).

[49] Fthenakis in ebd. 2003, S. 230.

[50] Vgl. Fthenakis in ebd. 2003, S. 228.

[51] Vgl. Tietze in Wehrmann 2004, S. 408.

„In der Prozessqualität dokumentiert sich, wie mit Kindern tatsächlich umgegangen wird, welche konkreten Erfahrungen sie machen, welche Anregungen und welche Unterstützung sie für ihr augenblickliches Wohlbefinden und ihre weitere Entwicklung erhalten."[52]

3.3 Einschließender versus ausschließender Ansatz

Fthenakis und Roßbach differenzieren im Rahmen der Qualitätsdebatte zwischen einem einschließenden und einem ausschließenden Ansatz.[53]

Der einschließende Ansatz spricht sich für eine dialogische und partizipatorische Bestimmung von Qualität aus. Die Entwicklung von Kriterien und Verfahren zur Qualitätserfassung sollte sich demnach in einem partnerschaftlichen Diskurs von Eltern, Kindern, Fachkräften[54] und Wissenschaftlern vollziehen.

Der ausschließende Ansatz hingegen verweist auf einen Expertenansatz[55] der Bestimmung von Qualitätskriterien und der Qualitätsevaluation. Ziel ist dabei eine fachlich begründete, objektive Feststellung von Qualität, die durch einen distanzierten Experten vorgenommen wird.

Während beim ersten Ansatz vor allem Verfahren zur Selbstevaluation präferiert werden, die eine Ergänzung durch eine externe Evaluation erfahren, verbindet sich mit letzterem Ansatz in erster Linie eine Fremdevaluation.

Während Fthenakis den einschließenden Ansatz als relevante Determinante innerhalb der Qualitätsbestimmung ansieht, tendiert Roßbach eher zu einem ausschließenden, da diese konkreter Stellung beziehe und mehr Wert auf die Formulierung und Absicherung spezifischer Qualitätskriterien lege.[56]

Verfechter einschließender Qualitätsansätze kritisieren an ausschließenden Ansätzen vor allem, dass externe Experten gar nicht in der Lage seien, die zu evaluierenden Maßnahmen mit all ihren spezifischen Ausprägungen adäquat zu berücksichtigen.

---

[52] Tietze 1997, S. 9.

[53] Vgl. Roux 2002, S. 30/31.

[54] Natürlich findet nicht immer eine Beteiligung all dieser Gruppen statt, entscheidend ist vielmehr der Dialog mit der Praxis.

[55] Selbstverständlich sind auch beim einschließenden Ansatz Experten beteiligt, aber diese gehen einen Dialog mit der Praxis ein.

[56] Vgl. Roux 2002, S. 30.

„Standardisierte Qualitätskriterien mit dem Anspruch auf allgemeine Gültigkeit gehen dieser Sicht zu Folge an der Wirklichkeit vorbei, weil mit ihnen Kindertageseinrichtungen mit ihren unterschiedlichen Profilen und regional bedingt unterschiedlichen Anforderungen in unangemessener Weise über einen Kamm geschoren werden."[57]

Die obigen Ausführungen sollen nun den Ausgangspunkt für eine Betrachtung der verschiedenen Positionen der einzelnen Wissenschaftler innerhalb der Qualitätsdiskussion darstellen. Ich folge daher im Anschluss der Frage: Was ist Qualität?

3.4 Was ist Qualität?

Betrachtet man die verschiedenen Konzepte von Qualität, auf die die einzelnen frühpädagogischen Wissenschaftler ihre Forschungen gründen, so gehen sie zumindest in einer Hinsicht miteinander konform: Qualität ist als ein facettenreiches und mehrdimensionales Konstrukt zu verstehen.[58] Was außerdem evident scheint, ist die Tatsache, dass sich pädagogische Qualität stets im Rahmen unterschiedlicher Perspektiven konstituiert.

Für Fthenakis besitzt folgendes in diesem Kontext eine große Relevanz:

„Die Definition, Feststellung und Sicherung von pädagogischer Qualität sollte durch die Teilnahme möglichst vieler Nutzer an diesem Aushandlungsprozess garantiert werden."[59]

In dieser Aussage lässt sich deutlich das Verfahren einer dialogischen Beteiligung identifizieren, wie sie vor allem bei einem relativistischen Zugang zu Qualität präferiert wird.[60] Fthenakis verweist des Weiteren, ganz im Sinne eines relativistischen Zugangs, darauf, dass Qualität im Kontext von Kultur fokussiert werden muss.[61] Er betrachtet die Institutionen der frühen Kindheit als „inhärent kulturell und mit dieser untrennbar verwoben."[62] In seinem 2002 erschienenen Werk ‚Ausbildungsqualität. Strategiekonzepte zur Weiterentwicklung der Ausbildung von Erzieherinnen und Erziehern' postuliert er einen neuen Diskurs innerhalb der Qualitätsdebatte, der „der Vielfalt,

---

[57] Diller/Leu/Rauschenbach in ebd. 2005, S. 17.

[58] Vgl. Tietze 1997, S. 7.

[59] Bundesministerium für Familie, Senioren, Frauen und Jugend 2003, S. 85.

[60] Vorab sei jedoch schon einmal angemerkt, dass Fthenakis keinem relativistischen Konstrukt folgt.

[61] Fthenakis in Fthenakis/Oberhuemer 2002, S. 32.

[62] Vgl. Fthenakis in Fthenakis/Oberhuemer 2002, S. 32.

Komplexität, Subjektivität und den vielfältigen Perspektiven Rechnung trägt."[63] Er sieht die Bestimmung und Evaluation von Qualität somit als einen dialogischen und kritisch-reflexiven Prozess an, der zudem kulturelle Diversität berücksichtigt.[199] In seinem, aus der NQI hervorgegangenen, Qualitätshandbuch für Träger von Kindertageseinrichtungen, bezeichnet er einen solchen Ansatz der Qualitätsbestimmung und -evaluation als partizipatorisch und verweist in diesem Kontext auf die Erfahrungen der Schweden Dahlberg und Asen, sowie auf die zusammenfassenden Ergebnisse der 12-Länder-Studie der OECD (2001), die die Relevanz beteiligungsorientierter Ansätze betonen. Demnach verbindet sich mit diesen der Vorteil einer Nivellierung des Verlustes von Verantwortung und Einfluss auf regionaler Ebene,[65] ein Aspekt, der besonders vor dem Hintergrund des deutschen Föderalismus Relevanz besitzt.

Es wäre jedoch falsch davon auszugehen, dass Fthenakis einem relativistischen Zugang zur Qualität folgt. Vielmehr greift er nur einzelne Elemente aus diesem auf. So führt er zu einem relativistischen Zugang kritisch an, dass sich objektive und übergreifende Qualitätsstandards nur begrenzt postulieren ließen und auch ein vollständiger Konsens aller beteiligten Interessengruppen utopisch sei.[66] Dennoch sind dem relativistischen Konzept wichtige Elemente inhärent, die ihren Niederschlag in strukturell-prozessualen Konzepten finden sollten. So ist Qualität stets kulturspezifisch zu verstehen und ihre Definition, Feststellung und Sicherung sollte einem einschließenden Ansatz folgen. Er merkt weiterhin an:

> „Einen besonderen Stellenwert nehmen in diesem Kontext strukturell-prozessuale Ansätze ein, die eine Integration von dynamischen und dimensionalen Modellen erlauben."[67]

Fthenakis spricht sich damit für ein „breiteres und differenzierteres Qualitätskonzept"[68] aus. Und mahnt an, dass der NQI kein „explizites (jedenfalls breiteres!) Verständnis von pädagogischer Qualität vorausgegangen ist."[69] Bereits diese Aussage verweist auf eine recht hohe Position, die sich Fthenakis innerhalb des Diskurses selbst zuzuschreiben scheint. So erhebt er nicht

---

[63]   Fthenakis in Fthenakis/Oberhuemer 2002, S. 33.

[199] Vgl. Fthenakis in Fthenakis/Oberhuemer 2002, S. 33.

[65]   Vgl. Fthenakis 2003, S. 10.

[66]   Vgl. Bundesministerium für Familie, Senioren, Frauen und Jugend 2003, S. 85.

[67]   Fthenakis in Fthenakis/Textor 1998, S. 59.

[68]   Fthenakis 2003, S. 236.

[69]   Fthenakis 2003, S. 236/237.

nur den Anspruch, ein Projekt zu denunzieren, an dem er letztlich selbst beteiligt war, sondern lässt implizit sämtliche bisherige Bemühungen zu einer adäquaten Konzeptualisierung von Qualität zu gelangen, nahezu wertlos und ungenügend erscheinen.

Wie bereits angemerkt, erweist es sich auf Grundlage eines relativistischen Zugangs zur Qualität als diffizil, objektive und übergreifende Qualitätsstandards zu generieren.[70] Ein Aspekt, der Tietze dazu veranlasst dem relativistischen Konzept eher kritisch gegenüberzustehen und ein struktural-prozessuales Modell von Qualität zu präferieren, das sich zudem primär an einem ausschließenden Ansatz orientiert. Er verweist zwar zu Beginn seiner ‚Kindergarten-Einschätz-Skala' (KES) darauf, dass Qualität immer spezifische Interessen beinhaltet und Wertungen und Überzeugungen reflektiert, dass dies jedoch nicht zu einem „überlagernden Relativismus" führen sollte,

> „...der angesichts konkurrierender Ziele und Interessengruppen sich keine Aussagen mehr über die Inhalte, Ziele und Wertigkeiten bestimmter Qualitätskriterien zutraut."[71]

Für Tietze haben unter den verschiedenen Perspektiven – er negiert Qualität somit nicht als ein perspektivenabhängiges Konstrukt – vor allem die Interessen des Kindes absolute Priorität.[72] Er selbst verweist darauf, dass seine Schwerpunktsetzung eine ‚gewisse Verengung des Blickwinkels' darstellt, legitimiert sie jedoch,

> „...da dem Wohlbefinden und den Entwicklungschancen von Kindern in dem vielfältigen gesellschaftlichen Kräftespiel um die Qualitätsdefinition des Kindergartens Priorität zukommt."[73]

Was man als pädagogische Qualität betitelt, stellt für Tietze somit die Sichtweisen und Interessen des Kindes in den Mittelpunkt und macht sie zum Maßstab für Qualität in Kindertageseinrichtungen. Die Perspektiven anderer Bezugsgruppen bezeichnet er in diesem Kontext zwar als „legitim"[74], sie sind jedoch letztendlich stets der pädagogischen Qualität nachgeordnet.[75] Honig merkt zu solch einem Vorgehen kritisch an:

---

[70] Es ist in diesem Kontext natürlich anzumerken, dass allen Wissenschaftlern evident ist, dass sich pädagogische Qualität nie auf eine vollständige Objektivität gründen kann. Vgl. z.B. Fthenakis 2002, S. 33.

[71] Tietze 1997, S. 7.

[72] Vgl. Tietze 1997, S. 7.

[73] Tietze 1997, S. 7.

[74] Tietze et al. 2005, S. 19.

[75] Vgl. Tietze et al. 2005, S. 19.

„Es erscheint uns verkürzt, angesichts der Bedeutung von Kindertageseinrichtungen als sozialer Infrastruktur für Kinder und Familien die Förderung der kindlichen Entwicklung als einzigen legitimen Maßstab der pädagogischen Qualität gelten zu lassen. Man kann nicht gleichzeitig Arbeitsmarktpolitik, Frauenpolitik und Bildungspolitik mit dem Kindergarten betreiben wollen und zugleich lediglich Maßstäbe der individuellen Entwicklung von Kindern als Qualitätsmaßstäbe gelten lassen."[76]

Honig verweist mit dieser Aussage auf die Multikomplexität von Kindertageseinrichtungen, der mit einem Qualitätskonzept, das sich vorrangig nur an der kindlichen Entwicklung orientiert, nicht gebührend Rechnung getragen werden kann. Da ich im Laufe dieser Arbeit noch dezidiert auf das Qualitätsverständnis von Honig eingehen werde, möchte ich nur kurz vorab darauf verweisen, dass dieser einen starken Fokus auf die verschiedenen Interessen und Perspektiven im Kontext der Qualität von Kindertageseinrichtungen legt.[77] Eine Herangehensweise, zu der sich Hans-Günther Roßbach, der im Übrigen innerhalb des Diskurses nahe der Position Tietzes zu verorten ist[78], wie folgt äußert:

„Insofern teilen wir explizit nicht einen zuweilen in der Qualität aufscheinenden Relativismus, der sich angesichts der unterstellten Relativität konkurrierender Ziele und Interessengruppen kaum mehr für die Ziele selbst interessiert, sondern seine Fragestellung primär darauf verlagert, durch wen und auf welche Weise es zu bestimmten Zielsetzungen kommen mag – also primär den (diskursiven) Prozeß des Zustandekommens (Verfahrenslegitimation) betrachtet und weniger Kriterien zur Beurteilung des Produkts entwickelt."[79]

Es ist jedoch in diesem Zusammenhang anzumerken, dass sich Honig mit seiner „Perspektivierung des Qualitätsbegriffs"[80] keinesfalls für einen relativistischen Zugang zur Qualität ausspricht.[81] Sein Konzept der Perspektivität folgt somit nicht der Intention, Qualität zu relativieren. Um seinen Stand-

---

[76] Fried/Honig/Dippelhofer-Stiem/Liegle 2001, S. 47.

[77] Honig bezeichnet dies auch als „Perspektivierung des Qualitätsbegriffs". Vgl. Fried et al. 2001, S. 48.

[78] Exemplarisch ist hier die Zusammenarbeit bei der KES und der Studie ‚Wie gut sind unsere Kindergärten?' zu nennen. Ein Blick ins Literaturverzeichnis bietet weitere Beispiele.

[79] Tietze/Meischner/Gänsefuß/Grenner/Schuster/Völkel/Rossbach in Fthenakis/Eirich 1998, S. 56.

[80] Fried et al. 2001, S. 48.

[81] Vgl. Honig et al. 2004, S. 28.

punkt zu legitimieren, sieht sich Honig dazu aufgefordert, sich gegenüber Roßbach und Tietze abzugrenzen, für die sich Perspektivität zwangsläufig mit Relativität zu verbinden scheint. So merkt Honig an:

> „Bei einigen Autoren dient es dazu, den Maßstab für pädagogische Qualität zu *relativieren* (Tietze 1998, S.21); dies ist nicht unser Verständnis."[82]

Betrachtet man abschließend noch einmal die Zugänge zur Qualität, die Fthenakis und Tietze präferieren, so gehen sie generell in der Hinsicht miteinander konform, dass sie einen struktural-prozessualen Zugang zur Qualität wählen. Sie setzen dabei jedoch unterschiedliche Schwerpunkte. So plädiert Tietze primär für einen Expertenansatz, der die Entwicklungschancen des Kindes in das Zentrum stellt, während Fthenakis verstärkt für dialogische Aushandlungselemente plädiert.

3.5 Die Perspektive der Kinder

Ein Aspekt innerhalb der Qualitätsdiskussion scheint mehr als evident: Qualität von Kindertageseinrichtungen steht stets in einem direkten Bezug zu den Kindern. Man sollte jedoch daraus nicht schließen, dass sich das Feld der Frühpädagogik in dieser Hinsicht völlig einig ist. So stellt sich die wesentliche Frage: Wird das Kind aus einer Außenperspektive wahrgenommen oder wird ihm die Kompetenz zugesprochen, aktiv an Forschungsprozessen mitzuwirken und damit eine eigene Definition und Bestimmung von Qualität zu generieren?

In den vorherigen Ausführungen ist bereits deutlich geworden, dass Tietze die kindliche Entwicklung als wesentlichen Maßstab für pädagogische Qualität deklariert. Das Kind steht damit eindeutig im Zentrum des Interesses, wird jedoch absurder Weise lediglich aus einer Außenperspektive wahrgenommen. Manch Kritikerin äußert sich dazu wie folgt:

> „Bezüglich der Kindorientierung ist zusammenfassend festzustellen, dass Anspruch und Wirklichkeit auseinander klaffen. So wird der Kindperspektive im Ansatz von Tietze et al. (1998) zwar grundsätzlich große Bedeutung zugeschrieben, aber das führt weder zu einer Explikation eines Kindbildes noch zu forschungsmethodischen Konsequenzen."[83]

Der Grund dafür ist einfach zu finden. Denn Tietze erachtet es als eher kritisch, Kinder aktiv bei der Bewertung der Qualität ihrer Tageseinrichtung zu

---

[82] Fried et al. 2001, S. 49.

[83] Roux 2002, S. 15.

involvieren. Die Perspektive der Kinder findet nicht durch eine aktive Äußerung dieser ihren Anspruch, sondern wird stellvertretend in der Frage nach der Kindertageseinrichtung als Lebens- und Anregungsraum für Kinder beantwortet. Bei Tietze klingt dies wie folgt:

> „Und nicht zuletzt stellt sich im Sinne einer eigenständigen Perspektive aus der Sicht der betreuten Kinder – auch wenn diese Interesse und ihre Bewertung aufgrund ihren geringen Alters kaum artikulieren können – die Frage nach der Qualität als Lebensraum und Anregungsraum ...".[84]

Honig begegnet einem solchen Vorgehen mit Kritik. Denn schließlich kann es seiner Ansicht nach nicht darum gehen, einem so stark ausschließenden Ansatz zu folgen und damit die Perspektive eines Experten zum Stellvertreter der kindlichen Perspektive avancieren zu lassen.

> „Wenn die so genannte „Perspektive des Kindes" die normative Option für seinen Anspruch auf Wohlbefinden und Entwicklungsförderung als Maßstab für pädagogische Qualität begründen soll (Tietze 1998, S. 340), dann verlangt dies den Rekurs auf den – typisch gemeinten – *subjektiven Sinn kindlicher Erfahrungen*, wenn damit nicht nur eine unausgewiesene Normierung verborgen wird. Dies heißt aber: diesen Sinngehalt kindlicher Erfahrungen zu *explizieren*, statt ihn durch ein Expertenurteil über Entwicklungsfortschritte zu substituieren (vgl. Honig, Lange & Leu 1999)."[85]

Diese erneute Kritik Honigs an Tietze, lässt den Schluss zu, dass diese beiden wohl eher differierende Positionen innerhalb des Diskurses einzunehmen scheinen. Ich werde an einer anderen Stelle dieser Arbeit noch einmal auf die Kontroversen der beiden zurückkommen.

Ein ganz anderer Ansatzpunkt als bei Tietze, präsentiert sich auch in den Vorstellungen von Susanne Viernickel. Was eigentlich verwunderlich erscheint, denn schließlich war diese sechs Jahre als wissenschaftliche Assistentin bei Tietze an der Freien Universität Berlin tätig und zudem Mitarbeiterin in seinem Projekt der NQI.

Seit 2005 hat sie jedoch eine eigene Professur für Pädagogik mit dem Schwerpunkt frühe Kindheit an der Fachhochschule Koblenz/Remagen inne. Mit diesem Wechsel von Berlin nach Remagen ging, wie es scheint, auch ein neues Forschungsinteresse einher.[86]

---

[84] Tietze 1998, S. 20.

[85] Fried et al. 2001, S. 49.

[86] Es ist natürlich möglich, dass das Interesse auch schon zuvor bei Viernickel vorhanden war und erst durch neue Möglichkeiten in Remagen publik wurde.

Mit der Intention, einen Beitrag zur mehrperspektivischen Betrachtung der Qualität von Kindertageseinrichtungen zu leisten, verweist Viernickel darauf, dass vor allem die kindliche Perspektive bei der Erfassung von Qualität ihre Berücksichtigung finden muss. Sie konstatiert in diesem Kontext, dass es sich dabei um ein eher vernachlässigtes Feld handelt, da der Blick auf das Kind in bisherigen Forschungen zur Qualität vorrangig ein externer war.[87] Viernickel legt somit, genau wie Tietze, einen besonderen Schwerpunkt auf die kindliche Perspektive, versucht diese jedoch nicht aus einem externen Blickwinkel zu erfassen, sondern Kinder aktiv in den Forschungsprozess zu integrieren. Sie nimmt somit keine Haltung ein, die das Kind lediglich als Forschungsobjekt begreift, sondern betrachtet Kinder als „kompetente Experten für ihre Lebenssituation"[88].

Mit ihrer Forderung, pädagogische Qualität aus der Sicht von Kindern zu erfassen, nimmt sie wesentlich Bezug auf die, von Susanna Roux[89] durchgeführte wissenschaftliche Kinderbefragung in Deutschland, die der Frage folgte „Wie sehen Kinder ihren Kindergarten?" (2002). Diese lieferte den Beleg, dass Kinder ihren Alltag innerhalb von Kindertageseinrichtungen differenziert zu beschreiben vermögen.[90]

Eine adäquate Feststellung der Sichtweisen und Bedürfnisse von Kindern, kann Viernickels Ansicht nach, nur aus der Perspektive derselbigen erfolgen. Sie legt diesem Postulat das Bild eines kompetenten und seine Lebensumwelt aktiv mitgestaltenden Kindes zugrunde. Ein Bild vom Kind, das sie implizit allen Forschern abspricht, die die kindliche Perspektive in ihren Arbeiten lediglich extern integrieren. Denn die Perspektive von Kindern ist stets durch die Perspektive von Erwachsenen auf Kinder und Kindheit determiniert. Sie merkt dazu an:

> „Die Frage ist also zunächst, welche Perspektive nehmen wir, die Forschenden, auf Kinder und ihre Wirklichkeit ein: Betrachten wir Kinder als eigenständige Subjekte, die kompetent und aktiv ihre Lebens(um)welt konstruieren und (mit)gestalten, oder halten wir Kinder für unfertige Erwachsene? Die Grundhal-

---

[87] Vgl. Viernickel/Klauer/Isenmann-Emser 2006, S. 15.

[88] Vgl. Viernickel et al. 2006, S. 14.

[89] Dr. Susanna Roux ist am Institut für Bildung im Kindes- und Jugendalter der Universität Landau tätig, sie arbeitet somit am selben Institut wie Prof. Dr. Gisela Kammermeyer, die sich ebenfalls mit Fragen der frühen Kindheit befasst, sich jedoch nicht explizit zur Qualitätsdebatte geäußert hat.

[90] Vgl. Viernickel et al. 2006, S. 15.

tung der Forschenden, ihr „Bild vom Kind", bestimmt die Auswahl der Methoden, um die „Perspektive von Kindern" zu erfassen."[91]

Viernickel präferiert somit eine deutlich andere Herangehensweise als Tietze und übt implizit Kritik an seiner Position, wie das obige Zitat belegt. Es bleibt dabei natürlich fragwürdig, ob die Kritik ohne den Hintergrund einer langjährigen Zusammenarbeit extensiver und direkter ausgefallen wäre.

Interessant ist auch, dass sich Viernickel mit dem obigen Zitat wesentlich an einer Explikation von Honig orientiert.[92] So identifiziert dieser den Grund dafür, dass die Perspektive des Kindes bislang noch keine hinreichende Beachtung gefunden hat, in einer spezifischen Auffassung der Phase der Kindheit, die demnach bislang primär als eine Lebensphase individueller Entwicklungsprozesse begriffen wurde. Kinder galten dabei als ‚Menschen in Vorbereitung', jedoch nicht als vollwertige Mitglieder der Gesellschaft.[93]

Ein gutes Exempel für diese These bietet für ihn der Ausbau des vorschulischen Bildungs- und Betreuungssystems in den 1970er Jahren. Folgt man Honig, hat sich dieser nicht an den Interessen von Kindern als eigenständige Bevölkerungsgruppe orientiert.[94] Zwar wurden im Rahmen des Situationsansatzes Versuche unternommen, ganz explizit die Bedürfnisse und Interessen des Kindes in die Alltagsgestaltung zu integrieren, dennoch folgten die vorschulischen Reformbemühungen letztlich der Intention, eine systematische Ausschöpfung von Bildungsressourcen zu erwirken, um sich im wirtschaftlichen Konkurrenzkampf weiterhin messen zu können.[95] Möchte man Kinder jedoch als Subjekte ihres Handelns achten, ist dies der falsche Weg.[96] Vielmehr müssen Interaktionen gestaltet werden, die Kinder mit ihren Bedürfnissen und Interessen, ihren Kompetenzen und der Fähigkeit zur Verantwortungsübernahme fokussieren. Diesen Aspekt sieht Honig vor allem durch die aufgenommene Diskussion um die Förderung von Selbstbildungsprozessen des Kindes als verstärkt beachtet an.[97]

„Gleichzeitig muss man aber auch feststellen, daß er bei der Qualitätsprüfung und Evaluation von Kindertageseinrichtungen einen marginalen Stellenwert hat und hinter Fragen einer wirtschaftlichen Erbringung von Dienstleistungen des

---

[91] Viernickel et al. 2006, S. 14.
[92] Vgl. Honig/Lange/Leu 1999, S. 14ff.
[93] Vgl. Honig et al. 1999, S. 14.
[94] Vgl. Honig et al. 1999, S. 15.
[95] Vgl. Honig et al 1999, S. 15.
[96] Vgl. Honig et al. 1999, S. 15.
[97] Vgl. Honig et al. 1999, S. 16.

Marketings beziehungsweise der „Kundenorientierung", der materiellen Ausstattung und dem pädagogischen Handeln der Erzieherinnen zurücktritt."[98]

Honig verweist in Bezug auf die Perspektive des Kindes des Weiteren auf einen generationalen Aspekt.[99]

> „Wir verstehen die „Perspektive des Kindes" als eine reflektierte generationale, als eine „inter-subjektive" Wirklichkeit. Von ihr kann sinnvoll nur als ein Moment des gesellschaftlich strukturierten Verhältnisses von Erwachsenen und Kindern gesprochen werden."[100]

Für Honig existiert jedoch kein methodisches Verfahren, dass der Perspektive von Kindern wirklich nahe kommt. Es handelt sich stets nur um unterschiedliche Zugänge zur Wirklichkeit der Kinder.[100] Denn die Perspektive des Kindes entfaltet sich letztlich immer im Zusammenwirken zwischen dem aktiven, sich selbst organisierenden Kind und der Verantwortung, sowie dem Erkenntnisinteresse der Erwachsenen.[101]

Roux merkt zu dem generationalen Verständnis von Honig an, dass dieses

> „... nur schwer oder gar nicht umgesetzt werden kann. Es stehen derzeit nämlich keine geeigneten methodischen Mittel und Verfahren zur Verfügung, die geeignet sind die generationale, intersubjektive Wirklichkeit in ihrem ganzen Nuancenreichtum zu erfassen." [102]

Wahrscheinlich ist dies der Grund, warum in Honigs Werk ‚Was ist ein guter Kindergarten?' (2004), auf das ich im Folgenden noch eingehen werde, zwar die Perspektive der Erzieherinnen und Eltern fokussiert wird, jedoch nicht die des Kindes. Anspruch und Wirklichkeit scheinen damit wieder einmal auseinander zu klaffen.

3.6 Qualität als perspektivistisches Konstrukt

In der gegenwärtigen Qualitätsdiskussion stehen vor allem inhaltliche Maßstäbe der Leistungsfähigkeit von Kindertageseinrichtungen im Fokus des Interesses. Honig identifiziert darin ein generelles Missverständnis.[103] So kann es seiner Ansicht nach bei der Messung pädagogischer Qualität nicht

---

[98] Honig et al. 1999, S. 16.
[99] Vgl. Roux 2002, S. 66.
[100] Honig et al. 1999, S. 22.
[101] Vgl. Honig et al. 1999, S. 21.
[102] Roux 2002, S. 66.
[103] Vgl. Honig (2003) [online] [29.11.2006].

lediglich darum gehen, Effekte zu messen, sondern die Frage nach der Struktur des pädagogischen Geschehens und der Hervorbringung erziehungsbedeutsamer Phänomene muss im Zentrum der Bemühungen stehen. Er merkt dazu an:

„Es geht also nicht darum, was Pädagogik leistet - oder gar: was sie leisten will -, sondern darum zu erfahren, wie sie etwas leistet."[104]

Folgt man Honig, kann die Frage nach einem guten Kindergarten ihre Beantwortung nicht in einer Aussage darüber finden, was pädagogische Qualität ist und wie somit ein guter Kindergarten beschaffen sein sollte, sondern muss sich vielmehr daran orientieren, wie gute Praxis entsteht.[105] Die gegenwärtige Qualitätsdebatte spart jedoch die wesentliche Frage danach aus, wie intendierte Wirkungen im pädagogischen Geschehen überhaupt zustande kommen, obwohl das Konstrukt der pädagogischen Qualität generell verspricht, die Kontrolle über die Wirkungen pädagogischer Intentionen zu steigern. Diese Frage, folgt man Honig, wird lediglich normativ, über die Legitimität von Qualitätskriterien gestellt.[106]

Die Qualitätsfrage zu stellen, kann jedoch laut Honig nicht heißen, den Qualitätsbegriff zum Nennwert zu nehmen und ihn damit als Bezeichnung für die Beschaffenheit von Kindergärten zu akzeptieren. Aber gerade darin identifiziert Honig die Prämisse des frühpädagogischen Qualitätsdiskurses, die den Diskurs zu einer Debatte um Qualitätskriterien avancieren lässt.[107]

„Was ein guter Kindergarten ist, wird vorab festgelegt; sodann wird überprüft, ob Kindergärten diese Kriterien erfüllen."[108]

Honig wählt aus diesem Grund eine andere Prämisse und fasst Qualität als eine Zuschreibung, als ein Urteil auf.[109] Für ihn ist die generelle Frage ‚Was ist ein guter Kindergarten?' *die* Frage, die die Qualitätsdebatte in der Frühpädagogik insgeheim dominiert. Und sie wird als bereits beantwortet vorausgesetzt:

---

[104] Honig (2003) [online] [29.11.2006].

[105] Vgl. Honig et al. 2004, S. 13.

[106] Vgl. Honig et al. 2004, S. 25.

[107] Vgl. Honig et al. 2004, S. 13.

[108] Honig et al. 2004, S. 13.

[109] Vgl. Honig et al. 2004, S. 13.

„Dadurch wird die Qualitätsdebatte um den Kindergarten wie selbstverständlich auf das Kind und seine Entwicklungsförderung sowie auf den Handlungsraum der einzelnen Tageseinrichtung verengt."[110]

Für Honig blendet der frühpädagogische Qualitätsdiskurs des Weiteren aus, dass es sich bei Kindergärten um soziale Räume handelt, die in komplexe gesellschaftliche und kulturelle Kontexte eingebettet sind.[111] Akzeptiert man diese Aussage, impliziert dies, dass die Maßstäbe für einen guten Kindergarten vielfältig, aber auch vor allem strittig sind. Kindergärten müssen ihre Qualität in ständiger Differenz von alltäglichem Betrieb und Pädagogik permanent neu hervorbringen.[112]

In den Forschungen zur pädagogischen Qualität offenbart sich demnach ein konstitutives Dilemma, dass der vorherrschende Qualitätsdiskurs nicht zu lösen vermag. So ist die Frage nach der Qualität von Kindergärten unabweisbar, kann jedoch nicht anders als normativ beantwortet werden.[113] In den Worten Honigs klingt dies wie folgt:

„Oder anders gesagt: Kann man die Wirklichkeit ‚guter pädagogischer Praxis' nur beschreiben, wenn man bereits weiß, wie diese aussehen soll? Wäre dem so, dann wäre ‚pädagogische Qualität' ein ‚weißer Schimmel'; andernfalls wirft das Konzept ‚Qualität' ein grundlagentheoretisches Problem der Erziehungswissenschaft auf, weil es einen nicht-normativen Begriff des Pädagogischen verspricht."[114]

Der Diskurs folgt somit Aufgaben, die er sich vorgeben lässt und beantwortet geschickt die Qualitätsfrage, ohne sie jedoch jemals gestellt zu haben.[115]

Honig sieht generell den Qualitätsbegriff innerhalb der Qualitätsdiskussion als inhaltlich unbestimmt an. So ist das Qualitätskonzept per se prädestiniert dafür, unterschiedliche Funktionen zu erfüllen und verschiedene inhaltliche Dimensionen in sich zu vereinen.[116] Diese können jedoch nur dann kenntlich

---

[110] Honig et al. 2004, S. 13.

[111] Vgl. Honig et al. 2004, S. 14.

[112] Vgl. Honig et al. 2004, S. 14.

[113] Vgl. Honig et al. 2004, S. 18.

[114] Honig et al. 2004, S.18.

[115] Vgl. Honig et al. 2004, S. 18.

[116] Honig orientiert sich dabei an Harvey und Green (2000), die Qualität z.B. als Ausnahme, als Perfektion oder als Zweckmäßigkeit auffassen. Vgl. Honig et al. 2004, S. 22/23.

gemacht werden, wenn Qualität nicht als inhaltliches, sondern als analytisches Konzept aufgefasst wird; allerdings gilt:

> „... ein analytischer Qualitätsbegriff spielt in der Diskussion bisher ... keine Rolle."[117]

Im Gegensatz zu einem analytischen Begriff von Qualität, sieht Honig den Diskurs vor allem an Qualität als einem operativen Konstrukt orientiert. Qualität steht damit primär im Kontext zur Qualitätsentwicklung und repräsentiert Erwartungen an die professionellen Leistungen des vorschulischen Systems, jedoch, wie bereits erwähnt, nicht an deren Beschaffenheit.[118]

> „ ‚Qualität' hat eine deskriptiv-analytische Komponente, sie verweist auf die Eigenart eines Sachverhalts, seine Beschaffenheit, sein ‚Wesen'; davon zu unterscheiden ist seine evaluative Dimension, sie verweist auf eine auf der Basis von Daten operierende systematische Bewertung."[119]

Wird Qualität evaluativ aufgefasst, impliziert dies für Honig, dass eine unzulässige Verknüpfung zwischen Beschaffenheit und Bewertung generiert wird. Es wird damit eine Normierung als Beschreibung ausgegeben. Erkennt man jedoch diese Vermischung von Qualität als Beschaffenheit und Evaluation als ihrer Bewertung, so muss man unweigerlich konstatieren, dass Qualität kein empirisches, sondern ein normatives Konstrukt ist.[120]

Honig plädiert damit für eine analytische Trennung zwischen einem deskriptiven und einem evaluativen Qualitätsbegriff, d.h. von der Trennung zwischen Qualität als Beschaffenheit und Qualität als Werturteil.[121] Diese erlaubt

> „... pädagogische Qualität als ein erkenntnistheoretisches und als ein gegenstandstheoretisches Problem zu unterscheiden. Aus deskriptiv-analytischer Sicht stellt sich das Problem, wie die pädagogische Wirklichkeit beschrieben werden kann, ohne von einem normativen Sinnkontext ‚richtiger' Erziehung auszugehen. Die Aufgabe besteht darin, die beiden Komponenten des Qualitätsbegriffs aufeinander zu beziehen, ohne dabei einen substanziellen Begriff von Qualität bzw. von Pädagogik vorauszusetzen."[122]

---

[117] Honig et al. 2004, S. 23.

[118] Vgl. Honig et al. 2004, S. 23.

[119] Honig et al. 2004, S. 23.

[120] Vgl. Honig et al. 2004, S. 23/24.

[121] Vgl. Honig et al. 2004, S. 26.

[122] Honig et al. 2004, S. 27.

Nun stellt sich jedoch für Honig die Frage, wie sich Aussagen über die pädagogische Qualität eines Geschehens als empirische Aussagen treffen lassen.[123]

Er hält in dieser Hinsicht an der Differenzierung zwischen einer deskriptiven und einer evaluativen Dimension des Qualitätsbegriffs fest. Und merkt in diesem Kontext an:

> „Statt Qualität durch Evaluation zu objektivieren, dass heißt: die Frage nach der Geltung von Qualitätsmaßstäben durch die Messung ihrer Verwirklichung abzuschneiden, soll die Frage nach der Geltung dieser Maßstäbe durch die Analyse ihrer Genese, ihrer sozialen Hervorbringung beantwortet werden."[124]

Honig geht dabei von der Prämisse aus, dass es sich bei der vorschulischen Erziehung, Bildung und Betreuung um Aspekte vergesellschafteter Praxis handelt. Die Kindertageseinrichtung erfüllt damit unterschiedliche gesellschaftliche Funktionen und ist somit in heterogene Erwartungshorizonte eingebunden.[125] Qualität ist so unweigerlich an die Multifunktionalität von Kindertageseinrichtungen gebunden und damit stets perspektivistisch zu fassen. Der Begriff der Perspektivität bezieht sich dabei sowohl auf soziale Positionen, als auch auf Identitäten, die Individualitäten und Zugehörigkeiten zum Ausdruck bringen.

> „Perspektiven sind also nicht lediglich individuelle Präferenzen, sondern situiert, das heißt u.a. Indikatoren für die soziale Lage der Akteure. Die Perspektivität pädagogischer Qualität bezieht sich auf Sinnstiftung und Kooperation sowohl im Sinne einer Integration von Personen als auch im Sinne einer Steuerungsressource."[126]

Eine deskriptiv-analytische Auffassung von Qualität impliziert dabei, dass es keinen objektiven Qualitätsbegriff geben kann. Für Kinder, Eltern und Erzieherinnen muss ein jeweils spezifischer Qualitätsbegriff existieren.[127]

> „Will man dem Qualitätsbegriff eine inhaltliche, und das heißt in diesem Zusammenhang: eine pädagogische Substanz verleihen, darf man nach unserer Überzeugung die Zielkonflikte um die Tagesbetreuung nicht normativ entschei-

---

[123] Vgl. Honig et al. 2004, S. 27.

[124] Honig et al. 2004, S. 27.

[125] Vgl. Honig et al. 2004, S. 27.

[126] Honig et al. 2004, S. 29.

[127] Honig (2003) [online] [29.11.2006].

den, sondern muss ihnen mit einer *Perspektivierung des Qualitätsbegriffs* und mit einer *Methodologie der Aushandlungsprozesse* Rechnung tragen."[128]

Für Honig wird auch in dieser Hinsicht die evaluative Debatte um die Qualität von Kindertageseinrichtungen „unterkomplex geführt."[129] Besonders das Qualitätsverständnis von Eltern sieht er nicht hinreichend berücksichtigt. Denn wie es scheint, existiert die Auffassung, dass die pädagogische Qualität von Kindertageseinrichtungen nur von Experten adäquat definiert und evaluiert werden könne. Honig übt damit evident Kritik an der gesamten Qualitätsdiskussion, die seiner Ansicht nach einem völlig falschen Ausgangspunkt folgt. So ist es wenig löblich, vorab festzulegen, was pädagogische Qualität ist, anstatt sich der Frage zu stellen, wie sie bzw. gute Praxis entsteht. Bereits die vorausgegangenen Ausführungen weisen darauf hin, dass Honig bei seiner Kritik vor allem erneut Tietze im Hinterkopf zu haben scheint. Und so scheint er auch nicht umhin zu kommen, eine Studie vorzulegen, deren Titel doch stark an Tietzes viel zitierte Studie ‚Wie gut sind unsere Kindergärten?' (1998) von Tietze erinnert.[130]

Honig befasst sich in seiner Studie „Was ist ein guter Kindergarten?" mit einem, seiner Ansicht nach, bislang vernachlässigten Feld und fokussiert die Erwartungen von Eltern und Fachkräften an die Qualität von Kindertageseinrichtungen. Honig betitelt diese als „wichtige Akteure des Elementarbereichs"[131]und verweist darauf, dass Qualitätsbestimmung und -entwicklung nur partizipativ vollzogen werden können.[132] Honig setzt bei seiner Studie an der Differenzierung zwischen einer deskriptiven und einer evaluativen Komponente des Qualitätsbegriffs an. Um der Frage nachzugehen, wie es möglich ist, dass generalisierte Erwartungen einer guten Praxis das alltägliche Geschehen strukturieren, wählt er auf gegenstandstheoretischer Ebene einen institutionstheoretischen Ansatz und fasst Qualität auf methodologischer Ebene in einer feldtheoretischen Perspektive als relationales Konzept.[133] Qualität wird damit als Relation und nicht als Norm aufgefasst.[134]

---

[128] Fried et al. 2001, S. 48.

[129] Honig (2003) [online] [29.11.2006].

[130] Honigs Studie trägt den Titel ‚Was ist ein guter Kindergarten?' und entstand in Zusammenarbeit mit Joos und Schreiber.

[131] Honig (2004) [online] [29.11.2006].

[132] Honig (2004) [online] [29.11.2006].

[133] Vgl. Honig et al. 2004, S. 28.

[134] Vgl. Honig et al. 2004, S. 16.

Die Institutionsanalyse folgt dabei, salopp formuliert, der wesentlichen Frage:

„ ‚Wie pädagogisch ist der Kindergarten (die Krippe, der Hort ...)?' Ob und in welchem Maße Betreuung und Erziehung (früh-)pädagogische Handlungsfelder bestimmen, bestimmt also die Problemstellung, nicht den Ausgangspunkt der Analyse."[135]

Der Feldansatz wurde von Honig gewählt, da er ermöglicht, die Komponenten des Qualitätskonstrukts zu differenzieren, ohne eine kategoriale Trennung vorzunehmen.[136]

„Das pädagogische Feld ist entsprechend zunächst methodisch zu verstehen als eine Beobachtungskategorie für einen Komplex funktional aufeinander bezogener sozialer Tatsachen, der eine relative und emergente Eigenlogik aufweist, also sich gerade nicht den subjektiven Intentionen handelnder Akteure unterordnet, obwohl er nur qua Praxis sozialer Akteure existiert."[137]

Honig repräsentiert in seiner Studie ganz adäquat, wie eine Annäherung an die Perspektivität pädagogischer Qualität gelingen kann. So werden Eltern und Erzieherinnen ganz explizit daran beteiligt, ihre Maßstäbe an einen guten Kindergarten und damit ihre Sicht von Qualität und die damit verbundenen Erwartungen darzulegen.[138] Neben den zum Großteil konform gehenden Kriterien von Eltern und Erzieherinnen, wird Qualität auch aus der Perspektive ethnischer Diversität fokussiert, so werden zum Beispiel die Erwartungen von Migranteneltern an Kindertageseinrichtungen thematisiert.[139]

Nun stellt sich jedoch die Frage, ob Honig der einzige ist, der seine Kritik an der Qualitätsdebatte formuliert. Natürlich nicht, denn auch Fthenakis tritt erneut als Kritiker auf. So schreibt er dem Diskurs um die Qualität deutliche Mängel zu, die in eine ähnliche Richtung weisen wie die von Honig geäußerte Kritik. So konstatiert Fthenakis: „Qualität wird als universelle Wahrheit, kulturfrei und überall anwendbar dargestellt ...".[140]

Für ihn avanciert Qualität damit fälschlicherweise zu einem dekontextualisierten Konzept.[141] Ebenso wie Honig, sieht er in dem Diskurs um die Quali-

---

[135] Honig et al. 2004, S. 31.

[136] Vgl. Honig et al. 2004, S. 31.

[137] Honig et al. 2004, S. 31.

[138] Vgl. Honig et al. 2004, S. 39ff.

[139] Vgl. Honig et al. 2004, S. 78ff.

[140] Fthenakis in Fthenakis/Oberhuemer 2002, S. 31.

[141] Vgl. Fthenakis in Fthenakis/Oberhuemer 2002, S. 31.

tät bislang eher das Hauptinteresse auf dem Erreichen und der Evaluation von durch Experten definierten Spezifizierungen gelegen als auf dem Versuch, eine verstehende Annäherung an den eigentlichen Gegenstandsbereich zu erlangen. Seine Prognose dazu ist folgende:

> „Der Komplexität des Alltags in einer Einrichtung für Kinder wird man mit einer solchen Simplifizierung nicht gerecht werden."[142]

Er verweist somit, wie Honig, auf die Multikomplexität von Kindertageseinrichtungen. Eine Lösung sieht er, genau wie dieser, in einem partizipatorischen Ansatz der Qualitätsbestimmung und -erhebung gegeben. Fthenakis proklamiert dabei einen Diskurs, der eher auf „konkreter menschlicher Erfahrung, als auf Abstraktion, Kategorisierung und karthographischer Erfassung"[143] basiert. Einen Diskurs, der nicht nur reflektiert, sondern auch Sinn konstruiert. Jegliche Sinnkonstruktion kann dabei jedoch nur im Austausch und in der Beziehung mit anderen gelingen.[144]

Es existieren somit zwei Kritiker, die es wagen die gesamte Qualitätsdebatte als ein wenig versiertes Projekt auszuweisen. Dennoch sind ihre Positionen innerhalb des Diskurses nicht durch eine Konformität gekennzeichnet. So erhebt Fthenakis doch primär aus seiner hohen Stellung – die sich vor allem aus öffentlicher Reputation speist, denn tatsächlich fungiert er immer irgendwo als Experte für den frühpädagogischen Bereich – den Anspruch, die anderen Wissenschaftler, in diesem Kontext primär Tietze, auf Defizite hinzuweisen. Honig hingegen hat eher eine Position inne, in der es sich zu behaupten gilt. So hat sich doch besonders sein Konkurrent Tietze vor allem durch seine Studie ‚Wie gut sind unsere Kindergärten?' einen Rang verschafft, den es erst einmal zu erklimmen gilt.

Etwas vorsichtiger geht Christa Preissing vor. So verweist sie zwar darauf, dass Qualität nicht als objektiver und feststehender Begriff klassifiziert werden darf, erhebt jedoch nicht den Anspruch, damit die gesamte Qualitätsdebatte zu denunzieren. Für Preissing stellt die gesellschaftliche Entwicklung permanent neue Herausforderungen und Anforderungen an Kindertageseinrichtungen.[145] Qualität kann als Resultat der differierenden Ansprüche und Erwartungen von Kindern, Eltern, Erzieherinnen, Trägern, Gesellschaft und Wissenschaft an Kindertageseinrichtungen bezeichnet werden. Wie Fthena-

---

[142] Fthenakis in Fthenakis/Oberhuemer 2002, S. 31.

[143] Fthenakis in Fthenakis/Oberhuemer 2002, S. 32.

[144] Vgl. Fthenakis in Fthenakis/Oberhuemer 2002, S. 33.

[145] Vgl. Preissing 2003, S. 57.

kis verweist Preissing in dieser Hinsicht auf eine dialogische Aushandlung von Qualitätsmaßstäben und -kriterien.[146]

Honig, Preissing und Fthenakis gehen somit in der Hinsicht miteinander konform, dass Qualität nur im Rahmen von Aushandlungsprozessen ihre adäquate Bestimmung erreichen kann. Honig kommt in dieser Trias jedoch noch eine Sonderstellung zu, da er einen völlig anderen Ausgangspunkt wählt. So stellt sich bei ihm die wesentliche Frage, wie gute Praxis entsteht, während Preissing und Fthenakis danach fragen, was gute pädagogische Qualität ist. Sie fassen Qualität dabei jedoch nicht als objektiven und feststehenden Begriff auf, sondern verweisen auf diverse Perspektiven und damit vor allem auf eine partizipatorische Aushandlung von Qualitätskriterien.

Es ist recht einfach, einen Ansatz auszumachen, der dieser Position konträr entgegensteht. Und natürlich kann dieser nach all der Kritik von keinem anderen als von Tietze stammen. So zeichnet sich besonders bei seiner KES (1997) die Tendenz zu einem Qualitätsstandardisierungs-Programm ab, das pädagogische Qualität „in hinreichender Breite und Objektivität"[147] zu erfassen versucht. Tietzes Ansicht nach, kann nur ein an wissenschaftliche Methoden rückgebundenes Instrument zu einer adäquaten Erfassung von Qualität führen. Qualität wird dabei über Expertenmeinung und Forschungsergebnisse definiert, anhand derer die Qualität von Kindertageseinrichtungen ihre Messung erfährt. Zumindest für Honig dürfte Qualität damit zu einem ‚weißen Schimmel' avancieren.

Möchte man diesen ganzen Streitigkeiten ein Ende setzen, so ist festzuhalten, dass sich die wesentliche Tendenz abzeichnet, Qualität entweder an einer rigiden Definition durch Experten zu orientieren oder Qualität als etwas zu begreifen, das wesentlich durch dialogische bzw. partizipatorische Elemente adäquat bestimmt werden kann und vor allem bei der Bestimmung von Qualitätskriterien die Meinung von Praktikern heranzieht.

Passend erscheint hierbei die folgende Aussage von Angelika Diller, Hans Rudolf Leu und Thomas Rauschenbach, allesamt Forscher am Deutschen Jugendinstitut in München, die zu Recht konstatieren:

> „Heute gilt es als unstrittig, dass es auch für die im engeren Sinne pädagogische Qualität eine Vielzahl aussagekräftige Indikatoren gibt, die empirisch erhoben werden können. Nicht verschwiegen werden sollten dabei die bestehenden Differenzen in der Diskussion um die angemessene methodische Vorgehensweise."[148]

---

[146] Vgl. Preissing 2003, S. 57.

[147] Tietze 1997, S. 9.

[148] Diller/Leu/Rauschenbach in ebd. 2005, S. 15.

46

4 Forschungsansätze im Vergleich

Ich möchte nun exemplarisch auf zwei Ansätze eingehen, die ganz evident die oben dargestellten unterschiedlichen Perspektiven repräsentieren. Zum einen die Studie ‚Wie gut sind unsere Kindergärten' (1998) von Tietze, in deren Zusammenhang ich auch auf die KES als Verfahren zur Qualitätsfeststellung eingehen möchte, zum anderen auf das Qualitätskonzepts des Modellprojekts ‚Kindersituationen' (1993-1997) von Zimmer.

4.1 Zur Studie ‚Wie gut sind unsere Kindergärten?'

Tietzes Studie ‚Wie gut sind unsere Kindergärten?', die wohl im deutschen Raum als einmalig und vielfach zitiert betitelt werden kann, steht repräsentativ für einen wissenschaftstheoretischen Zugang zur Erfassung pädagogischer Qualität mittels empirischer Überprüfung.[149] Pädagogische Qualität wird dabei als mehrdimensionales, empirisch fassbares Phänomen verstanden. Das im Rahmen der Untersuchung entwickelte Qualitätskonzept ist dabei nicht auf ein spezifisches pädagogisches Konzept bezogen.

„Die Basis für die Qualitätskonzeption bilden vielmehr Expertenmeinung und empirische Forschungsergebnisse zu Charakteristika einer frühkindlichen institutionellen Betreuung, die mit der Entwicklung und dem Wohlbefinden von Kindern verbunden sind."[150]

Tietze legt somit einen großen Wert auf die Überprüfbarkeit von Qualität und zeigt damit eine deutliche Aversion gegen jeglichen Relativismus.

Die Untersuchungskonzeption seiner Studie orientiert sich an den humanökologischen Überlegungen Bronfenbrenners. Es wird zwischen einem Mikrosystem (familiales und institutionelles Setting), welches durch die Dimensionen Struktur-, Prozess- und Orientierungsqualität gekennzeichnet ist und einem Makrosystem (Bundeslandzugehörigkeit bzw. Bedingungen Ost-West) differenziert. Als weitere Elemente lassen sich Fragen nach der kindlichen Entwicklung sowie Kontextmerkmale der Settings (z.B. Träger, Merkmale des Einzugbereichs, Merkmale des Wohnumfelds) identifizieren. Die Untersuchung folgt den wesentlichen Zielen:[151]

---

[149] Vgl. Roux 2002, S. 42.

[150] Vgl. Tietze et al. in Fthenakis/Eirich 1998, S. 57.

[151] Vgl. Tietze 1998, S. 34.

- die pädagogische Qualität in Kindergarten und Familie differenziert zu beschreiben

- Abhängigkeitsbeziehungen zwischen den einzelnen Qualitätsbereichen zu analysieren

- den Einfluss pädagogischer Qualität im Setting Kindergarten auf die kindliche Entwicklung zu untersuchen.

Sie folgt somit einem deskriptiven sowie einem analytischen Interesse. Bei ersterem soll eine strukturierte und differenzierte Erfassung der pädagogischen Qualität in den Settings Kindergarten und Familie erfolgen. Dabei werden vor allem Unterschiede und Gemeinsamkeiten zwischen Ost und West fokussiert. Das analytische Interesse folgt der Intention, Zusammenhänge zwischen den einzelnen Qualitätsaspekten zu analysieren, sowie Zusammenhänge zwischen pädagogischer Qualität und kindlicher Entwicklung zu untersuchen.[152] Tietze folgt somit einem deskriptiv-analytischen Qualitätsbegriff – einem Verständnis, dem auch Honig folgt, wie die vorausgegangenen Ausführungen deutlich gemacht haben. Dennoch sind ihre Ansätze grundlegend unterschiedlich, wie die bereits angedeuteten Kontroversen der Beiden zeigen konnten. Die immensen Differenzen werden bereits bei der Wahl der Titel ihrer Studien deutlich. So stellt Tietze die Frage: ‚Wie gut sind unsere Kindergärten?‘, Honig hingegen fragt: ‚Was ist ein guter Kindergarten?‘. Ich habe bereits gemutmaßt, dass Honig diesen Titel nicht von ungefähr gewählt hat. Und so könnte er wohl auch keine augenscheinlichere Abgrenzung zu Tietze vornehmen.

Während es Tietze wesentlich darum geht, herauszufinden, was Kindergärten konkret leisten, folgt Honig hingegen der Frage, was Kindergärten leisten müssen, um das Urteil ‚gut‘ zu erhalten. Tietze legt ganz dezidiert zuvor fest, welche Kriterien ein Kindergarten erfüllen muss, um sich als qualitativ hochwertig auszuzeichnen. Er stellt somit im Gegensatz zu Honig primär Erwartungen an die Leistungen des Kindergartens und weniger an seine Beschaffenheit. Qualität als Beschaffenheit und Evaluation als ihre Bewertung werden somit miteinander vermengt, was zur Folge hat, dass eine Normierung als Beschreibung ausgegeben wird. Folgt man Honig, avanciert Qualität zu einem normativen, jedoch nicht zu einem empirischen Konstrukt – Tietze tut also laut Honig genau das, was er nicht möchte, er generiert einen normativen Qualitätsbegriff.[153] Damit lassen sich trotz der Berufung

---

[152] Vgl. Tietze 1998, S. 34/35.

[153] Vgl. Tietze 1998, S. 23.

48

auf einen deskriptiv-analytischen Qualitätsbegriff, konstitutive Unterschiede, wenn nicht gar Diskrepanzen identifizieren. Was zeigt ein kurzer Blick auf die Studie?

Die Stichprobe der Studie setzt sich aus 103 Kindergartengruppen mit 422 Kindergartenkindern und ihren Familien zusammen. Die Daten wurden im Kindergartenjahr 1993/1994 in drei Wellen erhoben. Die Erhebung erfolgte dabei anhand eines differenzierten Erhebungsinstrumentariums. Verwendung fanden zur Erhebung der Kontextbedingungen standardisierte Interviews, zur Erhebung der Orientierungsqualität Ratingskalen, zur Erhebung der Prozessqualität z.b. die KES und die Caregiver Interaction Scale (CIS Arnett 1989), die kindliche Entwicklung wurde z.b. mit einer Skala zur Erfassung des Sozialverhaltens von Vorschulkindern (Tietze, Feldkamp, Gratz, Roßbach und Schmied, 1981) erhoben.[154]

Bei Tietzes Studie werden die Kriterien pädagogischer Qualität somit vor allem nach Expertenmeinung und Forschungsergebnissen festgelegt. Es wird von vorab definierten Kriterien pädagogischer Qualität ausgegangen und deren Feststellung und Umsetzung innerhalb von Kindertageseinrichtungen fokussiert. Roßbach betont jedoch, dass der von ihm und Tietze präferierte Ansatz nicht in einer statischen Festlegung von Qualität mündet, sondern auf der Grundlage neuer Erkenntnisse diversifizierbar ist – solche Veränderungen bedürfen jedoch stets einer empirischen Basis.[155]

Erinnert man die Definition von pädagogischer Qualität, wie sie Tietze vorgenommen hat (Kapitel 3.2), so zeigt sich in der vorliegenden Studie eine starke outcome-Orientierung, d.h. nachprüfbare Effekte auf die kindliche Entwicklung stehen eindeutig im Fokus.[156]

Ich möchte nun im Folgenden auf die KES-R eingehen, die wohl das beste Exempel für einen Ansatz bietet, bei dem Qualität eine rigide Festschreibung erfährt.

4.2 Die KES-R: Exempel für ein standardisiertes Verfahren zur Messung von Qualität

Die 1997 von Wolfgang Tietze, Hans-Günther Roßbach und Käthe-Marie Schuster publizierte Kindergarten-Einschätz-Skala ist eine Adaption der Early Childhood Environment Rating Scale (ECERS), die von Harms und

---

[154] Vgl. Tietze 1998, S. 44/45.

[155] Vgl. Tietze et al. in Fthenakis/Eirich 1998, S. 57.

[156] Ich folge hierbei einer Feststellung von Honig et al. 2004, S. 22.

Clifford in den USA entwickelt wurde. Sie stellt ein Verfahren zur Feststellung und Unterstützung pädagogischer Qualität dar und gilt als erstes deutschsprachiges Instrument zur Erfassung pädagogischer Prozessqualität, für das edumetrische Güteuntersuchungen vorliegen.[157] Mit ihr wird der Anspruch erhoben, Prozessqualität in einem hohen Maße von Objektivität erfassen zu können.[158] Die für die KES ausgewählten Qualitätsdimensionen werden dabei als Qualitätsstandards gefasst, die eindeutig operationalisiert sind.

Die KES ist dabei nicht auf ein spezifisches pädagogisches Konzept ausgerichtet und kann somit unbegrenzt und unabhängig von der jeweils vorliegenden pädagogischen Konzeption, zur Einschätzung von pädagogischer Prozessqualität herangezogen werden.

Im Jahr 2001 erschien in Anlehnung an eine Revision der ECERS (1998) auch eine revidierte Fassung der KES (Kindergarten-Skala-revidierte Fassung) [KES-R]). 2005 wurde zudem eine überarbeitete Fassung der KES-R mit geringfügigen Veränderungen, die sich vorrangig durch sprachliche Präzisierungen und die Gestaltung des Bewertungsbogens präsentieren, publiziert.[159] Auf letztere werde ich mich im Folgenden beziehen.

Die KES-R besteht aus 43 Merkmalen, die sich sieben übergeordneten Bereichen zuordnen lassen. Sie reflektiert vor allem Qualitätsstandards, die von nordamerikanischen Experten als entwicklungsfördernd proklamiert werden.[160]

Die Items sind nach folgenden übergreifenden Bereichen klassifiziert: Platz und Ausstattung, Betreuung und Pflege der Kinder, Sprachliche und kognitive Anregung, Aktivitäten, Interaktionen, Strukturierung der pädagogischen Arbeit und Eltern und Erzieherinnen. Die Einschätzung der Qualität erfolgt anhand einer siebenstufigen Skala pro Item. Die KES-R differenziert dabei zwischen unzureichender, minimaler, guter und ausgezeichneter Qualität. Was dabei als gute oder weniger gute Qualität proklamiert wird, orientiert sich eindeutig an der Meinung außenstehender Experten. So merkt Tietze an:

„Was als gute oder unzureichende Qualität betrachtet wird, basiert auf einer Vielzahl von empirischen Untersuchungen zu frühkindlichen Erziehungs- und

---

[157] Vgl. Tietze 1997, S. 10.

[158] Vgl. Tietze 1997, S. 9.

[159] Vgl. Esch/Klaudy/Micheel/Stöbe-Blossey 2006, S. 39.

[160] Tietze nennt in diesem Kontext z.B. die National Association for the Education of Young Children (NAEYC) und die Canadian Child Care Federation.

Betreuungswelten und reflektiert Qualitätsstandards, die Experten, Forscher und Berufsorganisationen weltweit über kulturspezifische und konzeptbezogene Kriterien hinaus in einem weitgehenden Konsens als bedeutsam erachten."[161]

Die Ergebnisse der KES-R generieren sich aus einer Beobachtung, ergänzt durch spezifische Fragen an die Erzieherinnen. Neben einer zusammenfassenden, allgemeinen Bewertung der pädagogischen Prozessqualität, kann die Betrachtung der einzelnen Items zur Selbstevaluation genutzt werden.

Auch wenn Tietze darauf verweist, dass seiner KES-R edumetrische Güteuntersuchungen zugrunde liegen und auch Roßbach, der zwar nicht die KES-R, jedoch die ECERS einer Analyse unterzogen hat, von „einem gut erprobten und technisch abgesicherten Instrument"[162] spricht, muss man anmerken, dass die KES-R in der Praxis eher wenig Anwendung zu finden scheint. Fthenakis, der im Rahmen seiner Arbeit zur Qualitätsfeststellung von Rechtsträgern von Kindertageseinrichtungen die Nutzung verschiedener Messinstrumente erhoben hat, konstatiert:

„Die Kindergarten-Einschätz-Skala (KES-R, Tietze et al., 2001) fand zum Befragungszeitpunkt mit bundesweit ca. 7 Prozent nur begrenzt Resonanz."[163]

Die oben vorgenommene Darstellung der KES-R zeigt ganz evident, dass dieses Messinstrument nicht mit einem von Fthenakis und Preissing postulierten partizipatorischen Ansatz, der bereits bei der dialogischen Definition von Qualität ansetzt, konform geht. Qualität wird dem hingegen bei der KES-R anhand vorab definierter Kriterien durch geschulte, externe Beobachter erhoben.

Der KES-R liegt ein expertenorientiertes Qualitätskonzept zu Grunde. Es wird ganz evident eine Außenperspektive eingenommen und sehr restriktiv definiert, was unter Prozessqualität zu fassen ist Die KES-R bietet somit kaum Optionen für einen individuellen Spielraum.[164] Es scheint nicht verwunderlich, dass Fthenakis Kritik an einem solchen Vorgehen übt. So merkt er an:

„Es sind im wesentlichen 2 Ansätze, mit deren Hilfe pädagogische Qualität festgestellt werden kann: Man setzt entweder standardisierte Beobachtungen und Einschätzskalen ein, oder man wendet einen beteiligungsorientierten Ansatz an, der eine multiperspektivische Einschätzung und Weiterentwicklung von pädago-

---

[161] Tietze et al. 2005, S. 7.

[162] Roßbach 1993, S. 53.

[163] Fthenakis/Hanssen/Oberhuemer/Schreyer 2003, S. 26.

[164] Vgl. Kruthaup 2004, S. 46.

gischer Qualität zum Ziel hat. Ich verhehle nicht, dass ich erhebliche Skepsis habe, ob uns mit Hilfe des ersteren Ansatzes allein gelingen wird, Qualität zu sichern und weiterzuentwickeln."[165]

Tietze hingegen, sieht besonders ersteren Ansatz für eine Sicherung und Weiterentwicklung pädagogischer Qualität als relevant an. So sind es vor allem standardisierte Verfahren zur Messung von Struktur-, Prozess- und Orientierungsqualität, die er als auslösenden Moment zur Qualitätsverbesserung erachtet. Er äußert sich dazu wie folgt:

„Es müssen Instrumentarien entwickelt werden, um die zentralen Dimensionen der Struktur-, Orientierungs- und Prozessqualität sowie der kindlichen Bildung und Entwicklung zu *messen*. Wir benötigen Informationen über den Ist-Zustand. Die Diagnose ist auch hier Voraussetzung für Therapie. Solche Messungen müssen im Übrigen den üblichen sozialwissenschaftlichen Gütekriterien genügen und sie können nicht durch individuelle oder kollektive Eindrücke ersetzt werden, mögen diese mit so großer Gewissheit daher kommen."[166]

Im Gegensatz zu Fthenakis oder auch Honig, präsentiert Tietze somit eine gänzlich andere Herangehensweise an die Qualitätsthematik. Diese lässt sich wohl vor allem durch seinen engen Kontakt zu nordamerikanischen Wissenschaftlern erklären. So ist er gemeinsam mit Roßbach vor allem durch seine Beteiligung an der ‚International Child Care and Education Study' (1999) in die internationale frühpädagogische Qualitätsforschung eingebettet.[167] Und auch die KES stellt, wie bereits erwähnt, eine Adaption aus dem nordamerikanischen Raum dar, die in enger Kooperation mit den Verfassern der E-CERS entstanden ist.[168] In den USA gilt ein Ansatz, der Qualität auf der Basis wissenschaftlicher Erkenntnisse recht rigide festlegt, als geläufig.[169] Eine solche Herangehensweise scheint jedoch nur bedingt auf Deutschland übertragbar zu sein[170] und erntet unter den anderen Wissenschaftlern eher weniger Reputation.

---

[165] Fthenakis (2003a) [online] [7.12.2006].

[166] Tietze in Wehrmann 2004, S.408.

[167] Vgl. Honig et al. 2004, S. 20.

[168] Vgl. Esch et al. 2006, S. 39.

[169] Vgl. Roux 2002, S. 41.

[170] Dies ist vor allem auf Differenzen strukturell und organisatorisch bedingter Grundlagen der Erziehungssysteme zurückzuführen. Vgl. dazu Roux 2002, S. 41.

Eine Ansicht, die auch Zimmer ganz dezidiert teilt, denn zu Tietzes Vorgehensweise merkt er kritisch an: „Es genügt nicht, Qualität zu messen. Man muss sie vorher entwickeln."[171]

Das Verhältnis zwischen Tietze und Zimmer kann generell als sehr spannungsgeladen bezeichnet werden. Da ich Zimmers Qualitätskonzept im nächsten Kapitel noch näher erläutern werde, bietet sich ein kurzer Exkurs an, der sich wesentlich in die Qualitätsthematik integrieren lässt und sich anschaulich mit den Differenzen der beiden befasst.

4.3 Exkurs: Die Differenzen zwischen Tietze und Zimmer

Am deutlichsten zeigen sich die Differenzen zwischen Tietze und Zimmer in einer Abhandlung, die sich eigentlich mit einer Weiterentwicklung und Diskussion des Situationsansatzes befasst. In dieser merkt Zimmer an, dass es eindeutig von einer „wissenschaftlichen Arroganz"[172] zeugt, wenn Erzieherinnen als inkompetent betrachtet werden, bei der Mitentwicklung und Definition von Qualitätsstandards mitzuwirken. Folgt man Zimmer, steht es nicht allein der wissenschaftlichen Profession zu, darüber zu entscheiden, was für ein Kind als gut erachtet werden kann. Denn er verweist darauf, dass die konstitutive Frage offen steht „... wer mit dieser Profession gemeint sei."[173] Gerade im Bereich der Frühpädagogik, der durch ein Höchstmaß an differierenden Positionen, Ansichten und Meinungen gekennzeichnet ist, scheint Zimmers Einwand in dieser Hinsicht als legitim. Natürlich hat Zimmer bei seiner Kritik primär einen Wissenschaftler ins Auge gefasst – Wolfgang Tietze. Und so übt er – neben der Verteidigung des Situationsansatzes – auch ganz ostentativ Kritik an diesem:

„Wer wie Tietze (siehe Fußnote auf S. 107; Tietze/Schuster/Rossbach 1997) bei dieser Gelegenheit dem Situationsansatz unterstellt, er sei ein Abkömmling der Theologie und beruhe auf Glaubenssätzen, hingegen die Items eigener Qualitätsmessungs-Instrumente zu Aussagen gesicherter Wissenschaft erklärt, glaubt doch auch: daran zum Beispiel, dass ein amerikanisches mainstream-Modell vom Kindergarten weitgehend zum deutschen Maßstab gemacht wird, das eine Erzieherin, die detaillierte Lernschritte plant, um feinmotorische Fertigkeiten an-

---

[171] Zimmer in Fthenakis/Textor 2000, S. 111.

[172] Zimmer in Fthenakis/Textor 2000, S. 104.

[173] Zimmer in Fthenakis/Textor 2000, S. 105.

hand von Puzzles und Perleinfädeleien zu üben, besser sei als eine, die solche Hilfen nur bei Bedarf gibt."[174]

Dass Tietze generell auf solch eine Kritik an seiner Position gefasst ist, zeigt sich ganz deutlich am Vorwort seiner Studie ‚Wie gut sind unsere Kindergärten?' Denn er merkt an

„... daß zumindest ein Teil derer, die Verantwortung im Bereich der Frühpädagogik tragen, dem empirischen Ansatz der Untersuchung als auch seiner Umsetzung mit einer gewissen Skepsis und kritischen Voreinstellung begegnen wird."[175]

Und so fasst er schon vorab den folgenden Entschluss:

„Wir stellen uns dieser Kritik von einem einfachen Credo aus: Nur wenn pädagogische Qualität messbar gemacht wird und ihre Beziehungen zum Wohlbefinden und zur Entwicklung von Kindern beleuchtet werden, können entsprechende Änderungen und Verbesserungen begründet initiiert werden."[176]

Vor allem die Kritik Zimmers an Tietze verdeutlicht, wie sich dieser im wissenschaftlichen Diskurs der Frühpädagogik platziert. Während er Tietze eher als einen Wissenschaftler zu betrachten scheint, der durch seine oben schon erwähnte „Arroganz"[177] besticht und dazu neigt seinen Erkenntnissen eine allgemeine Gültigkeit zuzusprechen, sieht er sich selbst eher als einen Wissenschaftler, der seine Erkenntnisse aus einem Dialog mit der Praxis generiert. Dies verdeutlicht noch einmal folgendes Zitat:

„Dieses Diskursprinzip aufzugeben, hieße, den Situationsansatz in ein ‚wissenschaftliches Dekret' umzufunktionalisieren. Wer dies gern hätte, möge sich an die in den 60er Jahren jeweils im Brustton der Überzeugung vorgetragenen, sich aber widersprechenden vorschulpädagogischen Empfehlungen damaliger Expert/innen zurückerinnern ..."[178]

Zimmer schreibt sich damit jedoch keinesfalls eine niedere Position innerhalb des Diskurses zu. Schließlich hat er ohne Zweifel durch sein Mitwirken an der Vorschulreform der 1970er Jahre und als ‚Mitbegründer' des Situationsansatzes längst eine bedeutende Stellung im Diskurs inne – und diese gilt es zu verteidigen. So geht seine Kritik an Tietze noch weiter. Er weist darauf

---

[174] Zimmer in Fthenakis/Textor 2000, S. 105.
[175] Tietze 1998, S. 10.
[176] Tietze 1998, S. 10.
[177] Zimmer in Fthenakis/Textor 2000, S. 104.
[178] Zimmer in Fthenakis/Textor 2000, S. 104.

hin, dass Tietze bei einer Studie der Universität Landau[179], die den Situationsansatz einer externen, empirischen und summativen Evaluation unterzogen hat, als Sachverständiger bei der methodischen Vorbereitung dieses Evaluationsprojekts fungiert hat. Der daraus hervorgegangene Versuchsplan wurde von allen beteiligten Wissenschaftlern „ausdrücklich und einstimmig befürwortet."[180] Als es jedoch zu der Vorstellung der allesamt als positiv zu bewertenden Ergebnisse auf einer Abschlusstagung in Berlin kam, denunzierte Tietze, die, seiner Aussage nach, falsche Anlage des Versuchsplans – die er selbst jedoch zuvor als korrekt bewertet hatte.

Zimmer bringt in diesem Kontext folgendes Zitat an, das die kritische Haltung Tietzes gegenüber dem Situationsansatz nur allzu deutlich werden lässt. So äußerte sich dieser auf einer Anhörung des rheinland-pfälzischen Landtags im Oktober 1998 zum Thema ‚Erziehung in Kindertagesstätten' wie folgt:

> „Kennen Sie eine Untersuchung, die gezeigt hätte, dass Kinder, die den Situationsansatz erfahren haben, ... sozialkompetenter wären? Dass diese Kinder Lebenssituationen – gegenwärtige und zukünftige - besser bewältigen? Ich stifte immer noch die tausend Mark – die Wette - für denjenigen, der mir eine Untersuchung zeigt, die halbwegs wissenschaftlichen Kriterien genügen würde."[181]

Tietze scheint somit komplett zu leugnen, dass er selbst an der methodischen Vorbereitung eines Evaluationsprojekts zum Situationsansatz beteiligt war. Zimmer interpretiert diese Verurteilung des Versuchsplans als Uneinverständnis Tietzes mit den positiven Ergebnissen, die den Situationsansatz nicht als unbrauchbares Konzept aus der frühpädagogischen Praxis und Wissenschaft verdammt haben. Er nimmt dies jedoch, wie es scheint, mit Humor und gibt im Zusammenhang mit dem obigen Zitat die Bankverbindung des Landauer Projekts an –„als Chance zur kollegialen Wiedergutmachung."[182] Dennoch sieht er Tietze auch ganz klar als Wettbewerber um die Ressourcen für Forschungsarbeiten, so ist Tietze für ihn weniger ein Beispiel

> „... für pathogene Wahrnehmungsverzerrung, als vielmehr ein Wettbewerber. Weder der Wettbewerb – für sich genommen -, noch die wissenschaftliche Kritik

---

[179] Die Studie wurde gegen Ende des Modellprojekts „Kindersituationen" (1998) von Wolf, Becker und Conrad durchgeführt.

[180] Wolf 1998 zitiert nach Zimmer in Fthenakis/Textor 2000, S. 107.

[181] Tietze zitiert nach Zimmer in Fthenakis/Textor 2000, S. 107.

[182] Zimmer in Fthenakis/Textor 2000, S. 107.

– für sich genommen - sind dabei das Problem, wohl aber die unaufgeklärte Vermengung von beidem, der *conflict of interests.*"[183]

Von Bourdieu haben wir gelernt, dass Konkurrenz ein wesentlicher Faktor ist, der einer Annäherung im sozialen Raum hinderlich ist. Tietze und Zimmer bieten dafür ein Paradebeispiel.

Nach diesem kurzen Exkurs der die mehr als deutlichen Differenzen zwischen Tietze und Zimmer aufgezeigt hat, möchte ich nun dezidiert auf das Qualitätskonzept Zimmers eingehen, das im Rahmen des Modellprojekts ‚Kindersituationen' entstanden ist.

4.4 Das Modellprojekt ‚Weiterentwicklung der pädagogischen Arbeit in den neuen Bundesländern und im Ostteil Berlins' (Kindersituationen)

Im Gegensatz zu Tietze, der vor allem bei der KES und seiner Studie ‚Wie gut sind unsere Kindergärten?' (1998) einen Ansatz vorlegt, bei dem die Kriterien pädagogischer Qualität nach Expertenmeinung und Forschungsergebnissen festgelegt werden, verfolgt Zimmer beim Modellprojekt ‚Kindersituationen' einen handlungsorientierten Zugang. Handlungsorientierte Zugänge können als pragmatisch-praxisorientiert bezeichnet werden, der Schwerpunkt liegt dabei auf einer dialogischen Qualitätsförderung. Die generierten Qualitätsstandards gelten dabei stets als relativ und wandelbar und bedürfen einer regelmäßigen Neuerörterung und Reflexion.[184]

Das Modellprojekt ‚Kindersituationen' fand unter der Leitung von Zimmer in den Jahren 1993 bis 1997 statt. Das wesentliche Ziel des Projekts bestand in einer Weiterentwicklung der pädagogischen Praxis in Kindertageseinrichtungen auf der Basis des Situationsansatzes in Zusammenarbeit mit Erzieherinnen, Eltern und Trägern.[185]

Am Projekt waren 12 Modelleinrichtungen beteiligt. Zudem wurden Kindertageseinrichtungen integriert, die sich um die einzelnen Modelleinrichtungen gruppierten. Diese partizipierten vor allem dadurch am Projekt, dass sie die, innerhalb der Modelleinrichtungen entwickelten, Materialien erprobten.

---

[183] Zimmer in Fthenakis/Textor 2000, S. 108.

[184] Vgl. Roux 2002, S. 33.

[185] Vgl. Roux 2002, S. 49.

Das Modellprojekt wurde durch eine externe empirische Evaluation begleitet.[186] Für diese wurde ein Arbeitspapier mit operationalisierten Aussagen zur qualitativen Struktur von Kindertageseinrichtungen erarbeitet. Dieses bildete den wesentlichen Orientierungspunkt für die Entwicklung der Erhebungsinstrumente der externen empirischen Evaluation.

In Bezug auf das Kind wurden konkrete Aussagen über die Ich-Kompetenzen, Sozial-Kompetenzen und Sach-Kompetenzen getroffen, die in den Tageseinrichtungen erworben werden sollten. Auf der Erzieherinnenebene wurden vorrangig Aussagen zur erwünschten Beziehung zu den Kindern, sowie zum erwünschten beruflichen Selbstbild thematisiert. In einem dritten Bereich wurden Aussagen zur Planung und Gestaltung des Tagesablaufes klassifiziert. Diese Merkmale zur Operationalisierung fungierten als Basis zur Entwicklung, Sicherung und Messung pädagogischer Qualität im Sinne des Situationsansatzes.[187] Neben diesen Merkmalen wurden Qualitätsstandards formuliert, die eine gute Praxis nach dem Konzept des Situationsansatzes beschreiben. Die Erarbeitung dieser Qualitätsstandards vollzog sich dialogisch, unter Anwendung der Delphi Methode, in Zusammenarbeit mit Erzieherinnen, Projektmitarbeitern und Wissenschaftlern.[188] Zudem fand eine Erprobung und Weiterentwicklung der Standards in der Praxis statt. Zimmer folgt im Rahmen des Projekts damit eindeutig einem relativistischen Qualitätskonzept. Er merkt dazu an:

„Man berücksichtigt dabei in relativistischer Sichtweise die Perspektive aller am Prozess beteiligten."[189]

In der obigen Darstellung des Projekts offenbart sich eine Herangehensweise Zimmers an die Qualitätsthematik, wie sie wohl kaum konträrer zu dem Vorgehen von Tietze sein könnte. Dass dies unweigerlich zu Differenzen führt, haben die vorherigen Ausführungen anschaulich belegt.

Es sind solch konstitutive Unterschiede, die den Diskurs innerhalb der Frühpädagogik so facettenreich werden lassen. Sie belegen, dass sich das Feld der Frühpädagogik in einer permanenten Bewegung befindet und differenteste Positionen hervorbringt. Ich halte folgendes Zitat von Diller und Rauschenbach, das sich eigentlich auf die Reformierung der Erzieherinnen-

---

[186] Es handelt sich genau um die Evaluation, an der Tietze als Sachverständiger beteiligt war.
[187] Vgl. Roux 2002, S. 50.
[188] Vgl. Roux 2002, S. 50.
[189] Roux 2002, S. 50.

ausbildung bezieht an dieser Stelle für den gesamten frühpädagogischen Diskurs als typisch:

> „Diese aktuelle Lage erinnert an einen kollektiven Aufbruch, in dem viele sich suchend auf den Weg machen, ohne dass Etappe und Ziel klar, geschweige denn untereinander abgesprochen und eindeutig markiert wären."[190]

---

[190] Diller/Rauschenbach in Diller /Leu/Rauschenbach 2006, S. 9/10.

5. Die Nationale Qualitätsinitiative

Ich möchte nun im Folgenden auf die einzelnen Projekte eingehen, die aus der NQI hervorgegangen sind. Wie bereits eingangs erwähnt, werde ich in diesem Kontext die Projekte von Fthenakis, Preissing und Tietze betrachten. Es geht dabei wesentlich um die Frage, inwiefern sich durch die Initiative ein Konsens innerhalb der Qualitätsdiskussion eingestellt hat.

Da sich ein inhaltlicher Vergleich der generierten Qualitätskriterien in diesem Zusammenhang als recht diffizil erweist, da die einzelnen Projekte auf unterschiedliche Bereiche ausgerichtet sind, fokussiere ich primär das Vorgehen der Wissenschaftler, d.h. die Art und Weise, mit der die Genese der Qualitätskriterien stattfand. Ich schließe somit wesentlich an die obigen Ausführungen an und betrachte, ob sich die Entwicklung von Qualitätskriterien innerhalb der einzelnen Projekte eher dialogisch oder expertenorientiert und wissenschaftstheoretisch vollzogen hat.

5.1 Qualität im Situationsansatz

Die noch folgenden Ausführungen werden zeigen, dass Tietze mit seinem nationalen Kriterienkatalog grundlegende Qualitätskriterien vorlegt, die ausdrücklich keinem pädagogischen Ansatz folgen, sondern vielmehr den Anspruch erheben, dass sich jeder pädagogischer Ansatz an ihnen messen ließe.[191] Einer gänzlich anderen Intention folgt hingegen Christa Preissing im Rahmen ihres Projekts. Sie generiert Kriterien zur Qualitätserfassung, die sich ganz speziell auf das pädagogische Konzept des Situationsansatzes beziehen. Für Preissing ist dies kein neues Feld, denn schließlich widmet sie sich bereits seit etlichen Jahren Forschungen zum Situationsansatz. Und auch der Situationsansatz selbst, kann nicht als Innovationsprojekt bezeichnet werden, denn seine Wurzeln liegen in den Reformbemühungen der 1970er Jahre. Und so sieht auch Preissing die aus dem Projekt hervorgegangenen Qualitätskriterien als „... Resultat und Ausdruck einer jetzt bislang 30-jährigen Diskussion um dieses Konzept an."[192]

Mit der Fokussierung auf ein spezifisches pädagogisches Konzept verbindet sich ganz konstitutiv die Notwendigkeit, dieses in seinen Leitbildern und konzeptionellen Grundsätzen offen zu legen. Preissing betitelt dies als

---

[191] Vgl. Tietze et al. 2005, S. 279.
[192] Preissing 2003, S. 10.

„Kern"[193] ihres Qualitätshandbuchs. Und sie betont, dass sich sowohl das Leitbild als auch die konzeptionellen Grundsätze dabei an den Zielen, Aufgaben und praktischen Handlungsanforderungen der Arbeit im Situationsansatz orientieren.[194] Sie sind damit nicht aus den theoretischen Dimensionen, die eine weitere Ingredienz ihres Werkes darstellen, deduziert. Darin offenbart sich ganz evident, dass Preissing Konzepte von Qualität, die lediglich theoretische Erkenntnisse auf die Praxis anwenden, ohne diese jedoch explizit zu berücksichtigen bzw. mit einzubeziehen, eher ablehnt. So merkt sie an:

> „Theorie und Praxis durchdringen sich mit ihrer je spezifischen Logik gegenseitig und sind in einem wechselseitigen Verhältnis aufeinander bezogen ... Praxis ist aus Theorie nicht allein bestimmbar."[195]

So ist es auch nicht verwunderlich, dass Preissing im Rahmen ihres Projekts eine dialogische Bestimmung von Qualitätskriterien vornimmt. Sie trägt damit der Ansicht Rechnung, dass Qualität kein feststehender, objektiver Begriff ist.[196]

Die Qualitätskriterien wurden auf Grundlage des Leitbildes und der konzeptionellen Grundsätze in Zusammenarbeit mit Erzieherinnen, Eltern, Trägervertretern, Fachberatern, Wirtschaftskräften und wissenschaftlichen Experten entwickelt.

> „Es handelt sich also um ein kollektives Produkt, um den Begriff der neuen Bildungsdebatte aufzugreifen, um eine Ko-Konstruktion."[197]

Als Resultat präsentieren sich Materialien zur Qualitätsentwicklung, die sowohl eine Einschätzung als auch eine Weiterentwicklung der Qualität ermöglichen. Zielgruppe sind dabei vor allem die Erzieherinnen.

Ich möchte nun kurz vorab auf die Projekte von Tietze und Fthenakis verweisen, da diese einen konstitutiven Unterschied zu dem Projekt von Preissing aufweisen. So legen sowohl Tietze als auch Fthenakis ihren Projekten ein Qualitätskonzept zu Grunde, das auf den Ebenen von Struktur-, Prozess- und Orientierungsqualität basiert und sich auch in den Qualitätskriterien

---

[193] Preissing 2003, S. 10.

[194] Vgl. Preissing 2003, S. 10.

[195] Preissing 2003, S. 10/11.

[196] Vgl. Esch et al. 2006, S. 225.

[197] Preissing 2003, S. 11.

niederschlägt.[198] Preissing hingegen präferiert inhaltliche Kategorien und merkt in diesem Kontext an:

„Die anderorts benutzte Kategorisierung nach formalen Dimensionen - Struktur-, Orientierungs-, Prozess-, und Ergebnisqualität - halten wir deshalb nicht für ü-berflüssig, aber nachgeordnet, weil sich ihre Ausprägung nur mit Bezug auf inhaltlich bestimmte und begründete Dimensionen qualifizieren lässt."[199]

Sie stützt ihre Qualitätsdimensionen somit nicht auf ein strukturalprozessuales Modell. Ergebnis sind Qualitätsdimensionen, die wie folgt klingen:

„Die pädagogische Arbeit geht von den sozialen und kulturellen Lebenssituationen der Kinder und ihrer Familie aus...
Erzieherinnen finden im kontinuierlichen Diskurs mit Kindern, Eltern und anderen Erwachsenen heraus, was Schlüsselsituationen im Leben der Kinder sind."[200]

Bei den Qualitätskriterien wurden dabei bewusst Formulierungen gewählt, die die handelnden Erzieherinnen ansprechen sollen, da diesen eine wesentliche, wenn auch nicht die einzige, Rolle bei der Qualitätsentwicklung zukommt.[201]

Preissings Qualitätskriterien haben somit einen eher deskriptiven Charakter. Tietze, der als ein großer Kritiker des Situationsansatzes betitelt werden kann – was seine Kontroversen mit Zimmer ja eindeutig zeigen –, bezeichnete solche „Beschreibungen"[202] als „genauso unbestimmt wie der breite Rahmen selbst." Er konkludiert daraus folgendes:

„Bei solch unpräzisen Kriterien ist eine Realisierung des Ansatzes nicht überprüfbar und der Ansatz selbst auch nicht lehrbar (z.B. in Fachhochschulen)."[203]

Es ist anzumerken, dass Tietze diese Kritik nicht direkt an den Qualitätskriterien von Preissing übt, sondern an Präzisierungen für die konzeptionelle Arbeit auf der Basis des Situationsansatzes, die im Rahmen des Projektes ‚Kindersituation' (1995) entstanden sind. Es ist jedoch anzunehmen, dass Tietze diese Kritik auch in Bezug auf Preissings aktuelle Erarbeitungen anwenden würde, da er bislang noch keine Freundschaft mit dem Situationsan-

---

[198] Wenn auch mit unterschiedlichem Schwerpunkt, so fokussiert Tietze vor allem die Prozessqualität und Fthenakis primär die Strukturqualität.

[199] Preissing 2003, S. 12.

[200] Preissing 2003, S. 13.

[201] Vgl. Preissing 2003, S. 11.

[202] Laewen/Neumann/Zimmer 1997, S. 202.

[203] Laewen et al. 1997, S. 203.

satz geschlossen zu haben scheint. Und indirekt steht Preissings Qualitätshandbuch ja in einer gewissen Konkurrenz zu seinem nationalen Kriterienkatalog, der für jedes pädagogische Konzept – und somit wohl auch für den
Situationsansatz – Geltungsanspruch erhebt.[204]

Im Rahmen seines nationalen Kriterienkatalogs verweist jedoch auch Tietze darauf, dass die Qualitätskriterien so formuliert wurden, dass den Erzieherinnen die Möglichkeit gegeben ist, einen direkten Bezug zu ihrer Arbeit
herzustellen.[205]

Ich möchte die Ausführungen zur Qualität im Situationsansatz an dieser
Stelle beenden, da eine adäquate Basis für einen Vergleich mit den anderen
Projekten geschaffen wurde und ich an einer anderen Stelle dieser Arbeit
noch einmal auf den Situationsansatz zurückkommen möchte.

5.2 Das Projekt ‚Träger zeigen Profil'

Wie diese Arbeit bereits gezeigt hat, geht Fthenakis davon aus, dass eine
adäquate Feststellung von Qualität nur im Rahmen eines dialogischen und
partizipatorischen Prozesses erfolgen kann. Ein Ansatz, der in einer eviden-
ten Heteronomie zu Instrumenten wie der KES-R steht. Fthenakis`[206] Quali-
tätshandbuch für Träger von Kindertageseinrichtungen, das im Rahmen der
NQI entstanden ist, steht exemplarisch für solch eine partizipatorische Herangehensweise.

Ziel des Projekts war es, die Konzeptualisierung eines Trägerprofils zu generieren, auf dessen Basis Verfahren der Fremd- und Selbstevaluation von
Trägerqualität entwickelt werden konnten. Fthenakis wurde in dieser Hinsicht mit einem Pilotprojekt betraut, da die Funktion des Trägers bei der
Steuerung von Qualität bislang nur marginal thematisiert wurde und sein
Trägerhandbuch somit das erste Regelwerk zur Qualitätssicherung von Trägern darstellt. Die Trägerstrukturen in Deutschland zeichnen sich durch eine
hohe Komplexität und Heterogenität aus, die zum einen ein diversifiziertes
Angebot garantiert, zum anderen jedoch die Genese vergleichbarer Qualitätsstandards erschwert. Um diese Komplexität adäquat und in all ihren Facetten erfassen zu können, setzte Fthenakis bei der Entwicklung und Erpro-

---

[204] Vgl. Tietze/Viernickel 2003, S.14.

[205] Vgl. Tietze/Viernickel 2003, S. 32.

[206] Das Trägerhandbuch entstand in wesentlicher Zusammenarbeit mit Pamela
Oberhuemer, sie und alle anderen Mitarbeiter sind im Folgenden mit inbegriffen,
auch wenn ich nur von Fthenakis spreche.

bung des Trägerprofils und der Evaluationsinstrumente auf die Zusammenarbeit mit Kooperationspartnern aus der Praxis. Intention war es dabei, praxiserprobte Qualitätskriterien zu generieren. Dazu wurden spezifische Fachgruppen gebildet, die sich aus Vertretern von Spitzenverbänden, Kommunen und Privatinitiativen zusammensetzten. Durch regelmäßige Workshops mit den Vertretern wurde gewährleistet, dass die Sichtweise der Trägervertreter ihre legitime Berücksichtigung fand. Die Teilnehmer diskutierten in diesem Kontext den Kriterienkatalog und testeten das Verfahren zur Selbstevaluation. Dass die Vertreter dabei als paritätische Mitarbeiter bei der Entwicklung von Qualitätskriterien angesehen wurden, lässt sich anhand von Modifikationen belegen, die auf der Basis ihrer Rückmeldungen vorgenommen wurden.[207] Es zeigt sich somit ganz evident, dass Fthenakis bei seinem Qualitätshandbuch für Träger einen Ansatz wählt, der bereits bei der Definition dessen, was Qualität ist, auf partizipatorische Elemente setzt. Das Ergebnis ist ein Trägerprofil mit 10 Aufgaben (TQ-Dimensionen), die nach folgenden vier Strukturierungsmerkmalen ausdifferenziert werden: 1. Qualitätsziele, 2. Trägeraufgaben, 3. relevante Maßnahmen und Verfahren der Qualitätssteuerung und 4. Qualitätsstandards.

Weiteres Ergebnis des Qualitätshandbuchs stellt ein Instrument zur Selbstevaluation dar, das seiner Programmatik nach, nicht allein auf eine Qualitätsfeststellung zielt, sondern vor allem die Weiterentwicklung der Träger anregen möchte.

Fthenakis legt somit mit seinem Qualitätshandbuch für Träger ein gelungenes Exempel für einen partizipatorischen Ansatz der Qualitätsdefinition, -evaluation und -weiterentwicklung vor, das adäquat eine Konvergenz zur Komplexität und Multiperspektivität der Praxis konstituiert.

5.3 Der nationale Kriterienkatalog

Wir haben Tietze bislang als jemanden kennen gelernt, der vor allem einen wissenschaftstheoretischen Zugang bei der Erfassung pädagogischer Qualität und der Festlegung von Qualitätskriterien präferiert. Nun stellt sich die Frage, ob er generell einem solchen Ansatz folgt, oder ob er bei der Entwicklung von Qualitätskriterien und der Evaluation von Qualität auch partizipatorische Aspekte integriert, wie es die Projekte von Preissing und Fthenakis eingehend gezeigt haben.

---

[207] Vgl. Fthenakis et al. 2003, S. 18.

Und tatsächlich bezieht Tietze bei seinem Projekt[208] im Rahmen der NQI ganz explizit pädagogische Fachkräfte bei der Konstitution von Qualitätskriterien mit ein. Relativierend fügt er jedoch hinzu, dass letztlich nicht ihre Bedürfnisse und Interessen im Zentrum stehen, sondern die von Kindern und ihren Familien.[209]

Die Partizipation bei der Genese der Qualitätskriterien erfolgte dabei zum einen durch eine Befragung von Erzieherinnen, die an einer der 270 am Projekt beteiligten Kindertageseinrichtungen tätig waren, zum anderen durch eine allgemeine Fachkräftebefragung in den Zeitschriften ,Kindergarten heute' und ,klein und groß'. Komplementär fand eine Auswertung der Ergebnisse der nationalen und internationalen Qualitätsdiskussion statt, um die „Kernpunkte des internationalen Expertenwissens zusammenzutragen."[210] Tietze ist somit nicht vollständig von seinem Kurs abgewichen und bezieht sich weiterhin stark auf die Meinung von Experten. Thematisiert wurden in diesem Rahmen diverse Einschätzskalen, wie die KES-R oder die Infant-Toddler-Environment-Rating-Scale, europäische Ansätze wie die Qualitätsziele des Netzwerks Kinderbetreuung der Europäischen Kommission sowie dialogorientierte deutsche Verfahren exemplarisch ist hier das Verfahren des Kronberger Kreises zu nennen.[211] Die dadurch und aus der Befragung gewonnen Ergebnisse bildeten die Basis für vorläufige Qualitätskriterien, die unter den Gesichtspunkten der inhaltlichen Bedeutsamkeit, kulturellen Angemessenheit, Akzeptanz und Vollständigkeit einem Expertengremium aus Fachpraxis, Administration und Wissenschaft zur Diskussion vorgelegt wurden. Die daraus resultierende revidierte Fassung wurde dann noch einmal einer Beurteilung durch Erzieherinnen und Leiterinnen der Kindertageseinrichtungen vorgelegt. Tietze betitelt diese Vorgehensweise als den Versuch,

,,... über einen kontrollierten Konsensbildungsprozess zu in breiter Form anerkennungsfähigen Qualitätskriterien zu gelangen."[212]

---

[208] Der nationale Kriterienkatalog entstand in wesentlicher Zusammenarbeit mit Susanne Viernickel; sie und alle anderen Mitarbeiter gelten als mit inbegriffen, wenn ich im Folgenden von Tietze spreche.

[209] Vgl. Tietze/Viernickel 2003, S. 11.

[210] Tietze in Fthenakis 2002, S. 280.

[211] Tietze integriert somit auch Vorgehensweisen, die er bislang eher denunziert hat, wie die Auseinandersetzung mit Zimmer gezeigt hat.

[212] Tietze in Fthenakis 2002, S. 280.

Er zeigt damit eine deutliche Konformität zu dem von Fthenakis postulierten Vorgehen. So betont Tietze, dass sein Qualitätskriterienkatalog nicht das Produkt einer spezifischen Forschergruppe darstellt, sondern

> „... vielmehr ... der Reichtum und die Vielfalt dessen, was an Kompetenz und Wissen über Aspekte guter Qualität vorhanden ist, zusammengeführt und auf Konsensfähigkeit hin überprüft"[213] wurde.

Dennoch erntet sein Kriterienkatalog Kritik. Es scheint wenig verwunderlich, dass diese wieder einmal von Honig ausgeteilt wird. So merkt dieser an:

> „Die operativen Kriterien pädagogischer Qualität von Kindertageseinrichtungen sind in einem professionellen Konsens abgesichert (Tietze & Viernickel 2003), was an ihrem wissenschaftstheoretischen Status als Konventionen indes nichts ändert. Als normative Übereinkunft verdeckt dieser Qualitätsbegriff, dass er Seinsaussagen in Sollensaussagen verwandelt, wenn er methodisch als Kriterienkatalog fungiert, anhand dessen die Praxis beschrieben und bewertet wird."[214]

Es ist in diesem Kontext jedoch darauf zu verweisen, dass der Kriterienkatalog nicht der Programmatik folg, eine rigide Beschreibung und Bewertung der Praxis vorzunehmen. So betont Tietze, dass die Merkmale seines Qualitätskriterienkatalogs keine Qualitätsstandards darstellen, die Kindertageseinrichtungen lediglich übernehmen sollen, vielmehr sollen sie den „Ausgangspunkt für eigene Überlegungen und Ziele"[215] darstellen. Der Kriterienkatalog offeriert somit ganz programmatisch größere individuelle Spielräume als zum Beispiel die KES-R. Er soll somit vor allem eine Qualitätsentwicklung intendieren.

Tietze verweist in diesem Kontext zudem ganz explizit darauf, dass die Qualitätskriterien nicht wertneutral sind, sondern auf einem spezifischen Bild des Kindes und der Rolle der Erzieherin basieren.[216] Gemäß der modifizierten gesellschaftlichen Sichtweise auf Kinder gelten diese „als Subjekte und uneingeschränkte Träger allgemeiner Grundrechte."[217] Auf dieses Bild vom Kind werde ich an einer anderen Stelle dieser Arbeit noch einmal genauer eingehen. Problematisch ist jedoch, dass Kinder, trotz dieses ihnen zugeschriebenen Status, bei Tietzes Kriterienkatalog weiterhin nur aus der Außenperspektive wahrgenommen werden. Hier zeigt sich noch einmal

---

[213] Tietze/Viernickel 2003, S. 16.

[214] Honig et al. 2004, S. 25.

[215] Tietze/Viernickel 2003, S. 14.

[216] Vgl. Tietze/Viernickel 2003, S. 23.

[217] Tietze/Viernickel 2003, S. 23.

deutlich die bereits von mir angesprochene Modifikation der Sichtweise von Viernickel. Denn wie es scheint geht sie beim nationalen Kriterienkatalog, den sie wesentlich miterarbeitet hat, noch vollständig mit Tietze konform. Qualität wird zumindest nicht methodisch aus der Perspektive von Kindern erfasst, auch wenn deren Wohlbefinden eindeutig im Zentrum steht. Dies kann man natürlich nicht nur Tietze vorhalten, denn auch Preissing, die sich ganz explizit für eine dialogische Bestimmung und Evaluation von Qualitätskriterien ausspricht,[218] nimmt keine Integration der Kinder vor.

Mit Tietzes Vorgehensweise verbindet sich des Weiteren die Intention, den Mangel nicht vorhandener konkreter Leitlinien oder eines nationalen Curriculums zu kompensieren. Resultat von Tietzes Projekt ist ein Qualitätskriterienkatalog, der nach eigener Aussage Tietzes ein Werk darstellt,

> „... das länder-, träger-, und konzeptionsübergreifend beste pädagogische Fachpraxis beschreibt und allen Einrichtungen der vielfältigen Trägerlandschaft zwischen Schleswig-Holstein und Bayern eine Grundlage bietet, auf der sie sich fachlich verständigen und ihre Qualität entwickeln können."[219]

Der Schwerpunkt des Kriterienkatalogs liegt dabei auf der Prozessqualität, anders als bei der KES-R finden jedoch auch Struktur- und Orientierungsqualität verstärkt Berücksichtigung.

Nun noch einige generelle Anmerkungen zum Kriterienkatalog. Tietze differenziert diesen in zwei Hauptdimensionen. Während sich die eine in 20 Qualitätsbereiche fächert, die repräsentativ für die zentrale pädagogische Arbeit in Kindertageseinrichtungen stehen, betitelt Tietze die zweite Dimension als Leitgesichtspunkte, die quer zu den Qualitätsbereichen verlaufen und Auskunft über die konkrete Gestaltung der pädagogischen Arbeit geben. Sie bilden den internen Ordnungsrahmen für die 20 Qualitätsbereiche, die wie folgt aufgeteilt sind: Zwei Bereiche fokussieren die Rahmenbedingungen der Kindertageseinrichtung, vier beziehen sich auf die pädagogische Gestaltung von Routinen, zehn widmen sich der Bildungsarbeit, drei beziehen sich auf die Kooperation zwischen Einrichtung und Familie, sowie ein Bereich, der sich auf die Leitung bezieht.

Tietze klassifiziert somit nach Qualitätsbereichen und wählt damit eine andere Ordnung als Preissing, die ihre Qualitätskriterien an konzeptionellen Grundsätzen orientiert. Als relevante Leitgesichtspunkte, die die pädagogische Orientierung widerspiegeln und damit Aussagen zur pädagogischen

---

[218] Vgl. Preissing 2003, S. 57.
[219] Tietze/Viernickel 2003, S. 7.

Gestaltung der Qualitätsbereiche ermöglichen,[220] fokussiert Tietze folgende Aspekte: Räumliche Bedingungen, Erzieherin-Kind-Interaktion, Planung, Nutzung und Vielfalt von Material, Individualisierung und Partizipation. Vergleicht man den nationalen Kriterienkatalog mit dem Projektergebnis von Preissing, so lässt sich konstatieren, dass sich ersterer durch eine wesentlich stärkere Strukturierung auszeichnet. So werden Aspekte, die im Alltag ganz evident zusammengehören, systematisch aufgegliedert. Bei Preissing hingegen erfolgt eine Strukturierung in Anlehnung an die konzeptionellen Grundsätze. Dies generiert zum einen Qualitätskriterien, die durch ein hohes Maß an Offenheit gekennzeichnet sind, lässt zum anderen jedoch eine gewisse Struktur vermissen. Demgegenüber bietet bei Tietze die Differenzierung nach Leitgesichtspunkten, sowie die Aufschlüsselung nach einzelnen Qualitätsbereichen, ein höheres Maß der Standardisierung und damit auch der Orientierung. Scheint es bei Preissing wesentlich darum zu gehen, vor allem eine Optimierung des Konzepts ‚Situationsansatz' abzuliefern, innerhalb derer die Anforderungen für die pädagogischen Fachkräfte doch recht ineinander vermengt wirken, identifiziert Tietze systematisch Qualitätsbereiche, die vor allem der Entwicklung und dem Wohlbefinden des Kindes Rechnung tragen. Im Rahmen des Werkes von Honig et al. ‚Was ist ein guter Kindergarten?' wird jedoch in dieser Hinsicht zum nationalen Kriterienkatalog kritisch angemerkt:

„In der Vorstellung, pädagogische Qualität als eine Leistung pädagogischer Einrichtungen zu erbringen, wurde die Frage nach der geeigneten Technologie u.a. in Programme übersetzt, die insbesondere die Entwicklung des Kindes durch die Verwirklichung eines Katalogs standardisierter Merkmale (Tietze & Viernickel 2003) gewährleisten soll."[221]

Tietze setzt somit weiterhin stark auf eine Standardisierung von Qualitätsmerkmalen. Er generiert mit seinem nationalen Kriterienkatalog jedoch diesmal ein Instrument, bei dem Qualität nicht allein durch einen wissenschaftstheoretischen und von Experten definierten Zugang bestimmt wird. Sein Ansatz integriert vielmehr die Perspektive von Praktikern und Wissenschaft. Ergebnis ist ein Katalog, der eine Vielfalt von Nutzungsmöglichkeiten bereithält und als „ständiger Praxisbegleiter"[222] fungieren soll. So sehen ihn seine Autoren zum Beispiel bei der Erarbeitung, bzw. Überarbeitung von

---

[220] Vgl. Esch et al. 2006, S. 213.

[221] Honig et al. 2004, S. 120.

[222] Tietze/Viernickel 2003, S. 37.

Einrichtungskonzeptionen oder als Ausgangspunkt für systematische Qualitätsentwicklungsprozesse als dienlich an.

Im Vergleich zur KES-R zeigt sich innerhalb des Projekts der NQI somit eine deutliche Modifikation der Methodik. Denn während bei der KES-R Qualität anhand vorab definierter Kriterien erfasst wird, die jedoch nicht auf einer diskursiven Aushandlung basieren, integriert Tietze in seinem nationalen Kriterienkatalog neben wissenschaftlichen Grundlagen auch ganz explizit das Wissen und die Erfahrungen von Praktikern und bestimmt Qualitätskriterien somit in einem Dialog.

Mit einem Blick auf eine Studie, die im Jahr 2005 veröffentlicht wurde, möchte ich nun prüfen, inwiefern sich diese dialogische Herangehensweise auch in anderen Forschungsarbeiten von ihm finden lässt.

5.4 Qualität nach der Nationalen Qualitätsinitiative – Die Genese eines Konsens?

Zu Beginn dieser Arbeit ist deutlich geworden, dass besonders Tietze eine Position im Diskurs einnimmt, die als konträr zu der von Preissing sowie Fthenakis stehend bezeichnet werden kann. Ob sich durch die NQI ein gewisser Konsens eingestellt hat, ist somit am adäquatesten durch die nähere Betrachtung von Tietzes Position zu ermitteln.

Ich möchte dazu im Folgenden auf die Studie ,Kinder von 4 bis 8 Jahren. Zur Qualität der Erziehung und Bildung in Kindergarten, Grundschule und Familie' (2005) eingehen, die eine längsschnittliche Erweiterung der Studie ,Wie gut sind unsere Kindergärten?' (1998) von Tietze darstellt. Die Untersuchungen zum Setting des Kindergartens sind zwar vor der NQI zu datieren, dennoch bietet sich ein Vergleich der Position von Tietze innerhalb der Studie und innerhalb seines Projekts im Rahmen der NQI an, da sich der Teil ,Zusammenfassung, Diskussion und Empfehlungen', der an die Studie angegliedert ist, auf aktuelle Entwicklungen und auch ganz explizit auf seinen nationalen Kriterienkatalog bezieht. Die Studie bietet somit quasi noch einmal einen Vergleich zwischen Tietzes Position vor und nach der NQI.

Im Rahmen der Arbeit zum nationalen Kriterienkatalog hat sich gezeigt, dass Tietze eine dialogische Bestimmung von Qualitätskriterien vorgenommen hat. Ein gänzlich anderer Ansatz zeigte sich dem hingegen in seiner Studie ,Wie gut sind unsere Kindergärten?', bei der die Kriterien pädagogischer Qualität anhand von Expertenmeinung und Forschungsergebnissen generiert wurden.

In der Zusammenfassung ihrer Studie von 2005 fokussieren Tietze et al. vor allem die Möglichkeiten einer Weiterentwicklung und Verbesserung pädagogischer Qualität in Kindertageseinrichtungen. Als entscheidende Determinante identifizieren die Autoren dabei das Zusammenspiel von Struktur-, Prozess- und Orientierungsqualität. So basieren Unterschiede in der Prozessqualität wesentlich auf Unterschieden in den Rahmenbedingungen von Struktur- und Orientierungsqualität.[223] Vorschlag von Tietze ist in diesem Kontext eine fachlich begründete Verständigung über Mindeststandards bei zentralen Merkmalen der Strukturqualität. Tietze präferiert jedoch in diesem Kontext wiederum eine wissenschaftstheoretische Bestimmung solcher Standards. Eine Verständigung sollte,

„... um fachliche Glaubwürdigkeit für sich in Anspruch nehmen zu können, soweit wie möglich auf wissenschaftlich gesicherten Erkenntnissen bzw. auf Erfahrungswissen einschlägiger ExpertInnen aufbauen."[224]

Darin offenbart sich eine ähnliche Orientierung an einem ausschließlichen Expertenwissen, wie es die KES-R für den Bereich der Prozessqualität darstellt. Und auch im Hinblick auf die Prozessqualität verweist Tietze erneut darauf, dass es zur Sicherung und Weiterentwicklung dieser einer Festlegung von Mindeststandards bedarf. Zur Erhebung der Prozessqualität offenbart sich erneut die gewohnte Position Tietzes, denn es heißt:

„Soweit es um die Einhaltung von Mindeststandards geht, sollte die Qualitätsfeststellung von *externen* Evaluatoren und nicht von MitarbeiterInnen der Einrichtung vorgenommen werden."[225]

Zumindest in Hinsicht auf die Festlegung und Evaluation von Mindeststandards für Prozess- und Strukturqualität zeigt Tietze somit eine ablehnende Haltung gegenüber dialogischen Elementen. Dass dies nicht generell so konstatiert werden kann, belegt folgendes Zitat in Bezug auf pädagogische Orientierungen:

„Pädagogische Orientierungen werden umso eher handlungsleitende Funktion haben, je konkreter und praxisnäher sie formuliert sind. Diesem Ziel dient die Formulierung eines nationalen Katalogs pädagogischer Qualitätskriterien, der im Rahmen der Nationalen Qualitätsinitiative des Bundesfamilienministeriums entwickelt wurde."[226]

---

[223] Vgl. Tietze et al. 2005, S. 273.

[224] Tietze et al. 2005, S. 274.

[225] Tietze et al. 2005, S. 279.

[226] Tietze et al. 2005, S. 277.

Tietze sieht den nationalen Kriterienkatalog somit vor allem für eine fachliche Verständigung und Qualitätsentwicklung in Kindertageseinrichtungen als relevant an.[227]

Im Rahmen der NQI hat sich bei Tietze und Fthenakis die Tendenz einer gewissen Einigkeit über die Definition, Evaluation und Weiterentwicklung von Qualität abgezeichnet. Die oben vorgestellte Studie von Tietze, Roßbach und Grenner belegt dennoch, dass Tietze nicht generell von seinem Kurs abgewichen ist und weiterhin, zumindest in spezifischen Bereichen, einen expertenorientierten und wissenschaftstheoretischen Zugang zur Qualität gegenüber einer dialogischen Vorgehensweise präferiert.[228] Diese Haltung offenbart sich auch in seinen Überlegungen zu einem deutschen Kindergarten-Gütesiegel.[229] Dieses soll, basierend auf einer umfassenden Qualitätsfeststellung, den Qualitätsstand einer Einrichtung nach außen ausweisen und somit einen Orientierungspunkt für seine Nutzer, die Träger, das pädagogische Personal sowie die Fachpolitik bieten.

Dennoch werden weder Eltern, Fachkräfte noch Kinder explizit daran beteiligt, bei der Festlegung von Qualitätskriterien zum deutschen Kindergarten-Gütesiegel mitzuwirken. Und das, obwohl sie doch ganz evident den größten Nutzen davon tragen sollen. Eltern wird in dieser Hinsicht generell abgesprochen, dass sie in der Lage seien, Kindertageseinrichtungen objektiv zu bewerten. So äußert sich Tietze wie folgt:

„Eltern sind zu einer Qualitätsbeurteilung jedoch nur begrenzt in der Lage, da sie während des Betreuungsprozesses meist nicht anwesend sind und auch nur bedingt über professionelle Kriterien verfügen (Walker 1990)."[230]

Ein Vorwurf, zu dem Honig folgendes anmerkt und damit erneut seine kritische Haltung gegenüber Tietze präsentiert:

„Das Elternurteil ist in manchen Punkten zuverlässiger, als Kindergarten-Experten glauben machen möchten."[231]

Bei der Entwicklung eines Kindergarten-Gütesiegels zeigt sich somit erneut die Tendenz, Qualität zu einem ausschließlichen Expertenurteil avancieren

---

[227] Vgl. Tietze/Viernickel 2003, S. 7.

[228] Natürlich setzten auch andere Wissenschaftler wie z.B. Fthenakis bei der Definition und Erhebung von Qualität auf ihr Expertenwissen und integrieren dieses, wie sich am Trägerprojekt gezeigt hat.

[229] Vgl. Tietze/Förster in Diller/Leu/Rauschenbach 2005, S. 31-67.

[230] Tietze/ Spieß 2001, S. 8.

[231] Honig et al. 2004, S. 34.

zu lassen. Dass dies jedoch nicht in allen Punkten so zutrifft, offenbart Tietze in einem Diskussionspapier zum Gütesiegel (2001). So ist eine Anforderung, die ganz evident zur Einführung eines Gütesiegels erfüllt sein muss, die eines Konsens über Qualität. Ein solcher kann jedoch für Tietze nur auf der Basis von Aushandlungsprozessen generiert werden.

„Eine Verständigung über zentrale Dimensionen pädagogischer Qualität kann und muss über Aushandlungsprozesse erfolgen. Der Konsensbildungsprozess muss daher vorrangig und zuallererst innerhalb der Profession (speziell: ErzieherInnen, Aus- und FortbildnerInnen und WissenschaftlerInnen) erfolgen."[232]

Aber Tietze geht noch weiter. So spricht er nicht nur einen allgemeinen Konsens über die Dimensionen pädagogischer Qualität an, sondern proklamiert als weitere Anforderung eine Beteiligung aller Akteure. So soll vor allem die Einführung eines Qualitätssicherungssystems durch die Beteiligung von Vertretern des pädagogischen Personals und Vertretern aus dem Ausbildungs- und Fortbildungsbereich erfolgen.[233]

„Dies bedeutet auch, dass die Einführung eines Qualitätssicherungssystems nicht als ein punktueller hoheitlicher Akt, sondern als Prozess verstanden werden muss, an dem die unterschiedlichen Akteursgruppen zu beteiligen sind."[234]

In den obigen Zitaten zeigt sich somit bei Tietze die Tendenz, Qualität auch als einen Prozess der Aushandlung zu begreifen. So betont er ganz explizit, dass sich ein Konsens über die Dimensionen pädagogischer Qualität nur in einer Aushandlung mit der Praxis vollziehen kann, selbiges trifft ganz evident auf die Qualitätsentwicklung zu. Ein Paradebeispiel stellt in dieser Hinsicht sein nationaler Kriterienkatalog dar, den er selbst als „Konsens über gute Qualität"[235] betitelt. Tietzes nationaler Kriterienkatalog kann damit als eine Art konsensfähiger Grundstein von Qualitätskriterien bezeichnet werden, die aus einer dialogischen Herangehensweise entstanden sind. Andererseits tendiert Tietze weiterhin dazu, vor allem in Bezug auf Mindeststandards, Qualität aus einer wissenschaftstheoretischen Position zu definieren

---

[232] Tietze/Spieß 2001, S. 13. Tietze prognostiziert in diesem Kontext die NQI als geeigneten Rahmen, innerhalb dessen ein solcher Konsens erarbeitet werden könnte. Vgl. Tietze/Spieß 2001, S. 25.

[233] Vgl. Tietze/Spieß 2001, S. 15.

[234] Tietze/Spieß 2001, S. 15.

[235] Tietze et al. 2005, S. 283.

und zu erfassen. Es geht ihm dabei vorrangig um die Überprüfbarkeit der generierten Standards.[236]

So lässt sich schlussfolgern, dass Tietze im Rahmen einer Genese eines allgemeinen Qualitätskonsenses, dem von Fthenakis postulierten Weg einer dialogischen Verständigung folgt und dies auch bei der Weiterentwicklung von Qualität als relevante Determinante erachtet. Andererseits verweist er noch ebenso stark auf eine Definition und Feststellung von Qualität, deren Fundament ein ausschließliches Expertenwissen bildet. Dies zeigt sich vor allem bei Instrumenten zur Messung von Qualität und bei der Verwirklichung von Mindeststandards.

Es scheint wenig verwunderlich, dass Tietze nicht vollständig von seiner angestammten Position abgewichen ist. Denn schließlich hat er eine Stellung im sozialen Raum des Diskurses inne, die es zu halten gilt. Und das wäre wohl kaum möglich, wenn er sich auf einmal in inniger Konformität mit seinen Kritikern zeigen würde.

Zu Beginn dieser Arbeit hatte ich die beiden Pole der Fremd- und Selbstevaluation angesprochen. Betrachtet man die aus der NQI hervorgegangenen Resultate, so haben alle Wissenschaftler im Rahmen ihrer Projekte, sowohl ein Instrument zur Selbstevaluation als auch eines zur Fremdevaluation entwickelt. Diller, Leu und Rauschbach vom Deutschen Jugendinstitut konstatieren in diesem Kontext:

> „Die neuere Entwicklung hat nun gezeigt, dass vieles dafür spricht, die beiden Verfahren miteinander zu kombinieren. ... Dass die Kombination der beiden Verfahren für die praktische Arbeit die optimale Lösung ist, kann man auch als ein Fazit der Arbeiten im Rahmen der Nationalen Qualitätsinitiative festhalten."[237]

Sie verweisen jedoch auch ebenso darauf, dass zwischen den einzelnen Wissenschaftlern Unterschiede in der relativen Gewichtung der beiden Zugänge vorherrschen.[238] Am Beispiel von Tietze habe ich in dieser Hinsicht schon aufgezeigt, dass er eine starke Präferenz zu externen Evaluationsverfahren zeigt. Einer Selbstevaluation fällt hingegen lediglich die Aufgabe zu,

---

[236] Vgl. Tietze/Spieß 2001, S. 17.

[237] Diller/Leu/Rauschenbach in ebd. 2005, S. 18.

[238] Vgl. DillerLeu/Rauschenbach in ebd. 2005, S. 18.

„... Qualitätskriterien zu reflektieren und auf die eigene Praxis anzuwenden und damit diese Praxis – evtl. über einen längeren Prozess der eigenen Praxisverbesserung – fremdevaluierungsfähig zu machen."[239]

Preissing hingegen betrachtet eine Fremdevaluation primär als Korrektiv und Ergänzung zu einer internen Evaluation[240], die folgender Intention folgt:

„Evaluation soll helfen, sich seiner eigenen Stärken zu versichern, Erreichtes zu erkennen und wertzuschätzen, Ursachen aufzuklären sowie über noch nicht Gelungenes nachzudenken und daran weiter zu arbeiten."[241]

Kommt es zu einer Ergänzung durch eine externe Evaluation, sollte auch diese stets die unterschiedlichen Sichtweisen aller Beteiligten erfassen und für eine größtmögliche Transparenz sorgen.[242]

Auch Fthenakis nimmt eine eher kritische Haltung gegenüber standardisierenden Verfahren ein, die nur auf einer externen Evaluation basieren.[243] Er merkt dazu an:

„Ein Evaluationsansatz, der mittels Fremdevaluation und auf der Grundlage sog. Objektivierter, d.h. von außen an die Einrichtung gerichteter Qualitätsstandards, arbeitet, kann der Vielfalt des Feldes nicht gerecht werden."[244]

Eine Selbstevaluation sieht Fthenakis, im Gegensatz zu einer Fremdevaluation, dafür geeignet,

„... eine Weiterentwicklung und Optimierung der Arbeitsprozesse zu fördern: Selbstevaluation mit ihrem formativen, auf Weiterentwicklung ausgerichteten Charakter kann den Prozess der Qualitätsentwicklung anregen."[245]

Die größte Chance der Selbstevaluation liegt dabei in der Vertrautheit der Evaluierenden in die eigene Tätigkeit.[246] Die persönliche Involvierung der Evaluatoren erhöht zudem das Interesse an der Evaluation und fördert das Engagement bei ihrer Durchführung.[247] Ein Fazit seines Trägerprojekts ist daher folgendes:

---

[239] Tietze 1998, S. 37.

[240] Vgl. Preissing 2003, S. 61.

[241] Preissing 2003, S. 57.

[242] Vgl. Preissing 2003, S. 59.

[243] Vgl. Fthenakis et al. 2003, S. 93.

[244] Fthenakis et al. 2003, S. 98.

[245] Fthenakis et al. 2003, S. 93.

[246] Vgl. Fthenakis et al. 2003, S. 93.

[247] Vgl. Fthenakis et al. 2003, S. 97.

„Wegen der primären Ausrichtung der Qualitätsfeststellung auf die – möglichst übergangslos hieran anknüpfende – Qualitätsentwicklung ist der Selbstevaluation der Vorrang einzuräumen."[248]

Die Kombination von internen und externen Evaluationsverfahren kann jedoch nicht nur allein als Resultat neuerer Entwicklungen bezeichnet werden, denn wirft man einen Blick in die Geschichte, folgen die Projekte der NQI damit implizit Empfehlungen, die ihren Ursprung in der Kindergartenreform der 1970er Jahre haben. Natürlich ist darauf zu verweisen, dass damals nicht primär der Aspekt der Qualität, sondern der des Bildungscurriculums im Fokus stand. Dennoch halte ich folgendes Zitat Zimmers in diesem Kontext für kompatibel und auf den aktuellen Diskurs übertragbar. So merkt dieser an:

„Externe und interne Evaluation sollten sich Hand in Hand bewegen und den gesamten Innovationsprozess begleiten."[249]

Zumindest bei den Projekten im Rahmen der NQI hat sich somit ein gewisser Konsens bezüglich des modus operandi der Feststellung von Qualität und der Genese von Qualitätskriterien entwickelt. So herrscht bei Preissing, Fthenakis und Tietze weitestgehend Einigkeit darüber, dass eine Bestimmung von Qualitätskriterien, die möglichst ihre Impulse in Form einer Sicherung und Weiterentwicklung von Qualität an die Praxis geben sollen, am besten durch eine dialogische Bestimmung zu vollziehen ist. Es ist weiterhin zumindest bei Tietze und Fthenakis die Übereinstimmung zu identifizieren, Qualität als dynamisches, strukturell-prozessuales Konzept zu betrachten, das Kontextvariablen berücksichtigt. Preissing hingegen lässt in dieser Hinsicht einer Dimensionierung nach inhaltlichen Kategorien den Vorzug.[250]

Tietze sieht durch die NQI vor allem eine Verständigung über die Prozessqualität in Gang gesetzt:

„Innerhalb aller an der Erziehung und Betreuung junger Kinder beteiligten VertreterInnen der Profession (speziell: ErzieherInnen, Aus- und FortbildnerInnen, Trägervertreter und WissenschaftlerInnen) muss der in Gang gekommene Verständigungsprozess über zentrale Dimensionen pädagogischer Prozessqualität verstärkt fortgesetzt werden."[251]

---

[248] Fthenakis et al. 2003, S .98.

[249] Laewen et al. 1995, S. 211.

[250] Vgl. Preissing 2003, S. 12.

[251] Tietze et al. 2005, S. 279.

Natürlich lässt sich aus der NQI nicht die Genese eines vollständigen Konsens deduzieren, denn gerade die Ausführungen zu Beginn dieses Kapitels haben gezeigt, dass die einzelnen Forscher doch sehr unterschiedliche Schwerpunkte bei der Herangehensweise an die Qualitätsthematik setzten und, wie das Exempel Tietze gezeigt hat, an ihren Ansichten weitestgehend festhalten.

Dennoch scheint eine gewisse Ordnung Einzug in den Bereich der Qualität gehalten zu haben. Dies konstatieren auch die Wissenschaftler des Deutschen Jugendinstituts Diller, Leu und Rauschenbach:

> „Die im Rahmen dieses Projektverbundes entwickelten Konzepte und Verfahren haben eine beachtliche Schnittmenge, ohne dass es allerdings zur gemeinsamen Festlegung eines einheitlichen Katalogs von Qualitätskriterien gekommen wäre, der als allgemein verbindlich vorgegeben werden könnte."[252]

Den Wissenschaftlern ist Recht zu geben, denn die Ergebnisse der einzelnen Projekte stehen doch recht zusammenhangslos nebeneinander; so wäre doch zumindest eine Kombination vom Trägerprojekt mit dem nationalen Kriterienkatalog denkbar gewesen. Die Kombination zwischen Preissings Projekt und dem von Tietze erscheint hingegen diffiziler, schon allein wegen Tietzes evidenter Ablehnung gegenüber dem Situationsansatz.

Der Diskurs ruht somit nicht. Dies zeigt sich exemplarisch anhand der Frage, wie die Perspektive von Kindern zukünftig bei der Bestimmung, Evaluation und Weiterentwicklung von Qualität zu berücksichtigen ist – so wurde auch bei der NQI die Sicht der Kinder lediglich aus einer Außenperspektive erfasst. Unklar ist zudem weiterhin, in welcher Weise, welche Verfahren zur Qualitätsfeststellung verbindlich gemacht werden sollen,[253] eine Unsicherheit, die sich vor allem in den Kontroversen über ein deutsches Kindergarten-Gütesiegel präsentiert.

Es scheint, dass stets neue Fragen und Aspekte auftauchen, die intensive Diskussionen unter den Forschern evozieren und differenzierte Standpunkte hervorbringen. All dies kann als Beleg für eine immense Bewegung und Fortentwicklung im Feld der Frühpädagogik gewertet werden. Natürlich verbindet sich mit sämtlichen Diskussionen stets die Aushandlung und Wahrung der Stellung, die die einzelnen Wissenschaftler im sozialen Raum einnehmen. So bleibt beispielsweise Preissing ihrem Metier ‚Situationsansatz' treu und enthält sich sämtlicher Kritik an anderen Qualitätskonzepten. Tietze modifiziert seine Position etwas, folgt jedoch im Großen und Ganzen seinen

---

[252] Diller/Leu/Rauschenbach in ebd. 2005, S. 7.

[253] Vgl. Diller/Leu/Rauschenbach in ebd. 2005, S. 8.

bisherigen Kurs. Und Fthenakis verdeutlicht seine hohe Stellung innerhalb des Diskurses, indem er zum einen Kritik an der gesamten Qualitätsdiskussion übt und zum anderen ein Pilotprojekt unternimmt, dass ihm weiterhin seine Vorreiterstellung sichert.

Ich möchte mich nun im Folgenden dem Begriff der Bildung nähern. Dieser zeigt wahrscheinlich noch offensiver als der Qualitätsbereich, welche Kontroversen und vor allem ,persönlichen' Differenzen im frühpädagogischen Feld vorherrschen. Man wird in den folgenden Ausführungen daher auf Anklagen, Verurteilungen, Tadel, Lob und Beleidigungen treffen.

6 Die Diskussionen um Qualität und Bildung im frühpädagogischen Bereich

Folgt man Honig, haben in der Frühpädagogik vor allem die Kontroversen um den Situationsansatz die beiden Bereiche Bildung und Qualität in den Fokus der Aufmerksamkeit gerückt. So entstand in den 1970er Jahren zunächst eine Debatte um die Konzeption frühkindlicher Bildung.[254] Diese erhielt eine neue Rahmung, als nicht weiterhin bildungstheoretische Konzeptionen in den Mittelpunkt gestellt wurden, sondern die Qualität von Humandienstleistungen.[255]

Dass die Bereiche Qualität und Bildung in einem engen Konnex zueinander stehen, zeigt sich ganz evident an einer Klassifikation der verschiedenen Positionen innerhalb der frühpädagogischen Debatte um die Qualität, wie sie ebenfalls von Honig vorgenommen wurde.

Da wären zum ersten die Bildungspläne, die als zentrales Instrument der Qualitätsentwicklung im Bereich der input-Steuerung fungieren. Sie konzentrieren sich im Wesentlichen auf eine Programmentwicklung und formulieren zum einen Standards, gelten zum anderen aber auch als Steuerinstrument für das Verhältnis von Staat und Trägern.[256]

Zum zweiten verortet Honig auch die Position Schäfers, dessen Anliegen vor allem einer Konzeption, bzw. einer grundsätzlichen Klärung frühkindlicher Bildungsprozesse folgt, innerhalb der Qualitätsdiskussion. Dabei wird mit einem Verzicht auf die Qualitätsterminologie auf Selbstbildungsprozesse von Kindern Bezug genommen.[257]

Der Entwurf von Bildungsplänen und die Perspektive von Schäfer können somit in den Rahmen der Qualitätsdiskussion eingeordnet werden. Die Qualitätsdebatte bezieht sich dabei in Deutschland, folgt man Honig, vor allem auf die Kinder und die Förderung ihrer Entwicklung.[258] Sie steht damit für

---

[254] Schäfer kann hier mit der Erstauflage seines Werkes ‚Bildungsprozesse im Kindesalter' (1995) quasi als Initiator genannt werden.

[255] Hierbei handelt sich vor allem um Tietzes Studie ‚Wie gut sind unsere Kindergärten?' (1998).

[256] Vgl. Honig et al. 2004, S. 21 Ich gehe in diesem Kontext jedoch nur auf die Positionen ein, die explizit auf den Bereich der Bildung verweisen.

[257] Vgl. Honig et al. 2004, S. 21.

[258] Vgl. Honig et al. 2004, S. 20 Er verweist in diesem Kontext zudem darauf, dass sich die Qualitätsfrage innerhalb der EU ansonsten eher im Zusammenhang mit einem bedarfsgerechten Ausbau der Kinderbetreuung stellt.

ihn ganz evident in einem bildungspolitischen Kontext. Denn schließlich geht es wie bereits bei der Vorschulreform der 1970er Jahre um die wesentliche Frage, „ob der Kindergarten eine Vor-Schule, als Teil des Bildungssystems zu sehen ist, oder ob er als Teil eines Systems institutioneller Kinderbetreuung für 0-bis 12- oder gar 14-jährige anzusehen ist."[259]

Der bildungspolitische Kontext ist somit evident und auch die Tatsache, dass sich die Bereiche der Bildung und Qualität nicht trennen lassen. Dennoch ist auch auf eine Aussage zu verweisen, die in einem Werk des Bundesministeriums für Bildung und Forschung ‚Auf den Anfang kommt es an. Perspektiven für eine Neuorientierung frühkindlicher Bildung' (2005) in diesem Zusammenhang konstatiert wird. Demnach hat sich die bisherige Qualitätsdiskussion im Wesentlichen nur auf die Aspekte der Betreuung und Erziehung bezogen. So lässt sich zwar eine Vielzahl empirischer Untersuchungen für die pädagogische Qualität vorfinden, für die Bildungsqualität gilt dies, zumindest auf nationaler Ebene, jedoch nicht. Auch Laewen übt in dieser Hinsicht Kritik. Und merkt an:

„Obwohl also zumindest in fachlicher Hinsicht seit einigen Jahren wieder ernsthaft zu Fragen der Bildungsrelevanz im Vorschulbereich gearbeitet wird, geraten die Kindertageseinrichtungen selbst in aller Regel lediglich mit einem Ausschnitt der neuen Diskussion in Berührung. Dieser Ausschnitt betrifft Fragen der Qualität pädagogischer Arbeit in den Einrichtungen, wobei Qualität unabhängig von der Frage einer Klärung des Bildungsbegriffs für diesen Bereich behandelt wird."[200]

Bildung und Qualität gehören somit zwar prinzipiell zusammen, dennoch scheint sich die Diskussion um diese beiden Bereichen in unterschiedlichen Sphären zu vollziehen.

Was aber ist genau unter dem Begriff der Bildungsqualität zu fassen? Bildungsqualität, folgt man Fthenakis, ist eng mit der Entwicklung von Bildungsstandards und deren Konkretisierung in Bildungs- und Erziehungsplänen verbunden.[201] Ihre Messung vollzieht sich vor allem in Verfahren zur Evaluation kindlicher Lern- und Entwicklungsprozesse.[202] In Bezug auf die Zukunft und die Weiterentwicklung des vorschulischen Systems erachtet Fthenakis dabei folgendes als relevant:

---

[259] Honig et al. 2004, S. 22.

[200] Laewen/Andres 2002a, S. 23.

[201] Vgl. Bundesministerium für Familie, Senioren, Frauen und Jugend 2003, S. 80.

[202] Vgl. Bundesministerium für Familie, Senioren, Frauen und Jugend 2003, S. 110ff.

„Es muss ferner der Versuch unternommen werden, die Debatte von pädagogischer Qualität mit der über Bildungsqualität zu verknüpfen und zu zeigen, dass sie die beiden Seiten der selben Medaille sind, nämlich einer qualitativ hochwertigen Bildung und Erziehung der Kinder unter sechs Jahren."[203]

Fthenakis verweist somit auf den engen Zusammenhang von Bildung und Qualität. So stellt vor allem die Prozessqualität eine wichtige Determinante bei der Betrachtung der kognitiven Entwicklung und der Förderung von Bildungsprozessen dar. Folgende Aspekte werden dabei als relevant angesehen: Die Erzieher-Kind-Interaktion, die Art und das Anregungsreichtum der kindlichen Erfahrungen, das Ausmaß und die Stabilität der Betreuung durch die Erzieherin und die Beteiligung der Eltern.

Es scheint somit gerade im Bezug auf eine Reformierung des vorschulischen Bereichs wenig Sinn zu machen, die Debatte um die pädagogische Qualität und der Bildungsqualität nebeneinander stehen zu lassen.

So müsste der Bildungsaspekt auch bei der Evaluation und Entwicklung von Qualität künftig eine explizitere Berücksichtigung finden. Dies impliziert eine stärkere Verbindung kindbezogener Diagnostik mit Verfahren des Qualitätsmanagements.[204] Schließlich kann eine Weiterentwicklung des vorschulischen Systems nur durch eine systematische Evaluation aller Bereiche dieses Systems erwirkt werden. Fthenakis merkt dazu an:

„Zur Weiterentwicklung des Gesamtsystems der vorschulischen Betreuung und Bildung müssen sämtliche Teile dieses Systems systematisch evaluiert werden."[205]

Zu einem ähnlichen Schluss kommt auch Tietze. So erachtet er für eine adäquate Umsetzung von Bildungsplänen im vorschulischen Bereich folgendes als relevant:

„Damit solche Bildungspläne die gewünschte Wirksamkeit entfalten, wird es jedoch erforderlich sein, ihre Umsetzung vor Ort zu thematisieren und sie mit Evaluation der konkreten pädagogischen Arbeit vor Ort wie auch mit Entwicklungs- und Lernergebnissen bei den Kindern in Beziehung zu setzen."[206]

Eine Bestimmung, Evaluation und Weiterentwicklung von Qualität – sei es nun pädagogische Qualität oder Bildungsqualität – setzt jedoch immer voraus, das Klarheit darüber besteht, was evaluiert werden soll. Ein Aspekt, den

---

[203] Fthenakis in ebd. 2003, S. 236/237.

[204] Vgl. Bundesministerium für Familie, Senioren, Frauen und Jugend 2003, S. 116.

[205] Bundesministerium für Familie, Senioren, Frauen und Jugend 2003, S. 116.

[206] Vgl. Tietze et al. 2005, S. 276.

Fthenakis vor allem vor dem Hintergrund der NQI bemängelt. So merkt er an:

> „Es ist bedauerlich, dass der Nationalen Qualitätsinitiative die Klärung des Bildungs- und Erziehungsauftrags der Tageseinrichtungen für Kinder und ein explizites (jedenfalls breiteres!) Verständnis von pädagogischer Qualität nicht vorausgegangen ist."[207]

Für Fthenakis wurde in dieser Hinsicht in Deutschland „das Pferd vom Schwanz her aufgezäumt"[208], ein völlig falscher Ansatz, dem er wenig Erfolg zuspricht.

Dennoch bietet die NQI für ihn ein Exempel, nach dem sich das frühpädagogische Feld auch in Bezug auf Bildungskonzeptionen richten sollte. Eine Reform kann demnach am besten durch eine Integration aller Kräfte gelingen und nicht durch ein permanentes gegeneinander Arbeiten. Er merkt dazu an:

> „Nicht zuletzt sind die vom Bundesministerium für Familie, Senioren, Frauen und Jugend mit der 1998 gestarteten „Qualitätsinitiative" bewilligten Projekte ein bemerkenswerter Baustein für eine bessere Bildungs- und Erziehungsqualität in unserem Land ... Es ist eine neue Allianz zwischen den Vertreter/innen von Wissenschaft, Politik, Wirtschaft, Administration und Praxis erforderlich, um den Herausforderungen gerecht zu werden, die der Entwurf einer angemessenen Bildungskonzeption für die Zukunft unserer Kinder nach sich zieht."[209]

Auch Laewen bemängelt, dass der Bildungs- und Erziehungsauftrag des Kindergartens bislang noch keine nähere Definition erfahren hat. Damit fehlt auch jegliches Fundament um über den Erfolg oder Misserfolg der Bildungs- und Erziehungsarbeit zu urteilen.[210] Das Problem der Erfolgskontrolle wurde seiner Ansicht nach auf eine andere Weise zu lösen versucht: „Über die Einführung von Qualitätsmaßstäben für die Beurteilung der pädagogischen Arbeit ihrer Rahmenbedingungen."[211] Ähnlich wie Fthenakis sieht er dabei jedoch den falschen Ausgangspunkt gewählt, denn er merkt kritisch an:

> „Der Ausweg, über Verfahren einer Qualitätsfeststellung dem Dilemma nicht definierter Bildungs- und Erziehungskonzepte zu entkommen, kann aber nicht zum Ziel führen, weil – zumindest solange der Bildungs- und Erziehungsauftrag des

---

[207] Fthenakis in ebd. 2003, S. 236/237.

[208] Vgl. Fthenakis in ebd. 2003, S. 14.

[209] Fthenakis in Fthenakis/Textor 2000, S. 129.

[210] Vgl. Laewen/Andres 2002b, S. 34.

[211] Laewen/Andres 2002b, S. 35.

KJHG nicht durch einen ‚Qualitätsentwicklungsauftrag' ersetzt wurde – die Erfüllung eben dieses Auftrags ein wichtiges Kriterium für Qualität sein muss."[212] So zielen die Projekte, folgt man Laewen, nicht auf eine Unterstützung und Identifizierung von Bildungsprozessen, sondern stellen die Sicherung von Bedingungen für eine günstige Entwicklung der Kinder durch die Definition von Qualitätskriterien ins Zentrum.[213] Während er somit generell der Qualitätsdiskussion eher kritisch gegenübersteht, sieht er jedoch, ähnlich wie Fthenakis, die NQI als hilfreich an, um Bewegungen im Bereich der frühkindlichen Bildung anzustoßen. Sie könnte sich somit

> „… über den engeren Rahmen ihrer Aufgabenstellung als hilfreich erweisen, indem sie Zusammenhänge zwischen Rahmenbedingungen und pädagogischer Arbeit einerseits und Entwicklungschancen für Kinder andererseits zum öffentlichen Thema werden lassen könnte."[214]

Unabdingbar ist für ihn jedoch die Herausarbeitung eines konkretisierten Bildungsbegriffs für den vorschulischen Bereich. Denn erst auf dieser Basis lässt sich letztendlich beurteilen, ob Qualitätskriterien, die seiner Ansicht nach vornehmlich nur die günstige Entwicklung von Kindern fokussieren, mit einem Bildungsprojekt vereinbar wären.[215] Wie Fthenakis sieht er somit das Problem gegeben, dass Deutschland genau den umgekehrten Weg gegangen ist und sich auf eine Konzeptualisierung pädagogischer Qualität konzentriert hat, anstatt vorab ein eindeutiges Bildungs- und Erziehungskonzept zu erarbeiten.[216]

Die noch folgenden Ausführungen werden zeigen, dass gerade in Hinsicht auf eine adäquate Bildungskonzeption, noch starke Differenzen vorherrschen. Es wird deutlich werden, dass bislang kein Konsens darüber besteht, wie Bildung in der frühkindlichen Phase zu begreifen ist und wie sich ihre praktische Umsetzung gestalten soll. Zwar sind die Bildungs- und Erziehungspläne der Bundesländer ein nicht zu verkennender Schritt in die Richtung einer konsensfähigen Konzeption frühkindlicher Bildung, von einer länderübergreifenden Übereinstimmung kann jedoch bislang nicht gespro-

---

[212] Laewen/Andres 2002b, S. 35.

[213] Vgl. Laewen/Andres 2002a, S. 23.

[214] Laewen/Andres 2002a, S. 23.

[215] Vgl. Laewen/Andres 2002a, S. 25.

[216] Vgl. Fthenakis in Fthenakis/Oberhuemer 2004, S. 393.

chen werden, ein Aspekt, den Fthenakis in Hinsicht auf die Bildungsqualität jedoch als besonders relevant erachtet.[217]

Zurückzuführen sind diese Unstimmigkeiten wohl vor allem durch das Dilemma, das entstanden ist, in dem Bildung zwar als Aufgabe von Kindertageseinrichtungen ihre gesetzliche Verankerung erfuhr, sich damit jedoch keine Begriffsbestimmung dessen, was Bildung explizit sein sollte, verband.[218]

Vorab sei schon einmal angemerkt, dass sich die Kontroversen um frühkindliche Bildungsprozesse zentral um zwei Pole bewegen: Der Selbstbildung auf der einen Seite und der Bildung als einen sozialen Prozess, der nie unabhängig vom Kontext fokussiert werden kann, auf der anderen Seite. Diese beiden Pole sollen im Folgenden mein Fundament für die Betachtung des Diskurses im Bildungsbereich darstellen. Zunächst möchte ich jedoch der Frage nachgehen, inwieweit sich die Projekte der NQI mit der Bildungsthematik befasst haben, d.h. in welchem Maße und nach welchem Verständnis Bildung fokussiert wird und innerhalb der Qualitätskriterien seinen Anspruch findet.

---

[217] Vgl. Bundesministerium für Familie, Senioren, Frauen und Jugend 2003, S. 80
[218] Vgl. Laewen/Andres 2002a, S. 24

7 Bildung im Rahmen der Nationalen Qualitätsinitiative

Wie in den obigen Ausführungen erwähnt, plädiert Fthenakis für eine Verknüpfung der Bildungs- und Qualitätsdiskussion. Ich möchte daher im Folgenden der Frage nachgehen, ob die an der NQI beteiligten Wissenschaftler auch Elemente frühkindlicher Bildung in ihre Qualitätskonzepte integrieren. Natürlich ist darauf zu verweisen, dass die Projekte nicht der Programmatik folgten, Bildungskonzepte für den vorschulischen Bereich zu generieren, aber dennoch müssten einer guten Qualitätskonzept, vor dem Hintergrund der Forderung nach einer stärkeren Gewichtung bzw. einer Neuorientierung der frühkindlichen Bildung, auch dementsprechende Aspekte inhärent sein.

7.1 Bildung im nationalen Kriterienkatalog

Wirft man einen Blick in den nationalen Kriterienkatalog von Tietze, stellt man fest, dass sich Tietze hier mit dem Bereich der Bildung auseinandergesetzt hat, auch wenn sonst primär der Qualitätsbereich als sein angestammtes Metier bezeichnet werden kann. Natürlich zeigt sich auch in seinen Arbeiten zur Qualität stets ein evidenter Bezug zum Bereich der Bildung. So betont er, dass Entwicklungsunterschiede, die sich eindeutig auf die pädagogische Qualität in Kindertageseinrichtungen zurückführen lassen, einem Altersunterschied bis zu einem Jahr entsprechen können.[219] Ein Verweis darauf, welch wichtige Funktion Kindertageseinrichtungen im Bereich der Entwicklungsförderung von Kindern leisten.[220] Darin tritt jedoch auch ein Aspekt zutage, den vor allem Laewen als problematisch erachtet. Denn besonders bei Tietze zeigt sich, dass keine dezidierte Unterscheidung zwischen den Begriffen Bildung und Entwicklung vollzogen wird.[221]

Tietze legt seinem nationalen Kriterienkatalog ein Bild vom Kind zugrunde, das als Fundament seiner Qualitätskriterien fungiert. Dieses deduziert er nicht aus einem spezifischen pädagogischen Konzept, wie dies bei Preissing vorrangig zu konstatieren ist, sondern:

---

[219] Vgl. Tietze 1998, S. 389.

[220] Tietze betont jedoch ebenso, dass auch das Familiensetting einen teilweise noch größeren Einfluss auf die kindliche Entwicklung ausübt. Zudem orientiere ich mich mit der obigen Aussage an Fthenakis, der darauf verweist, dass es keine Trennung von Entwicklung und Bildung gibt. (Vgl. Fthenakis (2005) [online] [9.10.2006]).

[221] Vgl. Laewen/Andres 2002a, S. 23.

„Vielmehr repräsentiert es das, was auf der Grundlage gesellschaftlicher Übereinstimmungen, rechtlicher Vorgaben und entwicklungspsychologischer Erkenntnisse als ein weithin getragener Konsens betrachtet werden kann."[222]

Tietze fokussiert in diesem Kontext vor allem die Rechte[223] von Kindern, die innerhalb von Kindertageseinrichtungen ihre adäquate Umsetzung finden müssen. Ein Verweis darauf, dass Tietze Kindern einen unabhängigen und anerkannten Platz in der Gesellschaft zu Teil werden lässt und das Kind als kompetentes Wesen mit eigenen Rechten auffasst.

In Hinsicht auf die Bildung und Entwicklung des Kindes, betont Tietze die aktive Teilhabe des Kindes an der Aneignung von Wissen und dem Vorantreiben seiner eigenen Entwicklung.[224] Er verweist in diesem Kontext auf die Ergebnisse der Säuglingsforschung, Gehirnforschung und der Neurobiologie. Diese fokussieren primär Prozesse der aktiven Wahrnehmung, Verarbeitung und Erkenntnisbildung. Tietze orientiert sich in diesem Kontext an den Werken von Schäfer sowie Laewen und Andres[225], die diesen Prozessen[226] einen hohen Stellenwert beimessen.

Tietze belässt es jedoch nicht allein bei der Fokussierung von Selbstbildungsprozessen, sondern merkt an, dass Kinder auch ganz explizit im Rahmen sozialer Austauschprozesse lernen.[227]

> „Zwischen der dinglichen und sozial kulturellen Umwelt einerseits und den Aneignungs- bzw. Verarbeitungsprozessen andererseits besteht eine kontinuierliche Wechselwirkung. Entwicklung ist demnach nicht als individuelle Leistung zu betrachten, sondern als ein Prozess der gemeinsamen Konstruktion von Individuum und Umwelt (Ko-Konstruktion)."[228]

Tietze entwickelt aus den obigen Annahmen folgende pädagogische Prinzipien[229], die das Fundament seiner Qualitätskriterien bilden:

---

[222] Tietze/Viernickel 2003, S. 23.

[223] Exemplarisch sind hier vor allem die Rechte der Un-Konvention und des KJHGs zu nennen.

[224] Vgl. Tietze/Viernickel 2003, S. 25.

[225] Vgl. Tietze/Viernickel 2003, S. 25/26.

[226] Auffallend ist, dass Tietze hier nicht den Terminus der Selbstbildung anbringt.

[227] Vgl. Tietze/Viernickel 2003, S. 26.

[228] Tietze/Viernickel 2003, S. 26.

[229] Vgl. Tietze/Viernickel 2003, S. 27/28.

- Kinder sind aktive Lerner.
- Kinder lernen in sozialen Zusammenhängen.
- Kinder lernen durch spielerische Aktivität und aktives Spiel.
- Emotionale Sicherheit und Zuwendung bieten die Basis für kindliche Lernprozesse und die Entwicklung des Selbst.
- Kinder lernen durch Teilhabe und Aushandlung.
- Kinder haben das Recht auf Anerkennung ihrer Individualität.
- Die Erzieherin ist Gestalterin einer anregenden Lern- und Erfahrungsumwelt.
- Die Erzieherin ist Dialogpartnerin und Impulsgeberin.
- Die Kindertageseinrichtung sichert allen Kindern – unabhängig von Herkunft, Geschlecht und sozialem Status - Lern- und Entwicklungschancen.
- Die pädagogische Arbeit orientiert sich an der Lebenswelt und am Bedarf von Kindern und ihren Familien.

Des Weiteren differenziert er innerhalb seines Kriterienkatalogs zwischen zehn Qualitätsbereichen, die sich auf die Bildungsarbeit der Kindertageseinrichtung im engeren Sinne beziehen. Er klassifiziert darunter folgende Aspekte:[230]

1. Bereiche, die sich auf die wesentlichen Entwicklungsdimensionen beziehen. Hierunter fallen Sprache und Kommunikation, Kognition, Sozialemotionale Entwicklung und Bewegung. Ihnen muss vor allem durch eine entwicklungsanregende soziale und materielle Umwelt Rechnung getragen werden.

2. Bereiche, die Aktivitätsformen repräsentieren, die das kreative und ästhetische Schaffen der Kinder herausfordern sollen. Darunter klassifiziert Tietze Phantasie- und Rollenspiel, Bauen und Konstruieren sowie Bildende Kunst, Musik und Tanz.

3. Ein Bereich, der Erkenntnismöglichkeiten in Bezug auf Natur, Gesellschaft und Technik ermöglichen soll und unter den Begriffen Natur-, Umgebungs- und Sachwissen klassifiziert wird.

---

[230] Vgl. Tietze/Viernickel 2003, S. 31.

4. Die beiden Bereiche Interkulturelles Lernen und Integration, die dem Prinzip des Voneinanderlernens und der Achtung der Individualität jeden Kindes folgen.

Tietze hat somit ganz explizite Vorstellungen über kindliche Bildung bzw. Entwicklung, die er mit seinem Qualitätskriterienkatalog verbindet. Bildung nimmt sogar einen sehr hohen Stellenwert bei ihm ein, denn Kriterien, die sich auf diese Dimension beziehen, machen immerhin die Hälfte seiner Qualitätsbereiche aus.[231] Vor dem Hintergrund, dass Tietze jedoch nicht dezidiert zwischen Entwicklung und Bildung differenziert, muss jedoch auch folgende Anmerkung Laewens Beachtung finden.

„Auch für Qualitätskriterien, die sich auf Aussagen u.a. der entwicklungspsychologischen Forschung stützen, muss ein Zusammenhang zu Bildungskonzeptionen erst aufgezeigt werden, wenn sie in einem Bildungsprojekt Verwendung finden sollen."[232]

7.2 Bildung im Trägerprojekt

Da Fthenakis für eine Verbindung der Bereiche Bildung und Qualität plädiert, scheint es wenig verwunderlich, dass er in seinem Qualitätshandbuch für Träger auch den Bildungsbereich nicht außen vor lässt. So merkt er an:

„Die dienstleistungsorientierten Aspekte der Kindertagesbetreuung, die bis Ende der 90er Jahre die fachpolitische Diskussion stark bestimmten (Bereitstellung eines bedarfsgerechten Angebots, quantitativer Ausbau der Einrichtungen), sind noch heute wichtig und unstrittig. Sie dürfen aber nicht länger ohne Verbindung zur Bildungsaufgabe der Tageseinrichtungen für die 0-6-Jährigen gesehen werden."[233]

Aus diesem Grund spricht sich Fthenakis für eine Verknüpfung der Resultate der NQI mit den Forderungen nach mehr Bildungsqualität aus. Denn explizite Rahmenvorgaben zum Bildungsauftrag, wie sie zum Beispiel die Bildungspläne repräsentieren, implizieren auch für die Träger von Kinderta-

---

[231] Dass er jedoch keine scharfe Trennung von Entwicklung und Bildung vornimmt, zeigt sich anhand der Formulierung, dass die angesprochenen Qualitätsbereiche lediglich „die Bildungsarbeit im engeren Sinne repräsentieren." Tietze/Viernickel 2003, S. 31.

[232] Laewen/Andres 2002a, S. 25/26.

[233] Fthenakis et al. 2003, S. 105.

geseinrichtungen neue Verbindlichkeiten.[234] So werden wohl vor allem folgende Fragen verstärkt in den Fokus treten[235]:

- Wie sind die individuellen Einrichtungskonzeptionen mit den Grundprinzipien der Bildungsprogramme zu vereinbaren?

- Wie lassen sich Formen der Beobachtung und Dokumentation von kindlichen Lernschritten etablieren?

- Wie muss die Fortbildung der Fachkräfte organisiert sein, damit diese die Umsetzung der Bildungsvorgaben gewährleisten können?

- Welche personellen, räumlichen und materiellen Voraussetzungen sind für die Umsetzung der Bildungsvorgaben erforderlich?

Fthenakis betrachtet dabei Bildungsqualität und Trägerqualität als „zwei Seiten einer Medaille."[236] Den größten Mangel stellt dabei bislang das fehlende Angebot von arbeitsfeldspezifischen Evaluationsverfahren und Fortbildungskonzepten für Träger von Kindertageseinrichtungen dar. Denn ohne die nötige Qualifizierung können Träger ihren anspruchsvollen Anforderungen nicht gerecht werden und damit auch nicht der Forderung nach mehr Bildungsqualität nachkommen.[237]

Vorab sei schon einmal angemerkt, dass sich auch Preissing in ihrem Qualitätshandbuch mit der frühkindlichen Bildung befasst. Was als ganz evident betrachtet werden kann, denn schließlich fungiert der Situationsansatz seit den Reformbemühungen der 1970er Jahre als Bildungskonzept für den Elementarbereich. Da der Situationsansatz Ausgangspunkt für kontroverse Diskussionen ist, die ihn bis heute begleiten, werde ich ihm im Verlauf dieser Arbeit ein eigenes Kapitel widmen und in diesem Kontext auch auf das Werk Preissings zurückkommen.

---

[234] Vgl. Fthenakis et al. 2003, S. 106.

[235] Vgl. Fthenakis et al. 2003, S. 106.

[236] Fthenakis et al. 2003, S. 106.

[237] Vgl. Fthenakis et al. 2003, S. 107.

8 Bildungskonzeptionen in der Frühpädagogik

Das vorausgegangene Kapitel hat ansatzweise aufgezeigt, dass der Bildungsauftrag von Kindertageseinrichtungen die Wissenschaftler der Frühpädagogik intensiv zu beschäftigen scheint. Die bundesdeutschen Diskussionen um
pädagogische Ansätze zur Förderung frühkindlicher Bildungsprozesse sind
dabei durch eine Besonderheit gekennzeichnet. So widmen sie sich in erster
Linie einer Bestimmung des Bildungsbegriffs. Eine Aufgabe, die sich in
anderen Ländern gar nicht erst stellt, da der Begriff der Bildung in anderen
Sprachen kaum eine adäquate Entsprechung findet. Vielmehr scheint er einen „semantischen Sonderweg, ein spezifisch deutsches Deutungsmuster
anzuzeigen."[238] Geht man davon aus, dass der Bildungsbegriff, wie auch
immer er definiert sein mag, das Fundament für sämtliche Bemühungen, die
sich auf die Bildungsarbeit im vorschulischen Bereich beziehen, darstellt, so
kann nur eine gewisse Konformität in Hinsicht des Bildungsverständnisses
gewährleisten, dass Kindergärten – und zwar deutschlandweit – in einem
adäquaten und Chancengleichheit generierenden Modus ihrem Bildungsauftrag nachkommen. Bildung sollte in diesem Sinne in Bayern keine andere
Bedeutung und damit andere Konsequenzen für den vorschulischen Bereich
implizieren als in Nordrhein-Westfalen.

Es scheinen somit vor allem differierende Bildungsverständnisse zu sein,
die den Diskurs in Bezug auf die Thematik der Bildung determinieren. Sie
sollen daher im Folgenden das Fundament für die Betrachtung des Bil-
dungsbereichs darstellen.

Zunächst möchte ich auf das Bildungsverständnis eines Wissenschaftlers
eingehen, der im Rahmen der Qualitätsdiskussion noch keine ausführliche
Erwähnung gefunden hat, da er sich nahezu ausschließlich dem Bildungsbereich widmet. Es geht um das Bildungskonzept von Gerd E. Schäfer.

8.1 Bildung als Selbstbildung – das Bildungskonzept von Gerd E. Schäfer

Das aktuellste und wohl bedeutendste Werk Schäfers über frühkindliche
Bildungsprozesse stellt sein 2005 in 3. Auflage erschienenes Buch ‚Bildungsprozess im Kindesalter. Selbstbildung, Erfahrung und Lernen in der
frühen Kindheit' dar. Interessant ist, dass das Buch neben einem aktuellen
Vorwort, auch das der 2. - 1998 erschienenen Auflage - enthält. Und es lässt

---

[238] Reinhold 1999, S. 78.

sich ein konstitutiver Unterschied zwischen diesen beiden Vorworten identifizieren. Während das Vorwort zur 2. Auflage die Betonung der Komplexität
frühkindlicher Bildungsprozesse in den Mittelpunkt stellt,[239] avanciert das
der aktuellen Auflage zu einer Verteidigung von Schäfers eigener Position
und Forschungsperspektive. Er übt dabei vor allem Kritik an der quantitati-
ven Empirie und spricht sich für ein psychoanalytisches Vorgehen aus,

> „… weil sie die seit langem am besten ausgearbeitete Forschungsmethode zur
> Untersuchung komplexer zwischenmenschlicher Beziehungen bietet …“.[240]

Schäfer liegt es des Weiteren besonders daran aufzuzeigen, dass Wissenschaft nie vollständige Wahrheiten generieren kann. So konstatiert er:

> „Das macht deutlich, dass jede Gruppe, die sich über ein Phänomen einig wird,
> etwas aus der Gesamtheit des Möglichen herausgreift, das ihrem Erkenntnisver-
> mögen und -interesse nahe steht. Niemals kommt ,die ganze Wirklichkeit' in den
> Blick, immer nur ein mehr oder weniger großer Ausschnitt.“[241]

Vor dem Hintergrund der gegenwärtigen bildungspolitischen Diskussionen,
erscheint es Schäfer relevant, auf verschiedene Perspektiven des wissenschaftlichen Vorgehens und des theoretischen Denkens zu verweisen.[242] Er
verdeutlicht damit auch ganz dezidiert seine Stellung innerhalb des wissenschaftlichen Diskurses. So verweist er darauf, dass sein Buch bereits in einer
Phase entstanden ist, in der kein bildungspolitisches und wissenschaftliches
Interesse an der Thematik der frühkindlichen Bildung bestand.[243] Vielmehr
ist das Buch „aus einem Interesse an der Sache entstanden, die es vertritt.“[244]
Schäfer macht somit ganz explizit darauf aufmerksam, dass ihm innerhalb
des Bereichs der frühkindlichen Bildung eine deutliche Vorreiterrolle zukommt. Er betrachtet es als höchst problematisch, dass, primär initiiert durch
die Ergebnisse der PISA-Studie,

> „… überall Ideen zum Thema Früherziehung aus der Schublade geholt werden,
> gleichgültig welchen wissenschaftlichen oder praktischen Ansprüchen sie genü-
> gen können.“[245]

---

[239] Vgl. Schäfer 2005, S. 17ff.

[240] Schäfer 2005, S. 13.

[241] Schäfer 2005, S. 10.

[242] Vgl. Schäfer 2005, S. 11.

[243] Vgl. Schäfer 2005, S. 11.

[244] Schäfer 2005, S. 11.

[245] Schäfer 2005, S. 12.

Dem hingegen plädiert Schäfer für eine Zusammenführung verschiedener Forschungsperspektiven.

> „Um die teilweise (notwendige) Blindheit wissenschaftlicher Vorgehensweisen zu kompensieren (die durch die Konzentration auf immer kleinere Felder entsteht, die immer genauer untersucht werden), sind vielfältige Untersuchungen des pädagogischen Feldes aus unterschiedlichen wissenschaftlichen Perspektiven notwendig, die sich gegenseitig ergänzen, korrigieren oder in ihren Schnittmengen verstärken."[246]

Aus dem obigen Zitat lässt sich konkludieren, dass Schäfer nicht den Anspruch erhebt, der einzige zu sein, der adäquate Erkenntnisse im Bereich der frühkindlichen Bildung generiert, auch wenn er sich unbestritten als der erste betrachtet, der sich unabhängig von bildungspolitischen Impulsen, minutiös mit dieser Thematik auseinandergesetzt hat.

Für Schäfer stellt sein eigenes Werk innerhalb der Diskussion um die frühkindliche Bildung „ein Plädoyer ... für eine andere Denk- und Zugangsweise zum Bildungsproblem dar."[247] Er wendet sich in dieser Hinsicht ganz bewusst von der öffentlichen Bildungsdiskussion nach PISA ab.

8.1.1 Schäfers Definition von Bildung

Ich möchte die Annäherung an Schäfers Bildungsverständnis mit einer ‚Negativdefinition' beginnen lassen. So formuliert Schäfer ganz explizit, was er keinesfalls unter Bildung versteht:

> „Ich denke also, eine Optimierung kognitiver, emotionaler, sozialer und vielleicht auch ästhetischer und moralischer Entwicklungen führt zu keinem pädagogisch relevanten Ziel und damit auch zu nichts, was ich mit dem Begriff der Bildung bezeichnen würde."[248]

Was aber nun sind seine Vorstellungen vom kindlichen Bildungsprozess? Auch wenn er darauf verweist, dass er die kindliche Entwicklung – und damit auch die Bildung – weder auf innere noch auf äußere Determinanten beschränken möchte, sondern kindliche Tätigkeit von Beginn an als Mischung innerer Konzepte und äußerer Strukturen fasst,[249] steht jedoch die Bildung als Selbstbildung – und damit eine starken Fokussierung auf innere

---

[246] Schäfer 2005, S. 12.

[247] Schäfer 2005, S. 15.

[248] Schäfer 2005, S. 26.

[249] Vgl. Schäfer 2005, S. 26.

Konzepte – bei Schäfer ganz explizit im Zentrum. Seine Vorstellungen von Bildung fasst er wie folgt zusammen:[250]

1. Der Mensch kann nicht gebildet werden, sondern muss sich selbst bilden. Bildung hat somit etwas mit Selbsttätigkeit zu tun.

2. „Bildung erfolgt aufgrund von individuellen Sinnfindungen oder -verlusten. Sinn kann man nur selbst finden und niemand anderem vermitteln."[251]

3. Im Bildungsprozess verbinden sich individuelle Vorerfahrungen mit neuen Erfahrungsaspekten. Es ist somit nicht allein relevant, was man erfährt, sondern auch, wie das Erfahrene in die bisherigen Erfahrungen integriert wird.

4. Bildung schließt auch sinnlich-emotionale Erfahrungs- und Verarbeitungsmöglichkeiten mit ein, d.h. sie beschränkt sich nicht nur auf einen rational-logischen Prozess.

8.1.2 Der Verlauf des Bildungsgeschehens und seine relevanten Aspekte

Die ersten drei Lebensjahre des Kindes sind für Schäfer vor allem durch eine Bildung der Sinneserfahrungen determiniert. Aus diesen heraus entwickelt das Kind ein szenisch-handelndes Verständnis von sich und seiner Umwelt. Das Denken ist dabei eng an Sinnes- und Handlungserfahrungen gebunden, Schäfer bezeichnet es daher als ‚konkretes Denken.'[252]

Diese frühen Selbstbildungsprozesse, die bereits im Säuglingsalter beginnen, besitzen eine hohe Relevanz, denn sie bilden den Ausgangspunkt für alle späteren Differenzierungen von Bildungsprozessen.[253] Schäfer fügt jedoch einschränkend hinzu, dass diese frühen Selbstbildungsprozesse zwar wesentlich, aber nicht endgültig, über das spätere Bildungsschicksal entscheiden.[254]

Im weiteren Verlauf avanciert die Bildungsaufgabe zunehmend zu einem Lernen, das zum einen die Einführung in die Facetten bedeutungshaltiger

---

[250] Vgl. Schäfer 2005, S. 26.

[251] Schäfer 2005, S. 19.

[252] Vgl. Schäfer (2004c) [online] [10.1.2007].

[253] Vgl. Schäfer 2005, S. 40.

[254] Vgl. Schäfer 2005, S. 40.

Dimensionen der Kultur beinhaltet, zum anderen dem Subjekt die Möglichkeit offeriert, sein eigenes Netz bedeutungsvoller Verbindungen zu den kulturellen und sozialen Gegebenheiten zu knüpfen.[255]

> „So gesehen wird der Prozess der Bildung zu einem Geschehen, in dem innersubjektive und außersubjektive Dimensionen von Erfahrungen bedeutungsgebend miteinander in Verbindung gebracht werden."[256]

Schäfer verweist ganz explizit darauf, dass ein aktives Zugreifen des Subjekts auf innere und äußere Prozesse dabei nur eine Ingredienz des Bildungsgeschehens darstellt, Bildung aber auch wesentlich auf einem Geschehenlassen, „einer Art besinnlichen Handelns, in welchem sich innere Prozesse vollenden können,"[257] basiert.

Für Schäfer sind dem kindlichen Bildungsprozess des Weiteren Dimensionen von Integrationsprozessen inhärent. Zum einen handelt es sich dabei um die innere Integration von Wahrnehmungen und deren Verarbeitung, zum anderen um die Integration subjektiver, innerer Erlebensprozesse mit äußeren, vom Subjekt unabhängigen Dimensionen der Mit- und Umwelt. Letztere führt zu einer dritten Dimension der Wirklichkeit, der Symbolischen. Ein wesentlicher Schritt zu diesem symbolischen Denken vollzieht sich durch den Spracherwerb. Dieser ermöglicht dem Kind über Erfahrungen zu reden und die Erfahrungen anderer Menschen mitgeteilt zu bekommen. Dem Kind eröffnet sich damit ein Rückgriff auf sämtliche Denkmodelle und Interpretationsmuster, die eine Kultur bereitstellt. Schäfer differenziert ab diesem Zeitpunkt zwischen zwei Bildungsprozessen: Bildung aus erster und aus zweiter Hand.[258] Erstere bezeichnet ein Lernen aus eigenen Erfahrungen. Das Kind greift dabei auf eigene Wahrnehmungen, Erlebnisse und emotionale Bewertungen zurück. Während der drei ersten Lebensjahre bilden sich Kinder nahezu ausschließlich auf diese Weise. Aber auch diese Form der Bildung ist, folgt man Schäfer, nicht isoliert von einem sozialen Kontext zu betrachten, denn Wahrnehmungen erfordern Erfahrungen, die durch das soziale und kulturelle Umfeld präsentiert werden.

Bildung aus zweiter Hand bedeutet dem hingegen ein Lernen durch die Übernahme dessen, was dem Kind erzählt wird. Schäfer zeigt ganz evident auf, welcher Form des Lernens er mehr Bedeutung beimisst. So entsprechen

---

[255] Vgl. Schäfer 2005, S. 105.

[256] Schäfer 2005, S. 105.

[257] Schäfer 2005, S. 106.

[258] Vgl. von der Beek/Schäfer/Steudel 2006, S. 63.

dem Lernen aus zweiter Hand keinerlei Sinneserfahrungen, Erlebnisse oder Denkbemühungen, sie sind somit im Gegensatz zur Bildung aus erster Hand, lediglich auf der Ebene des Denkens, nicht aber auf der Ebene von Sinnes- und Körpererfahrungen repräsentiert und bilden somit keine konkreten Erfahrungen des Kindes.[259] Natürlich ist auch Schäfer bewusst, dass nicht alles aus erster Hand erlernt werden kann und so konstatiert er:

> „Es geht daher nicht um die Alternative ‚Bildung aus erster oder aus zweiter Hand', sondern um die Frage: Wie viel Bildung aus erster Hand benötigen Kinder, um das Bildungswissen aus zweiter Hand sinnvoll nutzen zu können?"[260]

Schäfers Vorstellungen über das frühkindliche Bildungsgeschehen basieren, neben psychoanalytischen Elementen, wesentlich auf Erkenntnissen der Neurobiologie. Diese erachtet er besonders im Zusammenhang mit Wahrnehmungsprozessen als relevant und deduziert aus ihnen pädagogische Folgerungen.[261] Da sich die Interaktion zwischen Gehirn und Umwelt als ein komplexer Prozess darstellt, muss auch das pädagogische Denken und Handeln dieser Komplexität Rechnung tragen. Schäfers Resümee dazu lautet folgendermaßen:

> „Wenn bereits auf der Stufe biologischer Prozesse das Ursache-Wirkungsgeschehen durch ein viel differenzierteres Wechselwirkungsmodell ersetzt werden muss, dann können wir auch im zwischenmenschlichen Umgang nicht mehr einfach auf pädagogische Beeinflussungsvorstellungen zurückgreifen."[262]

Schäfer spricht sich in dieser Hinsicht gegen Bildungsmodelle aus, die bei einer Vernachlässigung der kindlichen Selbstbildungsprozesse, Bildung als etwas auffassen, dass dem Kind von außen vermittelt werden kann.

Wahrnehmung nimmt für Schäfer somit eine Schlüsselstellung im Prozess der kindlichen Bildung ein. Das Resultat jeden Wahrnehmungsprozesses sind dabei Wahrnehmungsmuster, die umso vielfältiger ausfallen, je reicher die Erlebnis-, Denk-, und Verknüpfungsprozesse waren, die sich an ihnen beteiligten.

Als prädestiniert für solche idealen Wahrnehmungsprozesse sieht Schäfer das kindliche Spiel, die Phantasie sowie das ästhetische Erleben an. Erfahrungen verbinden stets Muster sinnlicher, emotionaler ästhetischer, geistiger und zeitlicher Kontexte.

---

[259] Vgl. von der Beek et al. 2006, S. 64/65.
[260] von der Beek et al. 2006, S. 65.
[261] Vgl. Schäfer 2005, S. 115ff.
[262] Schäfer 2005, S. 116.

Daraus folgert Schäfer, dass die kindliche Entwicklung nicht in verschiedene Teilfunktionen differenziert werden darf, ein Vorgehen dem die Entwicklungspsychologie in der Regel folgt, sondern als gesamter Komplex betrachtet werden muss.[263] Er postuliert daher eine Modifikation des gängigen linearen und funktionalen Entwicklungsverständnisses und merkt in diesem Kontext an:

> „Wenn die Pädagogik sich die Aufgabe stellt, Menschen auf ihrem Weg in die Autonomie zu begleiten, dann kann sie jedoch nicht einfach den Leitfäden (beispielsweise) der Entwicklungspsychologie folgen und das Nacheinander von Entwicklungsschritten – z.b. kognitiver Leistungsbereiche – in pädagogische Arrangements verwandeln. Vielmehr muss sie sich gerade die Aufgabe stellen und dem Kind die Möglichkeit erleichtern, die Dinge, die seine Aufmerksamkeit erregen und sein Denken erreichen, zu einem mehr oder weniger integrierten, dynamischen Ensemble zu verknüpfen."[264]

Er stellt damit die Forderung an die Pädagogik, dass auch die ästhetische Dimension der Erfahrung ihre Berücksichtigung finden muss und Bildungsprozesse ihren Ausgangspunkt stets beim Kind nehmen müssen.[265]

Schäfer spricht sich in diesem Zusammenhang gegen die analytische Aufbereitung des rationalen Denkens aus, die die Wahrnehmung auf einzelne funktionale Aufgabenstellungen reduziert. Er präsentiert damit eine deutliche Ablehnung gegen eine Aufgliederung kindlicher Alltagserfahrungen, nach den ihn innewohnenden Kompetenzen. Und spricht sich somit implizit gegen Bildungskonzepte aus, die die Vermittlung von Kompetenzen ins Zentrum stellen. Die Festschreibung von Kompetenzen, die Kinder zu erwerben haben, geht dabei, seiner Ansicht nach, stets von einem Defizit-Ansatz aus.[266]

8.1.3 Das Bild vom Kind

Auf der Basis des Entwicklungsmodells von Piaget, den Erkenntnissen der Säuglings- und der Wahrnehmungsforschung, sowie der Tiefenpsychologie, generiert Schäfer das Bild eines sich aktiv bildenden Kindes, das seine Wahrnehmung und sein Denken gemäß seinen Möglichkeiten selbst hervorbringt – dies haben die obigen Ausführungen eindeutig herausgestellt. Dass

---

[263] Vgl. Schäfer 2005, S. 252.

[264] Schäfer 2005, S. 253.

[265] Vgl. Schäfer 2005, S. 254.

[266] Vgl. Roßbach (2005) [online] [31.01.2007].

Schäfer das Kind als höchst kompetentes Wesen betrachtet, verdeutlicht noch einmal folgendes Zitat:

„Wenn kleine Kinder Forscher sind, dann sind sie Allroundforscher par excellence. Auf elementare Weise verkörpern sie ein humanistisches Bildungsideal: Selbsttätigkeit, Disziplinen übergreifendes Interesse, Verbindung von Ästhetik und Denken, Verankerung des Wissens und Könnens in der Persönlichkeitsstruktur und ihren Wertmaßstäben, Verknüpfung mit philosophischen und weltanschaulichen Grundsatzfragen."[267]

Diese Position Schäfers erntet Reputation, so findet Honig folgende positive Worte zu Schäfers Bildungskonzept:

„Diese Position rückt ins Zentrum, was bei den meisten anderen Positionen im Dunkel bleibt: die Tätigkeit kindlicher Selbst- und Weltaneignung."[268]

Er rechnet Schäfer dabei hoch an, dass dieser „eine vorschnelle Identifizierung von Lernorten mit Lernprozessen und damit eine Finalisierung kindlicher Bildung ausschließt und dass er auf den Unterschied zwischen formalem und informellen Lernen aufmerksam macht."[269]

Dass die Vorstellung eines kompetenten, sich selbstbildenden und aktiven Kindes jedoch auch falsche Vorstellungen suggeriert, darauf verweist Roßbach, indem er anmerkt:

„Wir sollten uns von den Metaphern des ‚kompetenten' Kindes oder des sich ‚selbst bildenden aktiven' Kindes nicht allzu sehr verführen lassen. Diese Metaphern sind wichtig zur Abgrenzung von falschen Vorstellungen, wie z.B. dass ein Kind grundsätzlich inkompetent und nur passives Objekt des Bemühens von Erwachsenen sei."[270]

Roßbach verweist in diesem Kontext darauf, dass Kinder für ihre Lern- und Bildungsprozesse Hilfen, Anforderungen und Herausforderungen benötigen. Professionellen Fachkräften spricht er in dieser Hinsicht eine aktive Förderrolle zu.[271] Ein Aspekt, den er in Selbstbildungskonzepten vernachlässigt sieht. Eine Begründung findet die Notwendigkeit einer aktiven Unterstützung des Kindes bei ihm wie folgt:

„Kinder sind manchmal auch ‚Vermeider'. Man muss sie dort abholen, wo sie stehen – wie eine alte Pädagogenweisheit sagt – sie dann aber dahinschicken wo

---

[267] von der Beek et al. 2006, S. 51.

[268] Honig et al. 2004, S. 21.

[269] Honig et al. 2004, S. 21.

[270] Roßbach (2005) [online] [31.01.2007].

[271] Vgl. Roßbach (2005) [online] [31.01.2007].

sie noch nie waren und wo sie alleine eventuell auch gar nicht hingehen würden."[272]

Auch Fried[273] verweist darauf, dass die Vorstellung vom aktiven, sich selbst
bildenden Kind nicht mit der Realität gleichgesetzt werden darf, sondern
lediglich als eine Analogie aufzufassen ist. Das Kind nur als sich selbst bil-
dendes Wesen zu betrachten, birgt die Gefahr einer Verkennung der adapti-
ven Begleitung und fürsorglichen Stützung der Bildungsprozesse des Kindes
durch Erwachsene und reduziert die Tätigkeit des Pädagogen innerhalb des
Bildungsprozesses lediglich darauf Anreize zu schaffen.[274]

Nun ist jedoch anzumerken, dass sich auch Schäfer dessen bewusst ist,
dass Kinder nicht nur Gelegenheiten benötigen, um das zu tun, was sie interessiert, sondern ebenso zu Tätigkeiten herausgefordert werden müssen, die
sie in ihren alltagsbezogenen Bildungsprozessen gewöhnlich nicht vorfinden. Schäfer identifiziert darin jedoch ein bislang noch nicht gelöstes Problem, denn die Frage steht offen, wie die personale Interaktion zwischen Erwachsenen und Kindern Selbstbildungsprozesse voranbringt.[275] Eine Lösung
sieht er nur darin gegeben, die Bildungswege der Kinder zu verfolgen und
somit von den Kindern zu lernen. Er merkt dazu an:

> „Von Kindern lernen, diese Devise scheint mir im Augenblick angesichts des
> Standes unseres Wissens von frühen Bildungsprozessen wichtiger, als alle pro-
> grammatischen Entwürfe, welche ein Versprechen über die Bildung der Kinder
> abgeben, ohne wirklich zu wissen, ob und in welcher Weise sie es auch einlösen
> können."[276]

Ein Lernen von den Kindern sieht er vor allem in der Reggio-Pädagogik
sowie trotz sonstiger Kritik, wie diese Arbeit noch zeigen wird, ansatzweise
im Situationsansatz verwirklicht.[277]

Es ist somit evident, dass auch Schäfer seine Vorstellungen von Bildung,
nicht nur auf etwas reduziert, das quasi abgeschlossen, im Inneren des Kindes stattfindet. So betont er, dass die sachliche, soziale und situative Struktur
von Gegenständen der Bildung bedeutsam ist.[278] Auch Selbstbildungsprozes-

---

[272] Roßbach (2005) [online] [31.01.2007].
[273] Lilian Fried hat einen Lehrstuhl für Pädagogik der frühen Kindheit an der Universität Dortmund inne.
[274] Vgl. Fried in Liegle/Treptow 2002, S. 339.
[275] Vgl. Schäfer (2004b) [online] [25.10.2006].
[276] Schäfer (2004b) [online] [25.10.2006].
[277] Vgl. Schäfer (2004b) [online] [25.10.2006].
[278] Vgl. Schäfer 2005, S. 27.

se des Kindes ereignen sich somit stets im Rahmen einer sozialen Umwelt und werden durch diese beeinflusst. Soziokulturelle Prozesse der Verständigung bestimmen dabei die Wege und Qualitäten, wie ein Individuum in Kontakt mit der Welt tritt.[279] So wehrt sich Schäfer auch ganz offensiv gegen Vorwürfe, die anderes verlauten:

> „Ein Einwand gegen mein Vorgehen, ich würde nur auf die Prozesse der Selbstbildung achten und die Bedeutung der sozialen Umwelt vernachlässigen, kann jedoch durch diesen Text selbst zurückgewiesen werden, Zwar wird an keiner Stelle von Sozialkonstruktivismus gesprochen, aber die sozialen Bezüge sind in allen Überlegungen mit enthalten."[280]

Schäfer setzt sich mit diesen oben zitierten Worten gegen einen seiner wohl stärksten Kritiker zur Wehr: Fthenakis. Und so kann sich Schäfer auch nicht enthalten, den Sozialkonstruktivismus, auf den Fthenakis sein Bildungskonzept wesentlich gründet, kritisch zu betrachten:

> „Der Sozialkonstruktivismus mag ein gutes Denkmodell sein, wenn es darum geht, die gesellschaftlichen Einwirkungen auf das (kindliche) Individuum in theoretischen Modellen zu erfassen. Er reicht aber nicht für Aussagen aus, die über Tätigkeiten des Subjekts bei seinen Ko-Konstruktionen zu machen wären."[281]

Auch Schäfer bedient sich somit des Terminus der Ko-Konstruktion, die bei Fthenakis quasi als Kern seines Bildungsverständnisses bezeichnet werden kann. So verweist Schäfer darauf, dass auch das aktive, die Welt erforschende Kind einen aktiven Rahmen benötigt, der jedoch keinesfalls den Charakter einer steten Unterstützung oder Herausforderung tragen muss. Vielmehr besteht die Kunst des Pädagogen darin, sich auf direkte oder indirekte Weise mit den Kindern zu verständigen, damit ein Rahmen entstehen kann, in dem Kinder ihre Kompetenzen so weit wie möglich für ihre Selbstbildungsprozesse einsetzen können.[282] Das aktive Kind benötigt somit einen aktiven Rahmen für seine Bildungsprozesse. Für Schäfer scheint dabei am ehesten der Hinweis vertretbar,

> „... dass dieser Rahmen als eine Art Ko-Konstruktion zu den Konstruktionen der Kinder stets neu gefunden werden muss. Wir müssen den Kindern bei ihrem Tun

---

[279] Vgl. Schäfer (2004c) [online] [10.1.2007].

[280] Schäfer 2005, S. 14.

[281] Schäfer 2005, S. 14.

[282] Vgl. Schäfer (2004b) [online] [25.10.2006].

zusehen, um aus dem, was wir davon begriffen haben, einen Vorschlag zu ihrer Unterstützung herauszudestillieren."[283]

Kindliche Bildungsprozesse müssen somit ihren Ausgangspunkt beim Kind nehmen und dürfen nicht von den zu bewältigenden Lernaufgaben her definiert werden.

Schäfer sieht bei dem Bildungsverständnis von Fthenakis, welches sich an dem Sozialkonstruktivismus orientiert, in diesem Zusammenhang kein, wie er es formuliert, „bipolares Denkmodell der Bildung"[284] gegeben. Ein Bildungsmodell muss jedoch, folgt man Schäfer, zum einen die Dynamik sozialer und gesellschaftlicher Prozesse einfangen, zum anderen aber auch die Eigendynamik der Tätigkeit des Subjekts[285] – ein Anspruch dem Bildungskonzepte, die den Sozialkonstruktivismus als Basis wählen, nicht einzulösen vermögen. Er sieht diesen Anspruch hingegen in seinem Modell des intermediären Raumes verwirklicht. Schäfer definiert damit den Raum, „in dem ein Kind seine eigenen biografisch geprägten Weltbilder, mit denen einer vorgegebenen, sozial und kulturell geprägten Welt in Überschneidung bringt ..."[286] Anhand eines solchen Modells werden individuelle und soziale Prozesse so miteinander vermittelt, dass die eigenen Gestaltungsmöglichkeiten des Kindes im Fokus stehen.

„Es steht damit im Gegensatz zu allen „Vermittlungsmodellen", die offensichtlich nur darauf aus sind, das, was die Gesellschaft für richtig und wichtig hält, dem Kind „nahe zu bringen"."[287]

Das obige Zitat kann noch einmal als impliziter Angriff auf den Sozialkonstruktivismus gewertet werden. Dieser ist, laut Meinung Schäfers, lediglich daran interessiert dem Kind das ‚nahe zu bringen', was die Gesellschaft als relevant erachtet. Der Sozialkonstruktivismus stellt somit, folgt man Schäfer, kein Vermittlungsmodell dar (ein Grund, warum er dieses Wort in Anführungszeichen setzt), sondern betrachtet, bei einer weitestgehenden Vernachlässigung der kindlichen Selbstbildung, primär die soziale Seite kindlicher Bildung. Ein Kritikpunkt, den Schäfer in genau umgekehrter Form von Fthenakis zurück erhält, so merkt dieser zu Schäfers Bildungskonzept an:

---

[283] Schäfer (2004b) [online] [25.10.2006].
[284] Schäfer 2005, S. 14.
[285] Vgl. Schäfer 2005, S. 14.
[286] Schäfer 2005, S. 14.
[287] Schäfer 2005, S. 14.

„Solche dekontextualisierten Bildungskonzepte legen nahe, Bildung in einem individuumzentrierten Ansatz, unabhängig vom historischen und sozialen Kontext, zu definieren."[288]

Fthenakis unterstellt Schäfer vor allem, dieser würde davon ausgehen, dass alles Wissen des Kindes nach Maßgabe seiner kognitiven Fähigkeiten konstruiert würde, was eindeutig eine Vernachlässigung der sozialen Prozesse des Bildungsgeschehens impliziert.[289] Schäfer verteidigt seine Position jedoch wie folgt:

„Der Bildungsprozess erschöpft sich weder in einer Art Selbstbildung aus eigener Kraft und ohne Mitwirkung der soziokulturellen Umwelt, wie zuweilen unterstellt wird. Genauso wenig kann er aber zureichend durch die Interaktionsprozesse beschrieben werden, durch die ein Individuum seine Umwelt erfasst."[290]

Und auch wenn in einem obigen Zitat Schäfers der Terminus der ‚Ko-Konstruktion' fällt, scheint ihm doch generell der Begriff der ‚Verständigung' als geeigneter.[291]

„Verständigung meint den Prozess, in dem sich zwei oder mehr Individuen darüber einig werden, was für ihr beiderseitiges Denken und Handeln bedeutsam sein soll."[292]

Verständigung ist somit generell mit Ko-Konstruktion vergleichbar, aber für Schäfer eindeutig prädestinierter, um im Kontext zwischenmenschlicher Beziehungen seine Anwendung zu finden – verbindet sich mit ‚Konstruktion' doch stets die Assoziation an rationale und technische Konstruktionen, die zwischenmenschliche Beziehungen nun mal eindeutig nicht sind.[293]

In den obigen Ausführungen haben sich deutliche Differenzen zwischen Fthenakis und Schäfer gezeigt. Dies scheint nicht verwunderlich, denn schließlich lassen sie sich eindeutig den beiden Polen Selbstbildung und Bildung als Ko-Konstruktion zuordnen – zwei Auffassungen, die, zumindest wenn man Schäfer und Fthenakis folgt, nahezu konträr und unvereinbar zu sein scheinen. Ich möchte zunächst auf ein weiteres Bildungskonzept eingehen, dass sich primär dem Pol der Selbstbildung zuordnen lässt, um anschließend das Bildungskonzept von Fthenakis näher zu beleuchten.

---

[288] Vgl. Bundesministerium für Familie, Senioren, Frauen und Jugend 2003, S. 69.

[289] Vgl. Fthenakis (2003b) [online] [13.2.2007].

[290] Schäfer (2004c) [online] [10.1.2007].

[291] Vgl. Schäfer (2004c) [online] [10.1.2007].

[292] Schäfer (2004c) [online] [10.1.2007].

[293] Vgl. Schäfer (2004c) [online] [10.1.2007].

8.2 ‚Forscher, Künstler, Konstrukteure' – zum Bildungsverständnis von Hans-Joachim Laewen

Laewen liefert vor allem mit seinen 2002 in Zusammenarbeit mit Beate Andres erschienenen Werken ‚Bildung und Erziehung in der frühen Kindheit' und ‚Forscher, Künstler, Konstrukteure. Werkstattbuch zum Bildungsauftrag von Kindertageseinrichtungen' die Definition eines Bildungskonzepts für Kindertageseinrichtungen bzw. Bausteine dafür.

Mit seinem Bildungsbegriff orientiert sich Laewen dabei an dem Bildungsverständnis Humboldts. Im Zentrum stehen die beiden Komponenten ‚Anregung aller Kräfte' sowie die ‚Aneignung von Welt'. Während Laewen ersteren Terminus als eine Tätigkeit von Erwachsenen definiert, die anregend auf das Kind einwirken, verbindet sich mit letzterem für ihn eindeutig eine Tätigkeit des Kindes.[294]

Folgt man Humboldt, scheint Bildung somit binär strukturiert zu sein und beinhaltet sowohl eine Aktivität des Erwachsenen als auch des Kindes.[295] Laewen merkt dazu jedoch kritisch an:

> „Hier scheint es uns, als wäre im Denken Humboldts etwas zusammen geblieben, was er doch selbst als Getrenntes in die deutsche Sprache eingeführt hat und was in allen anderen westeuropäischen Sprachen auch zusammengehört: Bildung und Erziehung sind dort eine Sinneinheit."[296]

Diese Verknüpfung von Bildung und Erziehung sieht er als Ursache für die doch recht schwierige Handhabbarkeit des Bildungsbegriffs an.[297] Aus diesem Grund plädiert Laewen für eine strikte Trennung von Erziehung und Bildung.

> „Wir schlagen deshalb vor, Bildung im Sinne Humboldts als Selbst-Tätigkeit des Kindes zur Aneignung von Welt zu verstehen und Erziehung als Tätigkeit des Erwachsenen mit dem Ziel, alle Kräfte des Kindes anzuregen."[298]

Dass die Abgrenzung zwischen Bildung und Erziehung kein einfaches Unterfangen darstellt, betont auch Fthenakis. Allerdings spricht er sich nicht für eine Trennung dieser beiden Begriffe aus, sondern löst das Problem geschickt, in dem er konstatiert:

---

[294] Vgl. Laewen/Andres 2002b, S. 39.

[295] Vgl. Laewen/Andres 2002b, S. 40.

[296] Laewen/Andres 2002b, S. 41.

[297] Vgl. Laewen/Andres 2002b, S. 41.

[298] Laewen/Andres 2002b, S. 41.

„Vielmehr sind die herkömmlichen Domänen von Erziehung wie Ausbildung von Werthaltungen, Gestaltung sozialer Beziehungen und Umgang mit Gefühlen heute auch Gegenstand von Bildung. Wird Bildung als sozialer Prozess verstanden, sind diese Aspekte automatisch integriert."[299]

Darin offenbart sich, im Vergleich zu Laewen, eine völlig differente Definition von Erziehung, die zugleich die dezidierte Trennung von Bildung und Erziehung als nahezu irrelevant erscheinen lässt.

Einen weiteren Orientierungspunkt für die Definition seines eigenen Bildungsbegriffs bietet Laewen die Frage nach der Erziehbarkeit von Kindern. Aussagen von Comenius, Pestalozzi und der Reggio-Pädagogik liefern ihm dabei Belege dafür, dass Erziehung stets nur einen begrenzten Einfluss auf das Kind hat.[300] Auf den Punkt bringt dies für ihn vor allem Ludwig Liegle mit dem folgenden Zitat:

> „Erziehung muss sich ... ob es ihr gefällt oder nicht, darauf einstellen, dass die Entwicklung des Kindes die Gestalt einer dauernden Autopoiesis hat."[301]

Laewen interpretiert Autopoiesis dabei als Selbstaneignung der Welt durch das Kind, das sich innerhalb dieses Prozesses selbst hervorbringt.[302] Dieses Verständnis bezieht er auf den Bildungsbegriff und konstatiert,

> „... dass Bildung nicht ohne die Kinder selbst zu haben ist. Wir brauchen nicht nur ihre Anstrengungsbereitschaft zum Erreichen von Zielen, die wir ihnen setzen, sondern wir brauchen sie in einem wesentlich umfassenderen Sinn als Subjekte, die sich selbst schaffen, als Partner in einem kooperativen Projekt, in dem sie die eigentlichen Produzenten von Bildung wären."[303]

Als Hauptthese von Laewens Bildungskonzept lässt sich somit formulieren, dass Bildung als Selbstbildung eindeutig Sache des Kindes ist, während den Pädagogen der Part der Erziehung zuteil wird. Generell scheinen damit die Interventionsmöglichkeiten auf die kindliche Bildung jedoch sehr begrenzt zu sein, denn folgt man Laewen, sind Kinder „sich selbst programmierende Systeme."[304] Aus diesem Grund nimmt Laewen neben der Neubestimmung

---

[299] Bayerisches Staatsministerium für Arbeit und Sozialordnung, Familie und Frauen/Staatsinstitut für Frühpädagogik 2006, S. 28.

[300] Vgl. Laewen/Andres 2002a, S. 42.

[301] Liegle zitiert nach Laewen/Andres 2002a, S. 47.

[302] Vgl. Laewen/Andres 2002a, S. 47.

[303] Laewen/Andres 2002a, S. 48.

[304] Laewen/Andres 2002b, S. 42.

des Bildungsbegriffs auch eine Neubestimmung des Erziehungsbegriffs vor. Erziehung avanciert dabei zu einer

> „... Ermöglichung, Unterstützung und Herausforderung von konstruierender Aneignung.“[305]

Pädagogen kommt dabei zum einen die Gestaltung der Umwelt des Kindes zu, zum anderen die Gestaltung von Interaktionen. Sämtliche Einwirkungen auf das Kind tragen dabei primär den Charakter einer Anregung. Intendierte Aktivitäten zum Zwecke der Bildung oder des Kompetenzerwerbs werden negiert.[306] Ein Verständnis, in dem sich eindeutige Parallelen zu dem Bildungsverständnis von Schäfer offenbaren, auch wenn bei diesem keine strikte Trennung von Bildung und Erziehung vorzufinden ist.

Die starke Trennlinie, die hingegen Laewen zwischen den Bereichen Bildung und Erziehung zieht, generiert einen lediglich über die Erziehung vermittelten Bildungsauftrag des Kindergartens.

> „Der Bildungsauftrag der Kindertageseinrichtungen würde in seiner allgemeinsten Formulierung also lauten, die Bildungsprozesse der Kinder durch Erziehung zu beantworten und herauszufordern und durch Betreuung zu sichern.“[307]

Es findet somit nicht direkt eine Neubestimmung des Bildungsauftrags statt, da Bildung als Selbstbildung des Kindes aufgefasst wird und den Pädagogen allein Erziehungsaufgaben zukommen. Dies zeigt sich auch anhand der Antwort Laewens auf die Frage nach den für ein Bildungskonzept wesentlichen Bildungszielen, der er vor allem im zweiten Werk ‚Forscher, Künstler, Konstrukteure. Werkstattbuch zum Bildungsauftrag von Kindertageseinrichtungen‘ (2002) nachgeht. Denn sofern Bildung Selbstbildung ist, werden Erziehungsziele und keine Bildungsziele formuliert. Letztere gehören für Laewen generell, in Anlehnung an den Philosophen Hans-Georg Gadamer, „zu dem schlechtesten Jargon der Pädagogik.“[308]

Im Werk des Bundesministeriums für Bildung und Forschung ‚Auf den Anfang kommt es an. Perspektiven für eine Neuorientierung kindlicher Bildung.‘ (2005) wird zu diesen Erziehungszielen kritisch angemerkt, sie seien rein subjektiv und würden sich vor allem an der subjektiven Einschätzung der Erzieherinnen orientieren.[309]

---

[305] Laewen/Andres 2002a, S. 73.
[306] Vgl. Bundesministerium für Bildung und Forschung 2005, S .33.
[307] Laewen/Andres 2002a, S. 92.
[308] Laewen/Andres 2002a, S. 44.
[309] Vgl. Bundesministerium für Bildung und Forschung 2005, S. 33.

Laewen verzichtet des Weiteren im Rahmen seines Bildungskonzepts bewusst auf eine Bestimmung von Kompetenzen, die Kinder in den Vorschuljahren erlangen sollten. Was liegt dieser Ablehnung zugrunde? Es ist vor allem die Negierung einer bedarfsorientierten Bildung, welche seiner Ansicht nach im Zentrum der aktuellen Bildungsdiskussion steht und durch die Medien eine große Publikation erfährt.[310]

> „Die laute – ich bin fast versucht, zu sagen, die lärmende – Variante der Bildungsdiskussion lässt sich als bedarfsorientiert charakterisieren."[311]

Der Bedarf erfährt seine Definition dabei vor allem aus vermeintlichen Defiziten, die von Expertenteams, exemplarisch sei hier das Forum Bildung zu nennen, abgelesen werden.[312] Erinnert man die Ausführungen von Schäfer, geht Laewen in der Hinsicht mit ihm konform, dass in der Benennung von Kompetenzen ein Defizitansatz gesehen wird. So übt Laewen zwar nicht direkt Kritik an Bildungsaspekten, wie Schlüsselkompetenzen oder dem lebenslangen Lernen, merkt jedoch an, dass eine Position, die der bedarfsorientierten Bildung folgt, nicht in der Lage sei, den Zugang des Subjekts zur Welt zu klären.

> „Die Bestimmung der ‚Subjekt-Welt-Relation' wird vom ‚Weltbedarf' her versucht, ein Verfahren, dass auf der Subjektseite nur die passenden Ergebnisse – die Schlüsselkompetenzen eben – erwarten und wahrnehmen mag."[313]

Laewen identifiziert in Konzepten, die die Kompetenzvermittlung in den Fokus stellen, somit einen Begriff von Bildung, der sich am Bedarfsdenken der älteren Generation orientiert und das Kind lediglich zu einem Objekt pädagogischer Methodik avancieren lässt.[314] Das Kind mit seinen Eigenschaften und Fähigkeiten findet dabei keine adäquate Berücksichtigung. Seinem Ansatz hingegen, der Bildung als Selbstbildung definiert und strikt von der Erziehung trennt, sieht Laewen die Möglichkeit inhärent,

> „... auch für den Vorschulbereich eine Wendung zu geben, die die nachwachsende Generation aus der Zwangsjacke der von der älteren Generation definierten Bedarfslage entlässt, ohne die kulturell legitimen Ziele der Weitergabe des er-

---

[310] Vgl. Laewen/Andres 2002a, S. 29.

[311] Laewen/Andres 2002a, S. 30.

[312] Vgl. Laewen/Andres 2002a, S. 30.

[313] Laewen/Andres 2002a, S .32.

[314] Vgl. Laewen/Andres 2002a, S. 40.

reichten Standes der gesellschaftlichen Entwicklung aus dem Auge zu verlieren."[315]

Auch wenn sich Laewen ganz dezidiert gegen einen Kompetenzansatz ausspricht, lässt sich bei seinem Bildungskonzept implizit dennoch die Einführung eines solchen identifizieren.[316] Zwar werden keine Kompetenzen fokussiert, die auf einem gesellschaftlichen oder wissenschaftlichen Konsens basieren, aber es lassen sich Kompetenzen erkennen, die primär aus der Entscheidung der Erzieherinnen, bzw. der einzelnen Einrichtung, ihre Legitimität erfahren. So werden, trotz einer theoretischen Negierung von Bildungszielen und einer Substitution dieser durch das Konzept der Selbstbildung und der Erziehungsziele, solche in einem engeren Sinne formuliert.[317]

„Die Bände von Laewen und Andres zeigen letztlich, auch wenn gerade dies nicht intendiert ist, dass für eine Neubestimmung des Bildungsauftrags von Kindertageseinrichtungen eine Eingrenzung von Bildungsinhalten und -zielen unerlässlich ist. Ebenfalls notwendig ist die Entwicklung von Methoden und pädagogischen Arrangements, die eine Erreichung der Bildungsziele sicherstellen."[318]

Die Versuche Laewens, Bildung lediglich als Selbstbildung und damit auch ohne eine systematische Festlegung von Bildungsinhalten und -zielen zu proklamieren, läuft somit in gewisser Hinsicht leer aus. Betrachtet man in einem Vergleich zu Laewen die Bildungsvorstellungen von Preissing, die besonders im Berliner Bildungsprogramm (2003) ihren Ausdruck finden, so ist zu konstatieren, dass auch sie ihren Bildungsbegriff an Humboldt orientiert und als „eigensinnige Aneignungstätigkeit des Kindes" fasst.[319] Gleichzeitig fokussiert sie Bildung jedoch auch als eine bewusste Anregung der kindlichen Aneignungstätigkeit durch Erwachsene und merkt in diesem Kontext an:

---

[315] Laewen/Andres 2002a, S. 40.

[316] Vgl. Bundesministerium für Bildung und Forschung 2005, S. 33/34.

[317] Vgl.Bundesministerium für Bildung und Forschung 2005, S. 34, vgl. Laewen/Andres 2002b, S. 127.

[318] Bundesministerium für Bildung und Forschung 2005, S. 34.

[319] Senatsverwaltung für Bildung, Jugend und Sport (2003) [online] [15.01.2007], S. 11.

„Jede bewusste Anregung braucht Ziele."[320] Und: „Die Aussage, dass Bildungsprozesse subjektiv und eigensinnig sind, schließt die Formulierung von Zielen
nicht aus."[321]

Preissing zeigt somit auf, dass auch eine Beachtung von kindlichen Selbstbildungsprozessen nicht die Formulierung von Bildungszielen ausschließt.[322]
Denn dass es ohne diese letztlich nicht geht, belegt eindeutig der Versuch
von Laewen. Passend erscheint in dieser Hinsicht das folgende Zitat von
Roßbach, der zu Recht konstatiert:

> „Wir kommen nicht darum als Pädagogen, als Gesellschaft zu entscheiden, was
> unsere Bildungsziele für die nachwachsende Generation sind und mit welchen
> Inhalten wir sie konfrontieren wollen bzw. an welchen Inhalten sie ihre Kompe-
> tenzen erwerben sollen."[323]

Möchte man kurz resümieren, so weist Laewens Bildungskonzept eine evi-
dente Konformität zu dem Ansatz von Schäfer auf. Und tatsächlich findet
dieser auch des öfteren seine Erwähnung in den Ausführungen Laewens.[324]

Auch Liegles Arbeiten scheinen eine hohe Wertschätzung durch Laewen
zu erfahren. So dient, wie bereits aufgezeigt, Liegles Auffassung von Erziehung als wesentliches Fundament für die Definition von Laewens Bildungsbegriffs. Die Anerkennung, die Laewen Liegle und Schäfer zukommen lässt,
zeigt sich auch deutlich in einem Verweis darauf, dass deren Arbeiten seiner
Ansicht nach, „in die Hand jedes Pädagogen aus dem Vorschulbereich" gehören.[325]

Wenden wir uns nun einem Bildungskonzept zu, das – vor allem vor dem
Hintergrund einer bedarfsorientierten Bildung – nicht sonderlich in der
Gunst von Laewen stehen dürfte. Gemeint ist das Bildungskonzept von
Fthenakis.

---

[320] Senatsverwaltung für Bildung, Jugend und Sport (2003) [online] [15.01.2007],
S. 11.

[321] Senatsverwaltung für Bildung, Jugend und Sport (2003) [online] [15.01.2007],
S. 26.

[322] Natürlich ist darauf zu verweisen, dass Preissing keinesfalls Bildung so strikt als
Selbstbildung definiert, wie dies bei Laewen und Schäfer zum Ausdruck kommt.

[323] Roßbach (2005) [online] [31.01.2007].

[324] Vgl. z.B. Laewen/Andres 2002a, S. 57.

[325] Laewen verweist in diesem Kontext auf zwei Aufsätze von Liegle und Schäfer.
Vgl. Laewen/Andres 2002a, S. 42 (Fußnote).

8.3 Bildung als sozialer Prozess – das Bildungsverständnis von Wassilios E. Fthenakis

Unsere Gesellschaft hat wohl kaum mehr Namen getragen als zu heutiger Zeit. So klassifizieren sich unter dem Oberbegriff der postmodernen Gesellschaft Termini wie Risikogesellschaft, Multioptionsgesellschaft, Arbeitsgesellschaft, Einwanderungsgesellschaft oder Wissensgesellschaft. Vor allem der letzte Terminus macht deutlich, was sich als Programmatik der postmodernen Gesellschaft identifizieren lässt: Wissen als wesentliche, ja unabdingbare Ressource. Was in diesem Kontext ganz evident erscheint, ist die Tatsache, dass vor allem der Bildung eine neue Aufmerksamkeit zu Teil wird und sich damit ein neues Verständnis von Bildung generiert. Demnach müssen Dimensionen, wie kulturelle Diversität, soziale Komplexität und der insgesamt zu verzeichnende rasante gesellschaftliche Wandel, mit seinen Auswirkungen auf individueller, familialer und kontextueller Ebene, eine adäquate Reflexion erfahren. Es gilt, Kinder auf diese Welt vorzubereiten, und damit Komplexität und Unsicherheit als Quellen des Lernens zu bejahen.[326] Dem Bildungssystem kommt dabei nicht mehr die Aufgabe zu, lediglich Wissen zu vermitteln, sondern im Fokus steht die Vermittlung von Kompetenzen zur Auswahl, Erschließung, Aneignung und Verarbeitung von Wissen. Als Schlagwort fungiert dabei vor allem ein lebenslanges Lernen.[327] Fthenakis spricht sich aufgrund dieser Entwicklungen für einen „umfassenderen Bildungsbegriff"[328] aus, der

> „... lernmethodische, reflexive, und soziale Kompetenzen einschließt und auf die Förderung kindlicher Autonomie und sozialer Mitverantwortung abzielt."[329]

Es ist zum einen diese postmodernistische Perspektive, die Fthenakis dazu veranlasst, Bildungskonzepte, die Bildung primär als Selbstbildung proklamieren, geradezu zu denunzieren. Hauptkritikpunkt ist dabei folgender:

> „Kulturelle und ethnische Diversität bleibt unberücksichtigt, kontextuelle Aspekte werden nicht thematisiert."[330]

Schon innerhalb der Qualitätsdebatte hat sich Fthenakis gegen ein dekontextualisiertes Qualitätskonzept ausgesprochen.[331] Diese Haltung offenbart sich

---

[326] Vgl. Bundesministerium für Familie, Senioren, Frauen und Jugend 2003, S. 70.

[327] Bundesministerium für Forschung und Bildung 2005, S. 3.

[328] Vgl. Bundesministerium für Familie, Senioren, Frauen und Jugend 2003, S. 24.

[329] Vgl. Bundesministerium für Familie, Senioren, Frauen und Jugend 2003, S. 24.

[330] Fthenakis (2003b) online [13.2.2007].

ebenso in Bezug auf Bildungskonzepte, wie das obige Zitat verdeutlicht. So muss für Fthenakis die Kindheit generell „kontextuell in Beziehung zum Zeitgeist, dem Ort und der Kultur betrachtet werden."[332] Kinder sind dabei eindeutig sozial Handelnde, die ihr eigenes Leben, sowie das Leben um sie herum, konstruieren und determinieren.[333] Ein frühpädagogisches Curriculum, das lediglich kindliche Selbstbildungsprozesse in den Fokus stellt, folgt Fthenakis' Ansicht nach lediglich der Philosophie der Moderne, trägt aber keinesfalls den Anforderungen einer postmodernen Gesellschaft Rechnung.[334]

Zum anderen basiert Fthenakis' Ablehnung gegen Selbstbildungskonzepte auf einem sozialkonstruktivistischen Bildungsansatz, dem dieser folgt. Bildung in der Postmoderne bedeutet dabei folgendes:

„Heute wird stattdessen Bildung als soziale Ko-Konstruktion definiert, d.h. als sozialer Prozess, der innerhalb eines Kontextes stattfindet, der Kinder, Eltern, Fachkräfte und andere Erwachsene aktiv beteiligt sieht, und zwar schon beginnend mit der Geburt des Kindes."[335]

Das Kind wird somit von Geburt an, als in soziale Beziehungen involviert, betrachtet. Lernen und Wissen werden dabei als interaktionale und ko-konstruktive Prozesse definiert.[336] Fthenakis orientiert sich mit seinem Bildungsverständnis vorrangig an den Schweden Dalberg, Moss und Pence.[337] In Anlehnung an diese grenzt er sein Bild vom Kind ganz bewusst von dem Bild eines armen, schwachen, passiven, unfähigen, unterentwickelten, abhängigen und isolierten Kind ab, das seiner Ansicht nach das Fundament bisheriger Bildungscurricula konstituierte.[338]

„Stattdessen wird versucht, ein anderes Bild zu entwerfen: Kinder und Pädagogen werden als aktive Co-Konstrukteure von Wissen und Kultur und als Bürger mit Rechten, Pflichten und Möglichkeiten verstanden."[339]

---

[331] Vgl. Fthenakis in Fthenakis/Oberhuemer 2002, S. 31.

[332] Vgl. Fthenakis in Fthenakis/Oberhuemer 2002, S. 23.

[333] Vgl. Fthenakis in Fthenakis/Oberhuemer 2002, S. 23.

[334] Vgl. Fthenakis in ebd. 2003, S. 27.

[335] Bundesministerium für Forschung und Bildung 2005, S. 3.

[336] Vgl. Bundesministerium für Familie, Senioren, Frauen und Jugend 2003, S. 70.

[337] Vgl. Fthenakis (2003b) [online] [13.02.2007].

[338] Vgl. Bundesministerium für Familie, Senioren, Frauen und Jugend 2003, S. 71.

[339] Bundesministerium für Familie, Senioren, Frauen und Jugend 2003, S. 71.

Das Kind gilt dabei als kompetent, neugierig und mutig. Es besitzt einen eigenen Antrieb zum Lernen und ist bestrebt, sich im aktiven Dialog mit anderen Menschen zu entwickeln. Lernen findet dabei nicht isoliert im Kopf des Kindes statt, sondern gilt als kooperative und kommunikative Aktivität, bei der Kinder den Vorgängen in der Welt Sinn verleihen und sich zusammen mit Anderen Wissen erschließen.[340] Fthenakis schreibt dem Kind dabei eigene Ideen und Theorien zu, die von den Erwachsenen zum einen aufgegriffen werden sollten, zum anderen jedoch auch geprüft und in Frage gestellt werden müssen.[341]

Komplementär zum Kind als Ko-Konstrukteur, bedarf es eines ebenso ausgerichteten Pädagogen wie auch professionellen pädagogischen Bezugs. Dialog und Kommunikation gelten dabei als Basis der Beziehungsgestaltung, die durch eine reflexive und fragende Haltung gegenüber den eigenen und den Lernprozessen des Kindes Ergänzung erfahren sollte.[342] Im Fokus von Fthenakis' Bildungsverständnis stehen somit vorrangig die Interaktionsprozesse zwischen Kind und Erwachsenen.[343] Es geht dabei nicht um ein lediglich Mittragen der Bildungsprozesse des Kindes, sondern um eine bewusste Gestaltung dieser Interaktionsprozesse.[344] Da Entwicklung nicht als etwas aufgefasst wird, das im Kind eo ipso voranschreitet, sondern einen Prozess darstellt, der mit der sozialen Lebenswelt des Kindes untrennbar verwoben ist, muss jegliche Form von Bildung entwicklungs- und kompetenzfördernde Interaktionen beinhalten.[345] Sich lediglich auf Selbstbildungspotenziale zu stützen, gilt als nicht hinreichend. Vielmehr müssen frühkindliche Bildungsprozesse, folgt man Fthenakis, auf den Kontext ausgerichtet sein, innerhalb dessen sie sich vollziehen.[346] Dies ist eindeutig die Gesellschaft mit ihren spezifischen Möglichkeiten und Anforderungen. Einen genauso hohen Stellenwert nimmt jedoch auch die direkte Lebenswelt des Kindes ein. Im Wesentlichen gilt es Lernkompetenzen zu vermitteln, die Kinder befähigen, in der Wissensgesellschaft zu bestehen und den Prozess des lebenslangen Lernens in Kindertageseinrichtungen beginnen zu lassen. Folgt man Fthenakis, sind es dabei vor allem zwei wesentliche Aspekte, die

---

[340] Vgl. Bundesministerium für Familie, Senioren, Frauen und Jugend 2003, S. 71.

[341] Vgl. Bundesministerium für Familie, Senioren, Frauen und Jugend 2003, S. 71.

[342] Vgl. Bundesministerium für Familie, Senioren, Frauen und Jugend 2003, S. 71.

[343] Vgl. Bundesministerium für Bildung und Forschung 2005, S. 34.

[344] Vgl. Fthenakis (2003b) [online] [13.02.2007].

[345] Vgl. Bundesministerium für Bildung und Forschung 2005, S. 34.

[346] Vgl. Bundesministerium für Bildung und Forschung 2005, S. 34.

Berücksichtigung finden müssen. Zum einen spielt beim Erwerb von Wissen die Art des Erwerbs eine determinierende Rolle für eine spätere Anwendbarkeit. Prädestiniert erscheinen in diesem Kontext situative Lernkontexte. Zum anderen stellt die Fähigkeit zu Lernen selbst ein Lehr- und Lernthema dar. Sie ist eine metakognitive Aufgabe, die das Kind nur mit Hilfe pädagogischer Anleitung zu vollziehen vermag.[347]

Fthenakis präsentiert in seinem Ansatz frühkindlicher Bildung somit eine völlig andere Orientierung als Schäfer und Laewen. Während letztere Bildung vor allem als Selbstbildung auffassen und sich stark gegen eine Definition von Bildungszielen oder Kompetenzen aussprechen, betrachtet Fthenakis Bildung vor allem als einen sozialen Prozess, der untrennbar mit seinem Kontext verwoben ist. Dies impliziert, dass Bildung ihren Ausgangspunkt nicht allein vom Kind nehmen darf, sondern ebenso in einem Erwerb von Kompetenzen aufgehen sollte, der durch gezielte pädagogische Interventionen Unterstützung findet.[348]

Fthenakis übt in diesem Kontext vor allem an Schäfer – der als Hauptvertreter der Selbstbildung bezeichnet werden kann – massive Kritik. Oftmals geschieht dies jedoch nicht offensiv, sondern primär durch Anspielungen auf Piaget, dessen Theorie ja einen wesentlichen Orientierungspunkt für Schäfers Bildungskonzept darstellt. So merkt er zu dessen Bild vom Kind folgendes an:

„Noch deutlicher wird das Problem mit dem Bild des Kindes nach Jean Piaget: Ihm liegt die Annahme zugrunde, dass Entwicklung natürlich und autonom verlaufe. Diese folge einer Standardsequenz biologischer Stadien hin zu fortschreitender Reife. Das Kind wird auf messbare Kategorien reduziert (wie z.B. soziale, intellektuelle oder motorische Entwicklung). Das Menschenbild weist abstrakte und dekontextualisierende Züge auf."[349]

Für Fthenakis präsentiert sich in dem Verständnis von Piaget vor allem das Bild eines nicht kompetenten Kindes. Er identifiziert darin ein fundamentales Problem, das alle Erziehungs- und Bildungskonzepte aufweisen, die sich an Piaget orientieren.[350]

---

[347] Vgl. Bayerisches Staatsministerium für Arbeit und Sozialordnung, Familie und Frauen/Staatsinstitut für Frühpädagogik München 2006, S. 32ff.

[348] Vgl. Bayerisches Staatsministerium für Arbeit und Sozialordnung, Familie und Frauen/Staatsinstitut für Frühpädagogik München 2006, S. 32ff.

[349] Fthenakis in Fthenakis/Oberhuemer 2002, S. 22.

[350] Vgl. Fthenakis in Fthenakis/Oberhuemer 2002, S. 22.

Während Fthenakis' Bildungskonzept auf dem sozialen Konstruktivismus fußt, der das Kind als Mit-Gestalter von Wissen, Kultur und seiner eigenen Identität begreift, beruft sich Schäfer vor allem auf konstruktivistische Argumentationslinien. Er liefert Fthenakis damit einen weiteren Kritikpunkt, denn dieser merkt zum Konstruktivismus folgendes an:

> „Der Begriff hat nach wie vor Konjunktur, beschreibt aber inzwischen so Divergierendes, dass er letztlich so gut wie gar nichts mehr beschreibt; lassen sich doch heute gleichermaßen die sich widersprechenden Positionen des radikalen wie des Sozialkonstruktivismus unter dem Dach des Konstruktivismus unterbringen."[351]

Fthenakis' Kritik beschränkt sich jedoch nicht nur auf Schäfer, sondern trifft generell jeden, der zu dem Schluss kommt, dass frühkindliche Bildung doch in erster Linie Selbstbildung sei. Und so erfährt auch Laewen Kritik. Wobei Fthenakis immerhin anerkennt, dass Laewen den Entwurf einer zukunftsorientierten Bildungskonzeption in Angriff genommen hat.[352] Folgt man Fthenakis, jedoch wohl mit eher minderem Erfolg. So ist einer der Hauptkritikpunkte an Schäfer und Laewen – der zugleich als eine Aporie ihrer Bildungskonzepte betrachtet werden kann –, dass diese mit ihrer Fundierung auf den Konstruktivismus eine erkenntnistheoretische Position als Grundlage für praktisch pädagogische Erwägungen gewählt haben. Fthenakis konstatiert darin eine unzulässige Verbindung zweier kategorial divergenter Bereiche.[353] Folgt man der Kritik Fthenakis', scheint den Bildungskonzepten von Laewen und Schäfer zudem eine vermittelnde entwicklungspsychologisch fundierte pädagogische Theorie zu fehlen.[354]

> „Dieser Aspekt ist äußerst bedeutsam: Die Ausführungen über das konstruierende Kind suggerieren eine pädagogisch theoretische Grundlage, tatsächlich wird aber lediglich die konstruktivistische Erkenntnistheorie herangezogen."[355]

Fthenakis ist somit bemüht, eine gut fundierte Kritik an den Bildungskonzepten von Schäfer und Laewen zu üben. Dabei macht er ganz klar deutlich, woran sich ein Bildungskonzept für den frühpädagogischen Bereich messen lassen muss:

---

[351] Fthenakis in Fthenakis/Oberhuemer 2002, S. 27/28.

[352] Fthenakis in Fthenakis/Textor 2000, S. 128/129.

[353] Vgl. Fthenakis in Fthenakis/Oberhuemer 2002, S. 28.

[354] Vgl. Fthenakis in Fthenakis/Oberhuemer 2002, S. 28.

[355] Fthenakis in Fthenakis/Oberhuemer 2002, S. 28.

„Gefragt sind Konzepte, die auf fundierten entwicklungspsychologischen Forschungsergebnissen beruhen, und für deren Bewährung es empirische Belege gibt, vor allem aber Konzepte, die dem sozialen Leben von Kindern und Erzieherinnen gerecht werden – statt die einen konstruierend allein zu lassen und die anderen zu Architekten einer anregenden Umwelt zu degradieren."[356]

Zumindest für Fthenakis scheinen die Bildungskonzepte von Laewen und Schäfer nicht die Maßstäbe für ein adäquates Bildungskonzept im frühpädagogischen Bereich erfüllen zu können.

Es ist in diesem Kontext anzumerken, dass Laewen zwar auch die Relevanz entwicklungspsychologischer Theorien als Fundament für ein Bildungskonzept betont, diese jedoch nicht einen so hohen Stellenwert einzunehmen scheinen wie bei Fthenakis. Entwicklungspsychologische Erkenntnisse stellen demnach zwar eine nicht zu vernachlässigende Determinante dar, ebenso müssen jedoch auch erkenntnistheoretische und neurobiologische Modelle sowie Argumente aus der Geschichte der Pädagogik ihre Berücksichtigung in einem Bildungskonzept finden. Laewen merkt in diesem Zusammenhang an:

„Eine Bildungsdiskussion darf und muss also u.a. auf entwicklungspsychologische Kenntnisse zurückgreifen, kann aber nicht als entwicklungspsychologische Diskussion ... geführt werden."[357]

Das Bildungsverständnis von Fthenakis sieht er in diesem Zusammenhang in „entwicklungspsychologisch akzentuierten Begrifflichkeiten befangen"[358], was vor allem einen Zugang desselben in die pädagogische Praxis erschwert.[359]

Der Vorwurf, Schäfers und Laewens Bildungskonzepten läge weder eine fundierte entwicklungspsychologische Theorie noch jegliche empirische Basis zugrunde, veranlasst Fthenakis dazu, diese bei seinem Bildungskonzept dezidiert auszuweisen. Dies geschieht vor allem durch den Versuch aufzuzeigen, dass das Kind im common sense der Entwicklungspsychologie als soziales Wesen aufgefasst wird. So verweist er exemplarisch auf den Entwicklungspsychologen Jerome Bruner, der die Entdeckung des Kindes als soziales Wesen als „Revolution" betitelte.[360] Auch die Grundgedanken

---

[356] Fthenakis in Fthenakis/Oberhuemer 2002, S. 29.

[357] Laewen/Andres 2002a, S. 25.

[358] Laewen in Wehrmann 2003, S. 153.

[359] Vgl. Laewen in Wehrmann 2003, S. 153.

[360] Vgl. Fthenakis in Fthenakis/Oberhuemer 2002, S. 24.

der Theorien von Mead und Wygotski, die darauf verweisen, dass es sich bei der Verleihung von Sinn und Bedeutung stets um einen sozialen Prozess handelt, der in einen kulturellen und historischen Kontext eingebettet ist und nur individuell unmöglich zu vollziehen ist, bieten für Fthenakis sowohl das Fundament als auch die Legitimation für sein Bildungskonzept.[361] Demnach wird jegliche Bedeutung sozial verhandelt, das Kind lernt durch das soziale Leben.

> „Die Bedeutung, die den sozialen Prozessen eingeräumt wird, geht so weit, dass Autorinnen wie Barbara Rogoff (1997) von Kognition als einem kollaborativen Prozess sprechen oder Katherine Nelson (1996), die kognitive Entwicklung als die ‚Entstehung des vermittelten [d.h. des sozial vermittelten] Geistes' beschreibt."[362]

Diesen hoch bedeutsamen sozialen Prozessen, folgt man Fthenakis, steht die obsolete, durch Piagets Vorstellungen geprägte Sichtweise eines Kindes gegenüber,

> „... das als ‚aktiver Wissenschaftler' Hypothesen über die Welt konstruiert, mit dem physikalischen Umfeld interagiert, seine Erfahrungen reflektiert und zunehmend komplexere Strukturen des Denkens entwickelt."[363]

Als größtes Manko wertet Fthenakis dabei die Tatsache, dass das Kind als isoliertes Wesen betrachtet wird.

Während jedoch international schon längst anerkannt ist, dass die Vorstellung eines isoliert konstruierenden Kindes dem Entwicklungsgeschehen unmöglich gerecht werden kann, hat die pädagogische Landschaft diese Einsicht, folgt man Fthenakis, noch nicht vollends generiert.[364] Es scheint evident, dass in dieser Hinsicht vor allem Schäfer und Laewen als prädestinierte Negativ-Beispiele für Fthenakis fungieren, und er nicht umhin kommt dieses, in seinen Augen falsche, Verständnis vom Kind zu widerlegen. Er zieht dazu eine Studie von Hughes und Donaldson heran, die bereits 1979 belegte, dass die Theorie Piagets einige Unzulänglichkeiten aufweist.[365] Exemplarisch sei hierzu angeführt, dass ein Kind, das im Piagetschen Drei-Berge-Versuch nicht in der Lage ist, die Perspektive eines anderen einzunehmen, dennoch in einer sozial realistischen Situation dazu fähig ist. Die

---

[361] Vgl. Fthenakis in Fthenakis/Oberhuemer 2002, S. 24.

[362] Fthenakis in Fthenakis/Oberhuemer 2002, S. 24.

[363] Vgl. Fthenakis in Fthenakis/Oberhuemer 2002, S. 25.

[364] Vgl. Fthenakis in Fthenakis/Oberhuemer 2002, S. 25.

[365] Vgl. Fthenakis in Fthenakis/Oberhuemer 2002, S. 25.

Erkenntnisse von Hughes und Donaldson bieten für Fthenakis die Basis, seine Auffassung von frühkindlicher Bildung als empirisch belegt auszuweisen, während die Auffassungen von Laewen und Schäfer, vor dem Hintergrund der Untersuchung, als geradezu defizitär erscheinen.

> „Es handelt sich dem zu Folge nicht bloß um eine reine Geschmacksfrage, ob man eher dem Konstruktivismus des ,konstruierenden Kindes' zuneigt oder theoretischen Richtungen, die den Stellenwert sozialer Prozesse einbeziehen, sondern es ist die Empirie, die heute jeden Pädagogen veranlassen sollte, die Bedeutung des Sozialen anzuerkennen und die Entwicklung praxistauglicher Konzepte integral zu berücksichtigen."[366]

Folgt man Fthenakis, scheint es nahezu so, als hätte die deutsche Diskussion den Paradigmenwechsel in der Entwicklungspsychologie versäumt. Hier offenbart sich wieder deutlich die recht hohe Position, die Fthenakis innerhalb des frühpädagogischen Diskurses für sich reklamiert. Denn es erweckt den Anschein, als wäre allein sein Bildungskonzept prädestiniert für eine Neuorientierung frühkindlicher Bildung. Den Bildungskonzepten von Schäfer und Laewen scheint er jedenfalls nichts Positives abgewinnen zu können. Beide folgen einem Bildungsbegriff, der in Rekurs auf eine klassische deutsche Sicht, Bildung als etwas begreift, dass vom Individuum aus aktiv und angestrengt ergriffen werden müsse. Bildung bezieht sich dabei lediglich auf die eigene Person und steht damit in einer deutlichen Disjunktion zu Erziehung oder Förderung, die sich an andere Menschen richtet.[367] Fthenakis, der innerhalb des Diskurses bereits häufig als Kritiker in Erscheinung getreten, geht jedoch in dieser Hinsicht nicht so weit, dieses generelle Verständnis des Bildungsbegriffs in Frage zu stellen, sondern verweist lediglich darauf, dass es unzulässig sei, ein solches Bildungsverständnis auf direktem Wege zu Handlungsanweisungen für die Bildungspraxis avancieren zu lassen. Ein Vorgehen, das er vor allem bei Laewen identifiziert.[368]

> „Aus dem Bildungsbegriff wird hier im Handumdrehen eine Handlungsanleitung für die Erziehungspraxis abgeleitet. Die pädagogische Interaktion entfällt in diesem Konzept, da das Kind sich ja selbst bildet."[369]

---

[366] Fthenakis in Fthenakis/Oberhuemer 2002, S. 25/26.
[367] Vgl. Fthenakis in Fthenakis/Oberhuemer 2002, S. 27.
[368] Vgl. Fthenakis in Fthenakis/Oberhuemer 2002, S. 27.
[369] Fthenakis in Fthenakis/Oberhuemer 2002, S. 27.

Fthenakis erachtet es somit alles andere als positiv, ein Bildungskonzept für den Kindergarten an einem humanistischen Bildungsbegriff zu orientieren. Seine Position lässt sich dementsprechend wie folgt zusammenfassen:

> „Wir benötigen ein Bildungskonzept, in dem, auf der Grundlage sozialkonstruktivistischer Annahmen, Bildung als sozialer Prozess definiert wird, dem das Bild eines kompetenten Kindes zugrunde liegt, eines Kindes, das seine Lernumwelt aktiv mitkonstruiert. Wir benötigen ein Bildungskonzept, das den kulturellen, sozialen und ethnischen Hintergrund des Kindes reflektiert, kontextuelle Faktoren einbezieht und in hohem Maße sozialintegrativ ist."[370]

Das Thema frühkindliche Bildung sorgt somit für viel Diskussionsbedarf und bringt die differenteste Positionen hervor. Die Kontroversen von Fthenakis, Schäfer und Laewen kreisen dabei vornehmlich um die Frage, ob frühkindliche Bildung nun in erster Linie Selbstbildung sei oder doch maßgeblich ein sozialer Prozess. Bei solch konträren Ansichten scheint es evident, dass weder Fthenakis und Schäfer noch Fthenakis und Laewen sich besonders nah im sozialen Raum des Diskurses stehen. Vielmehr stehen sie, zumindest in Hinsicht auf ihre Bildungskonzepte, in einem Konkurrenzverhältnis, das laut Bourdieu einer Annäherung hinderlich ist.[371] Bei Fthenakis zeigt sich der Anspruch auf eine gewisse Unfehlbarkeit, so scheint sein Bildungskonzept doch das einzige richtige zu sein. Ein Anspruch, den natürlich auch Schäfer und Laewen für ihre Bildungskonzepte erheben, jedoch nicht in einer so absolutistischen Form wie Fthenakis. So scheint Schäfer doch durchaus bereit, andere Meinungen neben der eigenen zu akzeptieren[372] – gleichwohl enthält er sich damit nicht einer Kritik an Fthenakis und stellt ebenso klar, dass er derjenige ist, der sich noch vor sämtlichen bildungspolitischen Diskussionen und Intentionen mit dem Bereich der frühkindlichen Bildung befasst hat und damit eindeutig auf diesem Gebiet als versiert betitelt werden kann. Laewen übt mit einem kritischen Verweis auf eine ‚bedarfsorientierte Bildung'[373] eher implizit Kritik an Fthenakis. Natürlich ist auch er sich seines Konzepts sicher, dennoch zählt er wohl eher nur am Rande zum Kern der Wissenschaftsgemeinde der Frühpädagogen. So kann er sich weder auf einen Lehrstuhl für Frühpädagogik noch auf einen Doktortitel stützen, der doch im wissenschaftlichen Feld erst die rechte Reputation mit sich bringt. Oder in den Worten Bourdieus formuliert:

---

[370] Bundesministerium für Bildung und Forschung 2005, S. 73.

[371] Vgl. Bourdieu 1985, S. 13.

[372] Vgl. Schäfer 2005, S. 12 bzw. die Ausführungen zu Beginn von Kapitel 8.1.

[373] Vgl. Laewen/Andres 2002a, S. 40.

„Bildungszertifikate, Titel, Berufsbezeichnungen unterstellen Rangordnungen, die den sozialen Raum strukturieren."[374]

8.4 Selbstbildung versus Ko-Konstruktivismus – eine Debatte mit Gehalt?

Wie die vorherigen Ausführungen gezeigt haben, wird der Bereich der frühkindlichen Bildung vor allem durch die Diskussion Selbstbildung versus Ko-Konstuktivismus belebt. Eine Debatte, die Roßbach eher als unnötig übersteigert, wenn nicht geradezu überflüssig denunziert.

„Anstatt diese beiden Positionen „Selbstbildung" versus „Ko-Konstruktivismus" überzubetonen, sollten wir unsere Aufmerksamkeit den Fragen zuwenden, die sich beiden Ansätzen gemeinsam stellen: Was sind die allgemeinen Bildungsziele, und in welchen Bildungsbereichen sollen die Kinder in der Tageseinrichtung Erfahrungen sammeln sowie Kenntnisse und Kompetenzen erwerben?"[375]

Bei einer eingehenden Betrachtung der beiden Positionen, kommt Roßbach zu dem Resultat, dass die Trennlinie zwischen den beiden Positionen keinesfalls in einem divergierenden Bild des Kindes zu suchen ist. Denn schließlich gehen sowohl die Anhänger der Selbstbildung als auch die des Kokonstruktivismus auf einer allgemeinen konzeptionellen Ebene davon aus, dass sich Kinder ihre Welt eigenaktiv aneignen und von Beginn an als kompetente Wesen gelten.[376]

Betrachtet man die Position von Fthenakis, so wird Bildung als ein sozialer Prozess verstanden, der sich in einem spezifischen Kontext vollzieht und an dem Kinder sowie Erwachsene aktiv beteiligt sind. Die Anforderungen von Gesellschaft und Wirtschaft sollen dabei in der frühkindlichen Bildung ihre Berücksichtigung finden und schlagen sich vor allem in einem postulierten Erwerb von Basiskompetenzen nieder.[377]

Schäfer hingegen sieht in der Bestimmung spezifischer Kompetenzen, die das Kind zu erwerben hat, eher eine unnötige Einengung des Kindes. Denn letztlich stellen diese nichts anderes dar als Aufgaben, die von außen an das Kind bzw. an die Kindertageseinrichtung als Bildungsaufgabe gestellt werden. Seiner Ansicht nach sind es nicht diese vorgegebenen Inhalte oder

---

[374] Bourdieu 1981, S. 9.

[375] Roßbach (2005) [online] [31.01.2007].

[376] Vgl. Roßbach (2005) [online] [31.01.2007].

[377] Vgl. z.B. Bayerisches Staatsministerium für Arbeit und Sozialordnung, Familie und Frauen/Staatsinstitut für Frühpädagogik München 2006, S. 23ff.

Kompetenzen, die den Weg der frühkindlichen Bildung prädestinieren, sondern vielmehr sollen die Forschungsbemühungen des Kindes in vom Kinde selbst selektierten Bereichen als Leitlinien für den Kindergarten fungieren.[378] Die Aufgabe der Erzieherinnen ist in dieser Hinsicht klar formuliert, da diesen direkte Eingriffe in die Selbstbildungsprozesse des Kindes nicht möglich sind, avancieren sie, um in der Terminologie von Fthenakis zu sprechen, als „Architekten einer anregenden Umwelt."[379]

So weit noch einmal die beiden Positionen, die so viel Diskussionsmaterial für die Frühpädagogik evozieren. Viel nüchterner fällt hingegen das Urteil von Roßbach aus:

> „Im Grunde genommen sind diese beiden Positionen in der Pädagogik altbekannt, und Überbetonungen der jeweiligen Position verdecken leicht die Verbindungen, die Bezüge zwischen den Positionen."[380]

Und dabei scheinen diese Bezüge, zumindest für jeden Pädagogen, nahezu trivial zu sein. Denn niemand kann leugnen, dass letztlich jeder Lern- und Bildungsprozess einen Akt der Selbstbildung darstellt, der mit einer aktiven Beteiligung des Kindes einhergeht. Der Pädagoge kann lediglich geeignete Umwelten, Materialien oder Interaktionen bereitstellen – bilden muss sich das Kind jedoch selbst.[381]

> „In diesem Sinne ist die Rede von Selbstbildung trivial, weil eben jedes Lernen und jede Bildung Selbstbildung ist."[382]

Genauso trivial scheint es, dezidiert zu betonen, dass sich Bildung immer innerhalb einer sozialen Welt vollzieht. So findet jegliches Bildungsgeschehen innerhalb sozialer Beziehungen und Situationen sowie in Verständigung mit anderen Menschen statt.[383]

> „In diesem Sinne sind Lernen und Bildung immer auch als Prozesse der „Ko-Konstruktion" und nicht als allein individueller aneignender Tätigkeiten zu beschreiben."[384]

---

[378] Vgl. z.B. Schäfer (2004b) [online] [25.10.2006].

[379] Fthenakis in Ftehnakis/Oberhuemer 2002, S. 29.

[380] Roßbach (2005) [online] [31.01.2007].

[381] Vgl. Roßbach (2005) [online] [31.01.2007].

[382] Roßbach (2005) [online] [31.01.2007].

[383] Vgl. Roßbach (2005) [online] [31.01.2007].

[384] Roßbach (2005) [online] [31.01.2007].

Folgt man Roßbach, scheinen die Bezüge zwischen den beiden Positionen somit größer als die eigentlichen Differenzen. So stellt sich beiden in Bezug auf die Auswahl von Bildungszielen sowie die Festlegung von Bildungsbereichen eine grundlegende Legitimationsfrage. Mit Ansätzen, die primär den ko-konstruktivistischen Erwerb von spezifischen Kompetenzen ins Zentrum stellen, verbindet sich unweigerlich die Frage, warum welche Kompetenzen und Fähigkeiten selektiert werden.[385] Ähnlich stellt sich die Frage bei Ansätzen, die der Selbstbildung folgen. Denn schließlich wird auch Selbstbildung durch erzieherische Tätigkeiten angeregt, d.h. es obliegt den Pädagogen die Umgebung des Kindes anregungsreich zu gestalten und Themen der Kinder aufzugreifen und gegebenenfalls zu diversifizieren. Die konstitutive Frage ist dabei: Mit welchen Erfahrungen und Inhalten sollen die Kinder zur Selbstbildung angeregt werden?[386]

Roßbach verweist in diesem Kontext darauf, dass die Entscheidung über Bildungsziele letztlich immer Aufgabe von Pädagogen und der Gesellschaft ist. Bildungs- und Erziehungspläne müssen somit stets auch die Ansprüche der Gesellschaft berücksichtigen. Dabei kann es jedoch nicht Intention sein, Kindern dieser unreflektiert auszuliefern.[387]

„Die altbekannte Metapher dafür ist: „Bildung ist Übernahme von Bildungsgütern **und** kritische Auseinandersetzung damit.""[388]

Roßbach bewertet die Debatte um die frühkindliche Bildung, wie sie derzeit vornehmlich in Deutschland geführt wird, somit eigentlich als überflüssig.

Bislang war Roßbach vor allem an der Seite von Tietze mit Forschungsarbeiten zur Qualität in Kindertageseinrichtungen in Erscheinung getreten. So zeichneten sich die Beiden innerhalb der Qualitätsdebatte durch eine nahezu freundschaftliche Konformität aus. Innerhalb der Bildungsdiskussion zeigt Roßbach nun, dass er sich seiner Position im Diskurs durchaus bewusst ist. Hatten wir bislang Fthenakis als jemanden kennen gelernt, der als Kritiker fungierte, zeigt sich Ähnliches nun bei Roßbach, indem er gewissermaßen den Kernpunkt der frühkindlichen Bildungsdiskussion in Deutschland als überflüssig identifiziert. Implizit zeigt er damit auf, dass die einzelnen Wissenschaftler ihre Ansichten doch oftmals konträrer darstellen, als sie eigent-

---

[385] Vgl. Roßbach (2005) [online] [31.01.2007].

[386] Vgl. Roßbach (2005) [online] [31.01.2007].

[387] Vgl. Roßbach (2005) [online] [31.01.2007].

[388] Roßbach (2005) [online] [31.01.2007].

lich sind. Dies lässt sich als deutliche Bemühung der Abgrenzung voneinander werten, um die jeweils eigene Stellung im Diskurs sichern.

8.5 Bildung zwischen Ko-Konstruktivismus und Selbstbildung – das Bildungskonzept von Ludwig Liegle

Mit ‚Bildung und Erziehung in der frühen Kindheit'[389] befasst sich auch Liegle. Betrachtet man die Einleitung seines Werkes, lassen sich darin bereits seine Hauptthesen konstatieren. So merkt er erstens an, dass Kindheit und kindliche Bildungsprozesse nicht instrumentalisiert werden dürfen, verweist zweitens auf die Selbsttätigkeit kindlicher Bildungsprozesse und fügt drittens komplementierend hinzu, dass Bildungsprozesse auch ihrer Anregung durch die Umwelt, sowie einer Gestaltung emotionaler und sozialer Beziehungen bedürfen.[390]

Den Ausgangspunkt für seine weiteren Überlegungen bildet die Erkenntnis: ‚Kinder sind anders'. Konträr zu Maria Montessori, die diese Erkenntnis als einen Buchtitel[391] gewählt hat und zu dem positiven Schluss kommt, dass diese Andersheit der Kinder bereits aufgeklärt sei,[392] resümiert Liegle weniger positiv:

> „Vielmehr betrachte ich die Tatsache der Andersheit der Kinder als ein beunruhigendes Problem und als unabschließbare Herausforderung für pädagogisches Verstehen und Handeln."[393]

Damit steht jedoch die Frage im Raum, welche Möglichkeiten es gibt, die Andersheit von Kindern adäquat zu verstehen. Liegle beruft sich dabei weder wie Fthenakis auf eine sozialkonstruktivistische Perspektive noch auf einen radikalen Konstruktivismus wie Laewen und Schäfer, sondern versucht sich der Andersheit der Kinder durch ein dialogisches Verstehen zu nähern.[394] Dieses nimmt seinen Ausgang zum einen bei der Individualität des einzelnen Kindes, zum anderen bei der Verbundenheit des Kindes mit den Erwachsenen – eine Sichtweise, die zudem den geteilten Bezug auf eine gemeinsame Welt impliziert.[395]

---

[389] Liegle 2006.

[390] Vgl. Liegle 2006, S. 8ff.

[391] Gemeint ist das Werk ‚Il segreto de' llinfanzia', Bellinzona 1938.

[392] Vgl. Liegle 2006, S. 11.

[393] Liegle 2006, S. 11.

[394] Vgl. Liegle 2006, S. 16.

[395] Vgl. Liegle 2006, S. 18.

„Dialogisches Verstehen, Verstehen im Modus der Verflechtung, ist also eine soziale Praxis nicht nur der Erwachsenen, sondern auch der Kinder."[396] Auf dieser Basis konstitutiert Liegle auch die Erziehung als ein dialogisches Geschehen. Dies meint nicht mehr und auch nicht weniger, als dass erfolgreiche Erziehung ihren Ausgang von der Beobachtung und Beachtung des Entwicklungsstandes und der individuellen Lerngeschichte des Kindes nehmen muss.[397] Es ist dabei ein besonderes Anliegen Liegles, auf das Kind als Subjekt der Erziehung zu verweisen. Das Kind kann jedoch nur Akteur und Mitgestalter seiner Erziehung sein, wenn Erziehung als ein Handeln zwischen Personen, „als ein kommunikativer Prozess *wechselseitiger* Einwirkung aufgefasst wird."[398] Eine solche Definition der Erziehung impliziert, dass die subjektive Erfahrung des Erzogenwerdens zum Gegenstand der Reflexion gemacht wird, was bedeutet, dass Erziehungssituationen aus der Perspektive der erzogenen Kinder betrachtet werden müssen.[399]

In einem weiteren Schritt nimmt Liegle nun eine Differenzierung zwischen Erziehung und Entwicklung vor. Entwicklung definiert er dabei als einen

„... Weg von vorgegebenen *Möglichkeiten* zu gestalteter und selbstgestalteter *Wirklichkeit* der Person."[400]

Im Entwicklungsbegriff identifiziert er drei Bestimmungen, die er von Pestalozzi herleitet. Der sich entwickelnde Mensch ist demnach Werk der Natur, Werk der Gesellschaft und Werk seiner selbst.[401] Liegle fasst den Menschen, laut dieser Klassifizierung, als biologisch, sozial und selbst determiniert auf. Und fragt sich: „Wo aber bleibt die Erziehung?"[402] Erziehung fasst er zugleich als Werk-Zeug der Gesellschaft, als Werk-Zeug der werdenden Person und gebunden an natur-determinierte Entwicklungsgesetze auf. Erziehung als Werk-Zeug der Gesellschaft meint vor allem das Handeln von Erwachsenen, die bestrebt sind die Entwicklung des Kindes anzuregen und zu steuern, - sie meint die Vorbereitung einer Umwelt und eine direkte Lernhilfe.[403] Erziehung als Werk-Zeug der eigenen Person bezieht sich hingegen

---

[396] Liegle 2006, S. 19.
[397] Vgl. Liegle 2006, S. 10.
[398] Liegle 2006, S. 20.
[399] Vgl. Liegle 2006, S. 20.
[400] Liegle 2006, S. 44.
[401] Vgl. Liegle 2006, S. 37.
[402] Liegle 2006, S. 37.
[403] Vgl. Liegle 2006, S. 37.

auf das Handeln des Kindes, auf seine Auseinandersetzung und Anpassung an die Welt. Es stellt die Selbsttätigkeit des Kindes dar, die Liegle unter den Terminus des Lernens fasst.[404] Folgendes Zitat, das den Zusammenhang zwischen Entwicklung und Erziehung evident macht, hat bereits bei Laewen Eindruck hinterlassen:

> „Erziehung muss sich daher, ob es ihr gefällt oder nicht, darauf einstellen, dass die Entwicklung des Kindes die Gestalt einer fortdauernden Autopoiesis hat.[405]

Liegle schreibt dem Kind somit eine aktive Rolle innerhalb seiner Entwicklungs- und Lernprozesse zu, merkt jedoch ebenso an, dass Kinder dabei auf eine entwicklungsfördernde Umwelt angewiesen sind. Die Entwicklungsaufgaben des Kindes können daher als Erziehungsaufgaben der Erwachsenen-Gesellschaft deklariert werden.[406] Folgendes Zitat verdeutlicht dabei noch einmal eingehend, was Liegle explizit unter Erziehung fasst:

> „Erziehung" meint ein Handeln von und zwischen Personen. Erwachsene handeln erzieherisch, indem sie sich selber zu einer Umwelt des Kindes gestalten, indem sie dem Kind eine äußere Umwelt vorbereiten und indem sie dem Kind Entwicklungs- bzw. Lernhilfe geben."[407]

Eine an der Entwicklung der Kinder orientierte Erziehung, bedeutet dabei auch zugleich eine Pädagogisierung der Kindheit. In diesem Kontext scheint es Liegle unabdingbar darauf zu verweisen, dass diese Pädagogisierung auch Gefahren in sich birgt.[408] Als Ausgangspunkt für diese These bedient er sich eines Rückgriffs auf die ‚Schwarze Pädagogik' der Aufklärung, die seiner Ansicht nach keinesfalls ein vergangenes Kapitel darstellt, sondern zur heutigen Erziehungsrealität geworden ist[409] – einer Erziehungsrealität, die wie folgt gekennzeichnet ist:

> „Nicht die Entwicklung der in den Kindern angelegten Fähigkeiten steht im Mittelpunkt dieser allgemeinen Erziehungswirklichkeit, sondern die Anpassung der Kinder an jene Fähigkeiten, die in der jeweiligen Erwachsenengesellschaft gebraucht werden."[410]

---

[404] Vgl. Liegle 2006, S. 37/38.

[405] Liegle 2006, S. 38.

[406] Vgl. Liegle 2006, S. 41.

[407] Liegle 2006, S. 44.

[408] Vgl. Liegle 2006, S. 45ff.

[409] Vgl. Liegle 2006, S. 46.

[410] Liegle 2006, S. 46.

Liegle übt damit implizit Kritik an der gegenwärtigen Bildungsdiskussion, die seiner Meinung nach genau in diesem Lichte steht. So ist gerade der vorschulische Bereich zum Umschlagplatz für frauen-, familien-, und arbeitsmarktpolitische Belange geworden und damit zum Instrument außerpädagogischer Zwecke avanciert.[411]

Diese kritische Haltung gegenüber jeglicher Instrumentalisierung der kindlichen Erziehung weist Parallelen zu Laewens Kritik an einer bedarfsorientierten Bildung auf.

Die Pädagogisierung der Kindheit birgt für Liegle jedoch auch Chancen. So fasst er Erziehungsinstitutionen als „Welten, Provinzen, Inseln der Kindheit"[412] auf, die Kindern adäquate Möglichkeiten für ihre Entwicklung bieten. Wichtig ist dabei für ihn jedoch, dass Lernprozesse im Kindergarten sich nicht aus der Intention heraus vollziehen, Kinder belehren zu wollen, sondern vielmehr akzidentiell geschehen. In Worten Hartmut von Hentigs lässt sich das Ganze wie folgt formulieren:

> „Wir erziehen so lange schlecht, wie wir es ausschließlich in pädagogischer Absicht tun."[413]

Die obigen Ausführungen haben verdeutlicht, was Liegle unter den Begriffen Erziehung und Entwicklung fasst und wie der Zusammenhang zwischen diesen beiden gestaltet ist. Was aber genau ist nun seinem Verständnis nach Bildung?

Liegle begründet sein Konzept von Bildung in einem breiten Rahmen von Fröbel bis zur Reggio-Pädagogik.[414] Resultat ist ein Bildungsverständnis, dass die Kinder um ihrer selbst willen ins Zentrum rücken.[415]

> „Dieses Bildungsverständnis nimmt die selbsttätige Erkundung und Aneignung der Welt („Selbstbildung") zum Ausgangspunkt. Es betont aber zugleich die Abhängigkeit der selbsttätigen Bildungsprozesse der Kinder vom entwicklungsangemessenen Anregungsgehalt ihrer Bildungswelten sowie vom Erleben und von der Gestaltung emotionaler und sozialer Beziehungen mit Ihresgleichen sowie mit Erwachsenen."[416]

---

[411] Vgl. Liegle 2006, S. 102.

[412] Liegle 2006, S. 47.

[413] Hentig zitiert nach Liegle 2006, S. 47.

[414] Vgl. Liegle 2006, S. 93ff.

[415] Vgl. Liegle 2006, S. 10.

[416] Liegle 2006, S. 10.

Bildung ist somit ganz eindeutig an die Selbsttätigkeit des Kindes gebunden, bedarf aber ebenso einer gezielten Unterstützung und Anregung. Wesentliche Prämisse für den Vollzug jeglicher Bildungsprozesse ist dabei stets eine stabile Bindung des Kindes an seine Bezugspersonen. Für Liegle stehen die Bindungserfahrungen des Kindes und seine selbsttätigen Bildungsprozesse in einem unauflösbaren Zusammenhang.[417]

Damit zeigt sich, dass Liegle Bildung keineswegs als umweltunabhängige Leistung des Subjekts proklamiert. So ist Bildung stets in Kontexte eingebunden, die sich förderlich oder hinderlich auf Bildungsprozesse auswirken können.[418] Auch bei einem Konzept, dass Bildung unter anderem als Selbstbildung des Kindes definiert, ergeben sich somit ganz konkrete Konsequenzen für die pädagogische Praxis.

„Diese muss in Theorie und Praxis – in radikalerer Weise als die Pädagogik späterer Lebensalter – ihren Ausgangspunkt in der Umwelt des Kindes und deren Anpassung an die Signale, Fragen und Handlungen des Kindes suchen."[419]

An dieser Stelle kommt für Liegle die Erziehung zum Einsatz. Ähnlich wie bei Laewen, fungiert diese als angemessene Reaktion auf die Tatsache der Selbstbildung.[420] Dabei kommt der Vorbereitung der Umwelt für die Selbstbildungsprozesse des Kindes eine höhere Bedeutung zu, als die Versuche einer direkten Erziehung. Dies soll jedoch keinesfalls bedeuten, dass die Beziehung zwischen dem Kind und den Personen seiner Umwelt irrelevant wäre, denn ganz im Gegenteil stellt diese, „die wichtigste und am nachhaltigsten wirkende Vorraussetzung für den aktiven Aufbau des Subjekt-Welt-Bezugs dar."[421] Eltern und weitere Bezugspersonen fungieren damit als einflussreichster Faktor der Umwelt des Kindes. Aber ebenso bedarf die dingliche Welt eine adäquate Vorbereitung und Gestaltung. Liegle spricht in diesem Kontext von einer „extensionalen"[422] Erziehung.

„Die Dinge erhalten ihre Bedeutung über das Zeigen, Benennen, Beschreiben, Erklären – hierin kommt das notwendige Zusammenspiel von dinglicher und personaler bzw. sozialer Umwelt zum Ausdruck –, die Dinge erlangen ihre Be-

---

[417] Vgl. Liegle 2006, S. 93.

[418] Vgl. Liegle/Treptow in ebd. 2002, S. 14.

[419] Liegle 2006, S. 99.

[420] Vgl. Liegle 2006, S. 99.

[421] Liegle 2006, S. 99.

[422] Liegle 2006, S. 100.

deutung jedoch auch im Sinne der indirekten Wirkung absichtsvoll arrangierter Umwelten und Umstände."[423]

Den Terminus der Autopoiesis, den Liegle schon im Kontext der Erziehung angebracht hat, lässt sich auch bei seinem Bildungsverständnis wiederfinden. Liegle deutet das Konzept der Autopoiesis dabei als eine Radikalisierung des Konzepts der Selbstbildung.[424] Es bringt auf der Basis von Theorien und Befunden der Evolutionstheorie, der allgemeinen, biologischen und soziologischen Systemtheorie sowie der Entwicklungsneurologie und Hirnforschung zum Ausdruck,

„... dass lebende (und soziale) Systeme einschließlich der menschlichen Psyche und des menschlichen Gehirns in sich geschlossene Einheiten darstellen, die von außen nicht direkt beeinflussbar bzw. steuerbar sind und sich selbstorganisiert – freilich in einem ständigen Austausch mit ihrer Umwelt – entwickeln."[425]

Liegle postuliert, diesen autopoietischen Charakter von Bildungsprozessen besonders im Bereich der frühkindlichen Bildung hervorzuheben. Eine Orientierung an dem Konzept der Autopoiesis stellt dabei für ihn die Möglichkeit dar, die Theorie kindlicher Selbstbildungsprozesse neu zu begründen.[426] Diese Neubegründung sollte jedoch stets ihren Anschluss an den Traditionen der erziehungswissenschaftlichen Theoriebildung wahren.

Liegle präsentiert somit ein Bildungs- und Erziehungskonzept, dass sich zwar an Konzepten der Entwicklungspsychologie oder der Neurobiologie orientiert, aber vor allem in der Geschichte der Pädagogik seine Begründung findet. So deduziert er wesentliche Annahmen aus Texten, die von der Pädagogik der Aufklärung bis hin zum innovativen und viel rezipierten Ansatz der Reggio-Pädagogik reichen. Am Beispiel von Fröbel zeigt er auf, dass auch diese konventionellen Ansätze für eine Neudefinition des Bildungsauftrags des Kindergartens ihren Gewinn bringen können.

Liegle wird nicht müde, immer wieder zu erwähnen, dass es bei der Bildungsdiskussion um den vorschulischen Bereich nicht um eine Instrumentalisierung für außerpädagogische Zwecke gehen darf, sondern die Bildungsbedürfnisse und -ansprüche des Kindes eindeutig im Zentrum stehen müssen.[427] Auch wenn er es nicht explizit formuliert, ist bei einer eingehenden

---

[423] Liegle 2006, S. 100.

[424] Vgl.Liegle in Liegle/Treptow 2002, S. 62.

[425] Liegle in Liegle/Treptow 2002, S. 63.

[426] Vgl.Liegle in Liegle/Treptow 2002, S. 63.

[427] Vgl. Liegle 2006, S. 102.

Betrachtung seiner Position davon auszugehen, dass er einem Bildungsverständnis, für welches Fthenakis repräsentativ steht, eher kritisch begegnet. So macht es für ihn mehr Sinn danach zu sehen, was in der Geschichte der Pädagogik schon lange vorhanden und noch immer brauchbar erscheint, als darauf zu hören, was die so genannte Wissensgesellschaft – oder welchen Namen man ihr auch immer geben mag – für den vorschulischen Bereich postuliert. Diese Position Liegles wird bei der Betrachtung der Bildungspläne noch evidenter zum Ausdruck kommen; zunächst möchte ich jedoch eine kurze Einordnung seiner Position zwischen den beiden Polen Selbstbildung und Ko-Konstruktivismus vornehmen.

Betrachtet man Liegles Aussage: „Bildung meint immer *Selbst*bildung."[428] Scheint es nahezu evident, ihn in die Reihe der Wissenschaftler einzuordnen, die frühkindliche Bildung vor allem als Selbstbildung beschreiben. Wie Laewen differenziert er zwischen Erziehung und Bildung und betrachtet erstere als entscheidende Komponente zur Einwirkung auf die Bildungsprozesse des Kindes. Beide gehen auch in der Hinsicht miteinander konform, dass Erziehung vor allem eine Gestaltung der Umwelt des Kindes sowie der Interaktionen mit dem Kind bedeutet und sich Bildungsprozesse eher nebenbei als intendiert vollziehen. Während Laewen jedoch Erziehung nur als Tätigkeit der Erwachsenen auffasst und Bildung nur als Tätigkeit des Kindes, scheinen diese Grenzen bei Liegle eher etwas verwischt zu sein. Denn er proklamiert Erziehung zwar als Werk-Zeug der Erwachsenen, aber ebenso als Werk-Zeug des Kindes selbst und bringt in diesem Kontext den Terminus des Lernens an.[429] Allein den Ausgangspunkt in einem dialogischen Verstehen des Kindes und der Erziehung zu wählen, verweist darauf, dass Liegle, stärker als Laewen, die Verbundenheit des Kindes mit der Erwachsenenwelt fokussiert. So erscheint das Kind bei Laewen eher als ein einsam konstruierendes Wesen, das mit der Erwachsenenwelt nur durch eine Gestaltung von Umwelt und Interaktionen verbunden ist, während Liegle die wechselseitigen Einwirkungen von Erziehung betont. Sowohl bei Liegle als auch bei Laewen ist Bildung somit Selbstbildung und nur begrenzt durch Erwachsene beeinflussbar, dennoch verbindet sich mit Laewens Bildungskonzept ein isolierteres Kind als dies bei Liegle der Fall ist. Bei Liegle lassen sich somit ganz evident auch Elemente einer ko-konstruktivistischen Position finden. Natürlich folgt er dabei keinesfalls vollständig Fthenakis, denn er verzichtet in seinem Werk gänzlich darauf, Bildungs- oder Erziehungsziele zu formu-

---

[428] Liegle 2006, S. 99.
[429] Vgl. Liegle 2006, S. 37.

lieren. Kindheit und kindliche Bildungsprozesse dürfen für ihn in keiner Form instrumentalisiert werden. So ist das Lernen und Leisten in Kindertageseinrichtungen zwar kein generelles Tabuthema, solange es den Kindern nur ermöglicht wird, denn diese wollen ganz eindeutig etwas Lernen und Leisten – zu einem Tabuthema wird es erst, wenn es unter der Prämisse steht, den Kindern etwas abzuverlangen.[430] Liegle bringt somit ganz klar zum Ausdruck, dass Bildung und Lernen nicht organisiert werden darf, sondern nur von den Lerngeschichten des Kindes seinen Ausgangspunkt nehmen darf.

Versucht man die Position Liegles zwischen den beiden Polen Selbstbildung und Ko-Konstruktivismus einzuordnen, zeigt sich somit, dass er Elemente beider Positionen aufgreift, wobei er sich jeglicher direkter Kritik an den einzelnen Positionen enthält. Und so scheint es auch nicht verwunderlich, dass er wie Roßbach die Kontroverse über das Verständnis von Bildung als Selbstbildung oder Ko-Konstruktion als eine „Unsinnigkeit"[431] betrachtet, denn Bildung meint für ihn stets Beides in einem wechselseitigen Zusammenhang. Sein Resümee ist daher folgendes:

> „Wir müssen dahin kommen, nicht mehr in Gegensätzen, sondern in der Einheit von Gegensätzen zu denken und daran unser Verhalten und Handeln auszurichten."[432]

Nach den Kontroversen Selbstbildung versus Ko-Konstruktivismus, möchte ich nun zu einem Konzept kommen, um das sich nicht weniger Diskussionen ranken: den Situationsansatz.

---

[430] Vgl. Liegle 2003, S. 17.

[431] Liegle (2004) [online] [10.02.2007]

[432] Liegle (2004) [online] [10.02.2007]

9 Der Situationsansatz

Wie der kurze historische Einblick in die vorschulische Erziehung zu Beginn dieser Arbeit gezeigt hat, findet der Situationsansatz unter dem Curriculum des Sozialen Lernens in den Reformbemühungen der 1970er Jahre seinen Ausgangspunkt. Die hohe Reputation, die ihm zu dieser Zeit zu teil wurde, lässt sich aus einigen seiner Positionen deduzieren, die zu damaliger Zeit zu recht als revolutionär bezeichnet werden können. In diesem Kontext ist vor allem die Verbindung von sachbezogenem und sozialem Lernen zu nennen, die Betonung der Kindheit als eigenständiger Phase innerhalb der individuellen Entwicklung sowie die Betrachtung des Kindes als aktiv handelnde Persönlichkeit.[433]

Bereits in den 1980er Jahren wurde der Situationsansatz zum Gegenstand kritischer Auseinandersetzungen, die ihn bis heute begleiten.

Seit den 1990er Jahren lassen sich Bemühungen finden, die einer Weiterentwicklung des Situationsansatzes folgen. In diesem Kontext sind vor allem die Intentionen von Jürgen Zimmer und Christa Preissing zu nennen. Preissing nimmt in ihrem 2003 erschienenen Werk ‚Qualität im Situationsansatz‘ eine Adaption dieses pädagogischen Konzepts an die gegenwärtigen gesellschaftlichen Bedingungen vor. Sie sieht darin jedoch weiterhin die von Zimmer rund 20 Jahre zuvor herausgearbeiteten konstitutiven Merkmale des Situationsansatzes inhärent.[434] Zu diesen zählen vor allem die Orientierung an Schlüsselsituationen, die Verknüpfung von sozialem und sachbezogenem Lernen, die Beteiligung von Eltern und anderen Erwachsenen als Experten, die Anerkennung des eigenständigen Anregungsmilieus in der altersgemischten Gruppe sowie die Öffnung ins Gemeinwesen.[435]

Ich möchte nun zunächst kurz auf das Bild des Kindes eingehen, das im Rahmen des Situationsansatzes fokussiert wird. Von diesem ausgehend, lassen sich auch Schlüsse auf die Bildungskonzeption ziehen.

Der Situationsansatz betrachtet das Kind von Anfang an als mit eigenen Rechten ausgestattet. Dies impliziert, dass auch die für seine Entwicklung wesentlichen Schritte durch eigene Aktivität erzielt werden. Kindern ist ein natürliches Streben nach Weiterentwicklung zu Eigen, das durch Erwachsene in Form verlässlicher Beziehungen und eines anregungsreichen Umfeldes unterstützt werden muss. Die pädagogischen Ziele sind dabei folgende: Au-

---

[433] Vgl. Fthenakis in Fthenakis/Textor 2000, S. 115.

[434] Vgl. Preissing 2003, S. 10.

[435] Vgl. Preissing 2003, S. 10.

tonomie, Solidarität und Kompetenz. Um diese Ziele zu erreichen, muss die konstitutive Fähigkeit der Kinder gefördert werden, mit sich selbst und mit einer Sache zurechtzukommen. Dies soll die Kinder vor allem dazu befähigen gestaltend an gesellschaftlichen Prozessen mitzuwirken. Der Situationsansatz begreift die Erziehung, Bildung und Betreuung von Kindern dabei als gesellschaftliche Aufgabe, die sich in einer permanenten Kooperation und Partnerschaft mit den Eltern vollzieht.[436]

Preissing entwickelt im Rahmen ihres Qualitätshandbuchs konzeptionelle Grundsätze[437], die ganz evident Verweise darauf enthalten, wie sich eine adäquate Erziehung, Bildung und Betreuung von Kindern im Rahmen des Situationsansatzes zu vollziehen hat. Ich möchte im Folgenden exemplarisch zwei Grundsätze herausgreifen, die sich auf den Bereich der Bildung beziehen.

Einer dieser Grundsätze postuliert als Aufgabe der Erzieherinnen, zu analysieren, was Kinder können, wissen und erfahren wollen. Durch eine anregungsreiche Lernkultur, die die Neugier und Experimentierfreude der Kinder fördert, soll ihnen ein Höchstmaß an Wahrnehmungsmöglichkeiten offeriert werden. Dieser Grundsatz erinnert stark an das Postulat von Schäfer, der ebenso betonte, dass Bildung ihren Ausgangspunkt an dem nehmen muss, was Kinder können.[438]

Auch der folgende Grundsatz von Preissing verweist auf einen Aspekt, den auch Schäfer als konstitutiv im Bereich der frühkindlichen Bildung erachtet. Und zwar betont sie die Relevanz des kindlichen Spiels. Kindern soll demnach die Möglichkeit gegeben werden sich kreativ und phantasievoll mit ihrer Lebenswirklichkeit auseinander zusetzen. Den Erzieherinnen dient die Beobachtung des kindlichen Spiels dazu, Erkenntnisse darüber zu generieren, wie die Kinder die Welt interpretieren und was sie beschäftigt. Preissing bezeichnet die Erzieherinnen in diesem Kontext als „Lehrende und Lernende zugleich."[439] Demnach stehen Erzieherinnen vor der Aufgabe ihre Alltagserfahrungen und ihr Verständnis über kindliche Entwicklung vor dem Hintergrund gesellschaftlicher Entwicklungen und neuer Erkenntnisse permanent zu reflektieren.[440] Kindliche Lernprozesse werden dabei vor allem durch ein

---

[436] Vgl. Preissing 2003, S. 11.

[437] Vgl. Preissing 2003, S. 13-16.

[438] Vgl. Schäfer (2004b) [online] [25.10.2006].

[439] Preissing 2003, S. 15.

[440] Vgl. Preissing 2003, S. 15.

Lernen von den Kindern ermöglicht, indem die Erzieherinnen bestrebt sind herauszufinden, wie sich diese die Welt erschließen.[441]

Welches konkrete Bildungsverständnis liegt aber nun dem Situationsansatz zu Grunde?

Preissing betont in diesem Kontext eine Anknüpfung an das Humboldt'sche Bildungsverständnis.[442] Bildung bezeichnet demnach eine Aneignungstätigkeit, mit der sich der Mensch ein Bild von der Welt macht. Preissing deduziert daraus folgende Aspekte:[443]

- Sich ein Bild von der Welt machen, impliziert immer auch, sich ein Bild von sich selbst zu machen. Die Erzieherin muss somit stets das einzelne Kind in seiner Lebenswelt fokussieren.

- Sich ein Bild von der Welt zu machen bedeutet auch, sich ein Bild von anderen in dieser Welt zu machen. Die Erzieherin hat somit das Kind in der Gemeinschaft der Kindertageseinrichtung zu betrachten.

- Sich ein Bild von der Welt zu machen bedeutet weiterhin, das Weltgeschehen zu erkunden. Für die Erzieherin bedeutet dies, dass sie sich der Frage stellen muss, inwiefern sich das Weltgeschehen in der Kindertageseinrichtung widerspiegelt und wie es einer Erkundung zugänglich gemacht werden kann.

Folgt man Preissing, kann Bildung von Kindern nicht erzwungen werden. Denn wie sich das Kind ein Bild von der Welt macht, darauf hat die pädagogische Arbeit stets nur einen begrenzten Einfluss:

„Pädagogische Arbeit in Bildungsinstitutionen kann Bildung von Kindern nicht erzwingen, sondern wird immer nur begrenzt Einfluss darauf haben, wie ein Kind sich ein Bild von seiner Welt macht."[444]

Einfluss kann nur erlangt werden, indem sich der Pädagoge auf die sinnstiftenden Fragen des Kindes einlässt und die je individuellen Deutungen des unterschiedlichen Erlebens innerhalb der kindlichen Lebenswelt aufgreift. Daraus konkludiert Preissing, dass eine stabile Beziehung zu den in der Le-

---

[441] Vgl. Preissing 2003, S. 15.

[442] Vgl. Preissing 2003, S. 41.

[443] Vgl. Preissing 2003, S. 41.

[444] Preissing 2003, S. 41.

benswelt befindlichen Erwachsenen eine elementare Prämisse für kindliche Bildungsprozesse darstellt.[445]

Sie definiert kindliche Bildungsprozesse des Weiteren als „... aktive, soziale, sinnliche und emotionale Prozesse der Aneignung von Welt."[446]

Mit dieser Definition bewegt sie sich erneut nah am Bildungsverständnis von Schäfer. Wie er, verweist auch sie darauf, dass Bildung nicht nur ein rational-logischer Prozess ist, sondern auch sinnliche und emotionale Komponenten enthält. Sie merkt in diesem Kontext zudem ganz explizit an, dass sich Bildung in sozialen Beziehungen vollzieht. Ihre Aussage dazu lautet wie folgt:

> „Dies trägt dem in der Bildungsforschung hervorgehobenen Charakter von Bildung als vielfältiger und eigensinniger Selbsttätigkeit des Kindes in sozialen Beziehungen Rechnung."[447]

Der Situationsansatz bezieht Bildungsprozesse auf die Lebenswelt von Kindern und deren Familien. Lebenswelt wird dabei nicht nur als soziales Umfeld definiert, sondern auch als die Art und Weise, wie Kinder die sie umgebende Welt subjektiv interpretieren und gestalten.[448]

Bildung beinhaltet dabei jedoch immer auch die Intention, Kindern den Erwerb von Kompetenzen zu ermöglichen, die sie in der Welt, in der sie aufwachsen und sich bewähren müssen, handlungsfähig machen. Diese Kompetenzen tragen den Anforderungen der zukünftigen Welt als Risikogesellschaft, Wissensgesellschaft, Arbeitsgesellschaft, demokratischer Gesellschaft, Zivilgesellschaft und Einwanderergesellschaft Rechnung und lassen sich als Ich-Kompetenz, Soziale Kompetenz, Sachkompetenz und Lernmethodische Kompetenz klassifizieren.[449] Preissing konkludiert aus den gesellschaftlichen Anforderungen Bildungsinhalte, mit denen sich jedes Kind innerhalb von Kindertageseinrichtungen auseinandersetzen sollte. Der Bildungsanspruch wird dabei aus einer Curriculumtheorie (nach Robinsohn 1971) abgeleitet, die sich ganz explizit von einer fächerbezogenen Didaktik distanziert.[450] Auch wenn sie sich einerseits wie Fthenakis für den Erwerb von Kompetenzen ausspricht, spricht sie sich andererseits damit, genau wie

---

[445] Vgl. Preissing 2003, S. 42.

[446] Preissing 2003, S. 42.

[447] Preissing 2003, S. 42.

[448] Vgl Preissing 2003, S. 39.

[449] Vgl. Preissing 2003, S. 42/43.

[450] Vgl. Preissing 2003, S. 45.

Schäfer, gegen ein Bildungsverständnis aus, dass weitestgehend aus dem Zusammenhang gerissene Lerninhalte von einen Kopf in den anderen zu transformieren versucht. Bildungsprozesse vollziehen sich hingegen innerhalb von spezifischen, konkreten und komplexen Situationen, die mit Bedeutung und Sinn versehen sind.[451] Eine besondere Relevanz besitzen in diesem Kontext Schlüsselsituationen. Diese stellen Situationen dar, die von Kindern über den Augenblick hinaus von Bedeutung sind und deren Bearbeitung Potenziale einer Aneignung von Wissen und Können inhärent sind.[452] Bildung vollzieht sich somit im Kontext des realen Lebens und damit in konkreten Sinnzusammenhängen. Preissing betont in diesem Zusammenhang noch einmal, dass kindliche Bildungsprozesse der Begleitung Erwachsener bedürfen.

„In Schlüsselsituationen sind Bildungsinhalte enthalten, die es in gemeinsamer Aktion von Kindern und Erwachsenen zu erschließen gilt."[453]

Die Bildungsbereiche, mit denen sich Kinder innerhalb einer Kindertageseinrichtung vertraut gemacht haben sollten, sind dabei folgende:[454]

- Körper, Bewegung und Gesundheit: Preissing verweist mit diesem Bildungsinhalt darauf, dass die kindliche Aneignungstätigkeit stark an die Körpererfahrung gebunden ist, die ihre Vermittlung durch Bewegung findet.

- Soziales und kulturelles Leben: Dieser Bildungsinhalt soll der Erkenntnis Rechnung tragen, dass sich Bildung nur im Rahmen sozialer Beziehungen vollziehen kann und dabei stets kulturell geprägt ist.

- Sprachen, Kommunikation, Schriftkultur: Sprache dient der Strukturierung und Systematisierung von Erkenntnissen. Ohne Sprache wäre keine Kommunikation möglich, ohne Schriftsprache die Orientierung in einer Wissensgesellschaft unmöglich.

- Bildnerisches Gestalten: Preissing verweist hier auf die Relevanz der ästhetischen Wahrnehmung als eigenständigem Weg zu einer Auseinandersetzung mit der Wirklichkeit.

---

[451] Vgl. Preissing 2003, S. 45.
[452] Vgl. Preissing 2003, S. 39.
[453] Preissing 2003, S. 45.
[454] Vgl. Preissing 2003, S. 45.

- Musik: Musik ist „Quelle für seelische Empfindung und Genuss"[455] und eröffnet auch ohne die Beherrschung derselben Sprache die Möglichkeiten einer Verständigung.

- Mathematische Grunderfahrungen: Diese verhelfen dem Kind dazu, Ordnung in die Welt zu bringen und Erfahrungen zu abstrahieren.

- Naturwissenschaftliche Grunderfahrungen: Naturwissenschaftliche Beobachtungen fördern die Experimentierfreude des Kindes und verhelfen zur Erkenntnis logischer Zusammenhänge.

Im Laufe dieser Arbeit ist bereits deutlich geworden, dass Tietze als ein vehementer Kritiker des Situationsansatzes auftritt. Eine Betrachtung seines Bildungsverständnisses (siehe Kapitel 7.1) im Vergleich zu den Bereichen, die Preissing als relevant erachtet, zeigt, dass sich eigentlich keine konstitutiven Unterschiede erkennen lassen. Dennoch sind ihre Bildungsverständnisse durch wesentliche Unterschiede determiniert. So fällt zum einen auf, dass Tietze sein Bild vom Kind stark aus gesetzlichen Verankerungen sowie entwicklungspsychologischen Erkenntnissen generiert und daraus letztlich auch das Ziel für kindliche Betreuung und Erziehung in Kindertageseinrichtungen deduziert: die Entwicklungsförderung.[456]

„Damit ist vom Gesetzgeber klar formuliert: Ziel von öffentlich verantworteter Betreuung und Erziehung ist die kindliche Entwicklungsförderung."[457]

Wie bereits in dieser Arbeit aufgezeigt, nimmt Tietze keine explizite Differenzierung zwischen den Begriffen Bildung und Erziehung oder Bildung und Entwicklung vor.

Und so folgt er auch bei seinem Bild vom Kind vor allem entwicklungspsychologischen Erkenntnissen, bei einer weitgehenden Meidung des Terminus der Bildung.[458] Sein Schlagwort lautet daher auch nicht ‚kindliche Bildung vollzieht sich durch Eigenaktivität', sondern „Kindliche Entwicklung vollzieht sich durch Eigenaktivität."[459]

---

[455] Preissing 2003, S. 45.

[456] Vgl. Tietze/Viernickel 2003, S. 24.

[457] Tietze/Preissing 2003, S. 24.

[458] Vgl. Tietze/Viernickel 2003, S. 25 Tietze verweist zum Beispiel auch auf die Werke von Laewen & Andres sowie Schäfer, jedoch ohne den Terminus der ‚Selbstbildung' zu erwähnen, der in Verbindung mit diesen Namen doch sofort assoziiert werden müsste.

[459] Tietze/Viernickel 2003, S. 25.

Auch Preissing sieht die Förderung der kindlichen Entwicklung als eine wichtige Aufgabe von Kindertageseinrichtungen an.

„Es geht zunächst um die Förderung kindlicher Entwicklung: Eigenverantwortlichkeit und Gemeinschaftsfähigkeit sind die Ziele."[460]

Anders als bei Tietze, lässt sich bei ihr jedoch eine eindeutige Differenzierung zwischen den Begriffen Bildung und Entwicklung vorfinden. Ihr Bildungsverständnis basiert dabei nicht auf entwicklungspsychologischen Erkenntnissen, sondern, wie bereits erwähnt, auf der Bildungstheorie Humboldts.

Besinnt man sich darauf, dass beim Situationsansatz die Erschließung und Bearbeitung von Lebenssituationen, die für das Kind Relevanz besitzen und denen Möglichkeiten von Wissen und Können inhärent sind, im Zentrum stehen,[461] so scheint es evident, dass das Kind ganz explizit im Mittelpunkt des pädagogischen Geschehens steht. Für Preissing sind Bildungsprozesse daher stets an sinnstiftende Fragen des Kindes gebunden, wie zum Beispiel: „Wer bin ich?" „Wer sind die anderen?"[462] Die Antworten des Kindes auf diese Fragen, betrachtet sie sowohl als subjektiv, d.h. als Deutung des individuell unterschiedlichen Erlebens, als auch als intersubjektiv, d.h. sie entwickeln sich im Austausch mit anderen.[463] Um Einfluss auf das Kind nehmen zu können, muss sich der Pädagoge an den sinnstiftenden Fragen des Kindes orientieren.[464] Ausgangspunkt für Lernprozesse stellen dabei konkrete soziale Lebenssituationen dar.

„Die Lebenswelt der Kinder selbst, ihre Erfahrungen, Erlebnisse und die Herausforderungen, die sich ihnen stellen, also die Logik des Lebens ... bestimmen die Inhalte und die Art und Weise des Lernens."[465]

Preissing nimmt somit die Lebenssituation des Kindes als Ausgangspunkt für das Bildungsgeschehen, das sich dann zu einem Großteil innerhalb sozialer Kontexte bzw. Situationen vollzieht. Die Identifikation von Schlüsselsituationen folgt dabei nicht der Intention, Wissensbestände anzuhäufen, die dem Kind beizubringen wären, sondern nur solche, deren Sinnzusammen-

---

[460] Preissing 2003, S. 40.

[461] Vgl. Preissing 2003, S. 39.

[462] Preissing 2003, S. 41.

[463] Vgl. Preissing 2003, S. 41/42.

[464] Vgl. Priessing 2003, S. 42.

[465] Preissing 2003, S. 39.

hänge in der sozialen Situation unmittelbar von dem Kind nachzuvollziehen sind.

Hingegen lässt sich bei Tietze die Tendenz identifizieren, das pädagogische Geschehen vorab – und weniger aus der Situation heraus – an einer bewussten Gestaltung der sozialen und materialen Umwelt des Kindes zu orientieren. So merkt er an:

> „Pädagogik hat die Aufgabe, in einer dem Entwicklungsstand des Kindes angenommenen Form zu wissen, wie Umwelten material und sozial gestaltet werden müssen, damit Kinder in der Auseinandersetzung die Erfahrungen machen können, die für ihre Kräftebildung wichtig sind, aber auch wie sie die Dinge erfahren können, die für unsere Kultur bedeutsam sind. Deswegen geht man von einer Co-Konstruktivistischen Perspektive aus: Kultur, Kind und soziale Umwelt konstruieren gemeinsam, was das Leben eines Kindes ausmacht."[466]

Tietze geht somit davon aus, dass Erfahrungsumwelten sowohl material als auch sozial vorab und bewusst von Pädagogen gestaltet werden müssen, damit sich Bildungsprozesse adäquat vollziehen können. In diesen pädagogisch gestalteten Erfahrungswelten kommt jedoch auch der Eigenständigkeit des Kindes ein hoher Stellenwert zu, so bezeichnet auch er Kinder als „aktive Lerner."[467]

Bei Preissing ist des weiteren eine sehr starke Betonung sozialen Lernens zu konstatieren, d.h. die Förderung des Sozialverhaltens und sozialer Fähigkeiten nehmen einen hohen Stellenwert ein. Laewen spricht in Anlehnung an Schäfer in diesem Kontext von einem

> „... ,sozial orientierten Bildungsbegriff' mit einer implizit gesellschaftskritischen Haltung ...".[468]

Auch wenn Preissing den Erwerb von Kompetenzen betont[469], scheint doch vor allem dem sozialen Lernen gegenüber dem sachbezogenen Lernen, sowie dem Erwerb von Kenntnissen und Fertigkeiten, ein eindeutiges Primat zuzukommen.

Tietze betont im Gegensatz dazu explizit die kognitive Entwicklung des Kindes,[470] die bei Preissing eher als Nebenprodukt der Bearbeitung von Le-

---

[466] Tietze zitiert nach Hoffmann (2004) [online] [15.01.2007].

[467] Tietze/Viernickel 2003, S. 27.

[468] Laewen/Andres 2002a, S. 214.

[469] Vgl. Preissing 2003, S. 42/43.

[470] Vgl. Tietze/Viernickel 2003, S. 31.

134

benssituationen bzw. sozialen Zusammenhängen erscheint. Honig merkt in seinem Werk ‚Aus der Perspektive von Kindern?' (1999) an

„...daß das Verhältnis von individueller Entwicklung und gesellschaftlicher Teilhabe von Kindern neu bestimmt werden muss."[471]

Vor dem Hintergrund dieses Zitates wird deutlich, welche Schwerpunkte Tietze und Preissing bei ihren Bildungsvorstellungen setzten. So betont Tietze vor allem die individuelle Entwicklung, während Preissing verstärkt auf die gesellschaftliche Teilhabe des Kindes verweist. Dabei ist ihr jedoch keinesfalls eine Bedarfsorientierung[472] zu unterstellen. Schäfer sieht dies hingegen deutlich kritischer, so merkt er zum Situationsansatz an:

„Er lehnt zwar eine Orientierung des kindlichen Bildungsprozesses allein an der objektiven Allgemeinheit einer wissenschaftsorientierten Sachlogik ab, ersetzt diese jedoch durch die ebenso objektive Allgemeinheit einer in einen gesellschaftlichen Diskurs eingebundenen Sachlogik. Die Orientierung an der *kindlichen* Lebenswelt wird proklamiert, aber nicht wirklich eingelöst."[473]

Demgegenüber ist anzumerken, dass Preissing sehr wohl die kindliche Lebenswelt als Orientierungspunkt – wenn nicht gar als Zentrum – für Bildungsprozesse auswählt. Sie fokussiert dabei ein Kind, dass sich die Welt in Eigenaktivität aneignet. Stärker als Schäfer betont sie jedoch, dass Lernen von seinen sozialen Kontexten nicht zu lösen ist. Denn sie sind es, die letztlich den Ausgangspunkt für das Bildungsgeschehen darstellen und es determinieren.

Der Situationsansatz fokussiert dabei vor allem das Handeln und die Erfahrungen des Einzelnen, der seine pädagogische Realität somit ganz konkret mitbestimmt.[474] Auch wenn Preissing Bildungsprozesse als „subjektiv und eigensinnig" betitelt, steht dies für sie, wie bereits im Zusammenhang mit dem Bildungskonzept von Laewen erwähnt, nicht in einem Missverhältnis zur Formulierung von Zielen. So merkt sie an:

„Pädagogik muss analysieren, welche Kompetenzen Kinder benötigen und benötigen werden um in dieser Welt zu bestehen und ihre Gesellschaft aktiv mitgestalten zu können."[475]

---

[471] Honig et al. 1999, S. 18.
[472] Vgl. Laewen/Andres 2002a, S. 36.
[473] Schäfer (2004a) [online] [25.10.2006] (Hervorhebungen im Original).
[474] Vgl. Roux 2002, S. 47.
[475] Vgl. Roux 2002, S. 48.

Somit lassen sich Ziele für kindliche Bildungsprozesse formulieren. Die Annäherung an diese, vollzieht sich dann jedoch wesentlich durch die Bearbeitung konkreter Lebenssituationen.

Tietze hingegen geht davon aus, dass der Pädagogik zunächst die Aufgabe zukommt, Erfahrungswelten zu gestalten, die für die kindliche Entwicklung Relevanz besitzen.

> „Die Ausgestaltung von ‚Erfahrungswelten' danach, was für ein *Kind* wichtig und bedeutsam sein *kann,* bringt an den Tag, was für das Kind bedeutsam und wichtig ist."[476]

Tietze geht somit zunächst von einer Gestaltung von Erfahrungswelten aus, aus der sich heraus generiert, was für das Kind Relevanz besitzt. Preissing hingegen wählt einen anderen Ausgangspunkt und geht zunächst von konkreten Lebenssituationen aus, die das Kind vornehmlich selbst als relevant erachtet. Diesen sind dann Möglichkeiten einer Aneignung von Wissen und Können inhärent und entscheiden somit hauptsächlich über Bildungsinhalte. Didaktisch bedeutet dies vor allem den Verzicht auf eine ausführliche Planung zugunsten einer pädagogischen Aufwertung der Alltagstätigkeit. Es wird somit weniger als bei Tietze von pädagogisch inszenierten Arrangements ausgegangen.[477] Pädagogische Planung stellt für Tietze jedoch ein zentrales Element professionellen Handelns dar.[478] Er merkt dazu an:

> „Sie hebt sich damit ab von gut gemeinten, aber ohne Planung punktuell und willkürlich anmutender Einzelaktionen, die sich manchmal unter Etiketten wie ‚Projektarbeit' oder ‚Situationsorientierung' verbergen."[479]

Es scheint evident, dass sich mit dem obigen Zitat eine implizite Kritik am Situationsansatz verbindet – eine Kritik, die den Situationsansatz wie ein Schatten zu begleiten scheint, wie die folgenden Ausführungen zeigen werden.

9.1 Der Situationsansatz – ein kontrovers diskutiertes Konzept

Das vorangegangene Kapitel zeigt auf, dass Preissing ganz konkrete Vorstellungen davon entwickelt hat, wie sich Bildung im Rahmen des Konzeptes des Situationsansatzes vollziehen kann. Ich habe bereits darauf verwiesen,

---

[476] Hoffmann (2004) [online] [15.01.1007].
[477] Vgl. Schäfer (2004) [online] [25.10.2006].
[478] Vgl. Tietze/Viernickel 2003, S. 33.
[479] Tietze/Viernickel 2003, S. 33.

dass der Situationsansatz schon kurz nach seiner Entwicklung und praktischen Implementierung zum Gegenstand kontroverser Diskussionen avanciert ist. Und auch die Tatsache, dass eine Adaption des selbigen an aktuelle gesellschaftliche Entwicklungen vorgenommen wurde und er erneut ganz explizit mit dem für den frühpädagogischen Bereich so wichtigen Thema Bildung in einen Bezug gesetzt wurde, scheint ihn nicht weniger vor Kritik zu schützen. So merkt Schäfer spitz an:

> „Will man den Situationsansatz als Bildungskonzept verstehen, muss man deutliche Beschränkungen des Bildungsbegriffs in Kauf nehmen."[480]

Er denunziert den Situationsansatz in diesem Kontext als lediglich auf soziale Bildung und Erziehung bezogen. Das oben genannte Zitat lässt sich zwar auch schon in der ersten Auflage seines Werkes „Bildungsprozesse im Kindesalter" (1995) finden,[481] und somit vor den oben dargestellten Überlegungen Preissings, findet jedoch auch in der aktuellen Auflage von 2005 noch seinen angestammten Platz. Dies ist eigentlich verwunderlich, denn betrachtet man die Ausführungen Preissings zum Thema Bildung, so nimmt das soziale Lernen zwar einen hohen Stellenwert ein, ebenso lassen sich jedoch auch einige, nicht unrelevante Parallelen zu dem Bildungsverständnis von Schäfer identifizieren. So ist Bildung auch für Preissing wesentlich eine aktive Weltaneignung, die auf komplexe und vielfältige Erfahrungen angewiesen ist. Wie Schäfer, betont sie die sinnlich-emotionale Komponente der Bildung und verweist auf die Relevanz des kindlichen Spiels und der ästhetischen Erfahrung. Auch sie spricht sich gegen eine Vermittlung eines zusammenhanglosen Lernstoffes aus, der in keinerlei Beziehung zu konkreten Erfahrungen des Kindes steht.[482]

Was lässt sich daraus folgern? Hat Schäfer das Werk Preissings etwa gar nicht wahrgenommen, weil er den Situationsansatz generell denunziert? Oder weil dieses im Rahmen der NQI entstanden ist und Qualität nicht sein Metier ist? Zimmer hat in diesem Kontext seine ganz eigene Theorie zu Schäfer entwickelt. So äußert er sich, allerdings nicht in Bezug auf das Werk von Preissing, sondern bereits drei Jahre zuvor, wie folgt:

> „Dass das eigenaktive, intrinsisch motivierte, zum eigengesteuerten Kompetenzerwerb befähigte, sich selbst empfindende und in seiner Subjektivität anerkannte Kind im Zentrum des Situationsansatzes steht, mag bezweifeln, wer wie Schäfer

---

[480] Schäfer 2005, S. 25.
[481] Vgl. Schäfer 1995, S. 17.
[482] Vgl. Preissing 2003, S. 40ff.

offensichtlich nicht die auf mehrere tausend Seiten zu schätzenden Beobachtungen und Erfahrungsberichte innerhalb des Curriculum Soziales Lernen und die vielen anderen Praxisdokumente mit heranzieht – oder noch besser – in entsprechend arbeitenden Praxiseinrichtungen hospitiert, sondern sich im Wesentlichen an programmatischen Frühschriften zum Situationsansatz orientiert."[483]

Zimmer geht somit davon aus, dass Schäfer den Situationsansatz a priori ablehnt und aus diesem Grunde eine weitere Beschäftigung mit diesem als überflüssig erachtet. Zimmer wirft Schäfer jedoch nicht nur mangelndes Wissen über aktuelle Tendenzen des Situationsansatzes vor, sondern betrachtet die kritischen Anmerkungen Schäfers ebenso als Impuls für eine zukünftige Entwicklung. So merkt er an:

„Dennoch hilft die Auseinandersetzung mit Schäfers Anmerkungen zum Situationsansatz weiter. Sein wesentliches Argument zielt darauf, die Individualität des Kindes, seine Lerngeschichte, seine Art der Aneignung von Welt, seine Betroffenheit, seine Wahl und Sicht von Situationen, die Besonderheit seines Denkens und Handelns seine Problemzugänge und Interessen noch stärker ins Zentrum zu rücken. Dies kann man uneingeschränkt bejahen."[484]

Zimmer prognostiziert eine Weiterentwicklung des Situationsansatzes in genau diese Richtung und behält damit – wie es die Ausarbeitungen Preissings zeigen – Recht, denn schließlich findet eine Integration wesentlicher Elemente statt, die der Individualität und den Selbstbildungsprozessen des Kindes Rechnung tragen. Zimmer verweist aber auch ebenso deutlich darauf, dass der Situationsansatz sich nie ein Bildungskonzept zu eigen machen würde, das konform zu dem von Schäfer wäre. Denn dies wäre ein Bildungsprozess

„... der sich zur Freude zivilisationskritischer Pädagogen fast nur noch im Spiel, in der Fantasietätigkeit und im künstlerischen Entwurf ausdrückt."[485]

Andererseits ist anzumerken, dass auch Schäfer soziales Lernen nicht vollständig ausblendet. So fokussiert er beispielsweise, in dem von ihm erarbeiteten Bildungsplan Nordrhein-Westfalens, im Kontext von einzelnen Bildungsbereichen Möglichkeiten des sozialen Lernens, die sich für ihn vor allem aus dem Alltag der Kindertageseinrichtung generieren.[486]

---

[483] Zimmer in Fthenakis/Textor 2000, S. 100.
[484] Zimmer in Fthenakis/Textor 2000, S. 100.
[485] Zimmer in Fthenakis/Textor 2000, S. 101.
[486] Vgl. Schäfer 2003, S. 192/193.

138

Wie bereits erwähnt, formulierte Schäfer bereits im Jahr 1995, in der 1. Auflage seines Werkes „Bildungsprozesse im Kindesalter", seine Kritik am Bildungskonzept des Situationsansatzes. Zu dieser Zeit fand ebenfalls eine Tagung der ‚Kommission Pädagogik der frühen Kindheit' der Deutschen Gesellschaft für Erziehungswissenschaft statt, die sich mit dem Situationsansatz in Vergangenheit und Zukunft befasste. Im Rahmen dieser Tagung hielt Schäfer einen Vortrag zur Bildungstheorie des Situationsansatzes. Eine kurze Betrachtung dieser zeigt, dass sich damals schon die Tendenz abzeichnete, dass Schäfers Theorie von kindlichen Bildungsprozessen und die schon damals intendierten Weiterentwicklungen des Situationsansatzes gar nicht so extrem differieren, wie es Schäfer gern darstellt. Diese überzogene Suche nach Unterschieden und Kritikpunkten kann daher wohl eher erneut als ein Abgrenzungsversuch interpretiert werden, um die eigene Position im Diskurs zu wahren.

Schäfers kritische Einwände zum Situationsansatz lassen sich wie folgt zusammenfassen:[487]

- Der Situationsansatz ist durch eine Unempfindlichkeit gegenüber der Art und Weise des Denkens und Handelns von Kindern, ihren Selbst- und Weltdeutungen, sowie ihren individuellen Verarbeitungsweisen gekennzeichnet

- Aus diesem Grund mangelt es dem Situationsansatz auch an einer Entwicklung geeigneter Instrumentarien, die die Bedürfnisse und Selbstdeutungen von Kindern offen legen.

- Es dominiert eindeutig das Soziale Lernen, dies führt zu einer Verengung der Interessen- und Wahrnehmungswelt, die im Kontext sozialer Situationen stehen.

- Selbstbildungsprozesse der Kinder werden nicht hinreichend berücksichtigt.

- Letztendlich münden alle oben angeführten Kritikpunkte in dem Fehlen eines anthropologischen Modells zum Verständnis von Kindern und Erwachsenen.

Natürlich kann diese Kritik auch vor dem Hintergrund der Weiterentwicklung des Situationsansatzes durch Preissing nicht als vollkommen obsolet betrachtet werden, dennoch ist erneut auf eine Erweiterung durch wesentli-

---

[487] Laewen/Neumann/Zimmer 1995, S. 78.

che Elemente zu verweisen, die mit Schäfers Position konform gehen. Und so stellte Preissing bereits im Jahr 1995 fest, dass Schäfers Vorstellungen über kindliche Bildung und die damit in seinen Augen notwendigen Modifikationen des Situationsansatzes, gar nicht so weit auseinander liegen. So äußerte sie sich in einer Diskussionsrunde im Anschluss an Schäfers Vortrag auf der Tagung der ‚Kommission Pädagogik der frühen Kindheit' diesem gegenüber wie folgt:

> „Ich kann Ihnen sagen, Sie rennen bei mir lauter offene Türen ein, also so ähnlich, wie das auch bei meinen Vorrednerinnen schon angeklungen ist. Ich sehe keinerlei unüberbrückbare Gegensätze."[488]

Preissing reagiert mit der obigen Aussage vor allem auf einen Kritikpunkt, den Schäfer in seinem Vortrag in Bezug auf die zwei Dimensionen kindlicher Lebenswelt innerhalb des Situationsansatzes wie folgt geäußert hat.[489]

> „In den folgenden Erörterungen will ich zeigen, wie vornehmlich der individuell-biographische Aspekt dieses Ansatzes – trotz anders lautender Beteuerungen-nur unzureichend eingelöst wird, weil der Situationsansatz weder theoretisch noch praktisch ausreichend Sichtweisen und Verfahren entwickelt hat, mit denen man das individuelle Kind erreichen könnte. (Das unterscheidet den Situationsansatz von z.b. wesentlich von der Reggio-Pädagogik)."[490]

Preissing macht innerhalb der Diskussionsrunde deutlich, dass sie die Reggio-Pädagogik und den Situationsansatz nicht als zwei einander ausschließende Konzepte betrachtet, sondern als Konzepte, die sich gegenseitig bereichern. Diese Bereicherung zeigt sie ja dann auch ganz evident in ihrer aktuellen Erweiterung des Situationsansatzes. So merkt sie an:

> „Es gibt Wahlverwandtschaften, etwa die zur Reggio-Pädagogik, die sich auf gemeinsame Grundpositionen stützen, ohne die kulturelle gewachsene Eigenständigkeit des jeweils anderen in Frage stellen zu müssen."[491]

Generell ist anzumerken, dass Schäfer in seinem Vortrag wesentlich auf Kritikpunkte verweist, denen sich Zimmer und Preissing selbst bewusst sind.

---

[488] Laewen et al. 1995, S. 86.

[489] Im Rahmen des Situationsansatzes wird zwischen einer individuell-biographischen (lebensgeschichtliche Entwicklung, kindliche Bedürfnisse, individuelle und soziale Autonomie) und einer sozial-gesellschaftlichen (Bezug zur gesellschaftlichen Praxis, soziale und gesellschaftliche Wandelbarkeit) Dimension kindlicher Lebenswelt differenziert.

[490] Laewen et al. 1995, S. 64.

[491] Preissing 2003, S. 12.

So konstatieren Jürgen Zimmer und Christa Preissing mit Mitarbeitern in ihrem Werk ‚Kindergärten auf dem Prüfstand. Dem Situationsansatz auf der Spur' (1997), dass der Situationsansatz in der Praxis nicht die im Rahmen der Reformbemühungen intendierten Veränderungen erzielt hat und in seiner Programmatik verkürzt wurde. So ist besonders eine Vernachlässigung des Bildungsanspruches festzustellen.[492] Zimmer et al. verweisen in diesem Kontext darauf, dass es für die Zukunft erforderlich sei

> „... den Bildungsanspruch des Situationsansatzes und mit ihm die Notwendigkeit der Verbindung von sozialem und sachbezogenen Lernen künftig sehr viel deutlicher zu betonen und genauer und systematischer auf die Einlösung dieses Anspruchs und seines wichtigsten Kennzeichens zu achten."[493]

Schäfers Kritik am Situationsansatz kann somit zumindest bis zu der Aktualisierung durch Preissing durchaus als legitim gewertet werden, vor allem in Bezug auf die praktische Umsetzung des Situationsansatzes. Schließlich verweisen seine Anhänger selbst auf diese Fehlentwicklungen. Dies verdeutlicht noch einmal ganz explizit das folgende Zitat von Zimmer et al.:

> „Der Situationsansatz ist mit seinem Bildungsanspruch in sozialpädagogischer Einseitigkeit streckenweise so umfunktionalisiert worden, dass das soziale Lernen (im umgangssprachlichen Verständnis) übrigblieb und das sachbezogene Lernen nicht mehr mit ihm verbunden, sondern als beschäftigungspädagogisches Substrat abgespalten wurde."[494]

Betrachtet man folgendes Zitat von Schäfer im Rahmen seines Vortrags auf der Tagung der Kommission der Pädagogik der frühen Kindheit, führt er genau diesen Kritikpunkt in ähnlicher Form an:

> „Das führt nun dazu, dass auch nur solche Sachprobleme in den Bildungsprozeß eingefügt werden, die unmittelbar mit sozialen Situationen in Verbindung stehen. Der sozialpädagogische Impetus des Situationsansatzes führt derart jedoch zu einer Verengung der Wahrnehmungs- und Interessenwelt des Kindes auf vorwiegend sozial relevante Themen ... Daß Kinder einfach auch an Dingen und Sachproblemen interessiert sind, spielen, bauen oder malen wollen, kann auf diese Weise nicht ausreichend ins Bildungskonzept eingebaut werden."[495]

Folgt man Schäfer, ist der größte Fehler des Situationsansatzes dabei, dass er den sozialen Kontext als Zentrum des kindlichen Lernens wählt. Damit rich-

---

[492] Vgl. Zimmer et al. 1997, S. 233.
[493] Zimmer et al. 1997, S. 236.
[494] Zimmer/Preissing/Thiel/Heck/Krappmann 1997, S. 233.
[495] Laewen et al.1995, S. 68.

tet sich der Situationsansatz zwar gegen die Einseitigkeit, immer nur Stoffe, ihre Vermittlung und ihre Bildungswirkung in den Blick zu nehmen, kehrt jedoch letztlich nur die Schwergewichte um und lässt damit den obigen Kritikpunkt zu.[496]

Schäfer kritisiert des Weiteren das Fehlen anthropologischer Modelle im Situationsansatz. Ein Punkt, den auch Ludwig Liegle ganz explizit bearbeitet wissen möchte. Er äußert sich in diesem Kontext wie folgt:

> „Eine explizite Entwicklungspsychologie gibt es im Situationsansatz nicht, hat es nicht gegeben. Daß es sie ein stückweit stärker geben sollte, ich glaube, in der Richtung denken, argumentieren jedenfalls viele. Ich denke, dass wir diesen Punkt der entwicklungspsychologischen Fundierung des Situationsansatzes damit nicht als erledigt ansehen sollten."[497]

Zimmer sieht den Vorwurf eines fehlenden anthropologischen Modells jedoch nicht als berechtigt an, denn schließlich scheint diese nicht nur dem Situationsansatz bislang gefehlt zu haben, und so verteidigt er sich wie folgt:

> „Also diese Beschwörung, wir sollten uns mehr um die Anthropologie des Kindes bemühen, die kenne ich seit mindestens 15 Jahren, und irgendwo frage ich mich dann: Wo ist sie denn? Ich würde sie gern mal vorgestellt bekommen von anderen, die das immer reklamieren und die sagen, wir sollten so etwas tun."[498]

Auch Hans-Joachim Laewen übt eine scharfe Kritik am Situationsansatz. Er wirft diesem vor allem einen mangelnden Bezug zur Wissenschaft vor.

> „Was ist denn eigentlich die Rolle der Wissenschaft im Situationsansatz? Das ist mir relativ unklar...".[499]

Der oben genannte Kritikpunkt wird auch von Tietze und Roßbach angeführt. Ich habe bereits an einer anderen Stelle dieser Arbeit aufgezeigt, dass Tietze und Zimmer einen nicht zu unterschätzenden Disput miteinander haben. So scheint es wenig verwunderlich, dass ersterer eine konstitutive Kritik am Situationsansatz übt. Er und Roßbach äußern sich wie folgt: „Unzweifelhaft ist die Rückbindung an Forschung dringend erforderlich."[500]

Tietze wirft dem Situationsansatz vor allem vor, er sei durch ein hohes Maß an unbestimmten Aspekten gekennzeichnet. So merkt er zu folgenden

---

[496] Vgl. Schäfer (2004a) [online] [25.10.2006].

[497] Laewen et al. 1995, S. 87.

[498] Laewen et al. 1995, S. 90.

[499] Laewen et al. 1995, S. 104.

[500] Laewen et al. 1995, S. 205.

konstitutiven Aspekten des Situationsansatzes (Altersmischung der Gruppen, die Gemeinwesenorientierung, generationsüberreifendes Lernen) an:

> „Auch hier ist letztlich die Unbestimmtheit des tatsächlich Gemeinten ebenso charakteristisch wie der feste Glaube, dass sich all diese Elemente positiv für die Situation des Kindes auswirken."[501]

In Bezug auf die Altersmischung stellt sich daher für ihn unweigerlich die Frage:

> „Sollten wir die Kindertageseinrichtungen in die Altenheime verlegen oder umgekehrt, um die größtmögliche Altersmischung zu erreichen?"[502]

Es wäre sicherlich möglich, allein über die Kontroversen in Bezug auf den Situationsansatz eine wissenschaftliche Arbeit zu schreiben. Da dies jedoch nicht meine Intention ist, möchte die Ausführungen über den Situationsansatz zugleich beenden und nur noch einen kurzen Blick auf einen Kommentar von Fthenakis werfen, in dem dieser sich zu Zimmers ‚Abrechnung mit seinen Kritikern' äußert.[503] Fthenakis' Rolle kann in diesem Kontext als die eines Diplomaten bezeichnet werden, denn er versucht sowohl die Position von Zimmer als auch die seiner Kritiker (Tietze, Roßbach und Schäfer) vermittelnd darzustellen.

So merkt er gleich zu Beginn seines Kommentars in Bezug auf Zimmer an:

> „Sein Beitrag in diesem Band ist eine Mischung aus Verteidigung, Apologie, Gegenangriff und Offenheit für weitere Entwicklung – Elemente, mit denen kein anderer in unserer Zunft gekonnter als er umgehen kann."[504]

Er verweist auch darauf, dass hinsichtlich der Rhetorik wohl keiner der Kritiker Zimmer etwas entgegensetzen könne – auch er nicht.[505] Dennoch möchte er sich aus einer dritten Perspektive zum Situationsansatz äußern, die sich aus folgendem Vorteil ergibt,

---

[501] Laewen et al. 1995, S. 203.

[502] Laewen et al. 1995, S. 203.

[503] Gemeint ist der Artikel ‚Der Situationsansatz in der Diskussion und Weiterentwicklung', erschienen in Fthenakis/Textor 2000, S. 94-111, auf den ich mich innerhalb dieses Kapitels und bei meinen Ausführungen zur Qualität (die Kontroversen zwischen Tietze und Zimmer) schon mehrfach bezogen habe.

[504] Fthenakis in Fthenakis/Textor 2000, S. 115.

[505] Fthenakis in Fthenakis/Textor 2000, S. 115.

„... dass ich nicht als einer der in seinem Beitrag genannten Kritiker gemeint sein kann – einfach deshalb, weil ich mich zum Situationsansatz bislang nicht kritisch geäußert habe."[506]

Diese bislang noch nicht geübte Kritik holt Fthenakis dann nach. Zum einen durch die Formulierung eigener Kritikpunkte, zum anderen durch das rezipieren der Kritik von Tietze, Roßbach und Schäfer. Fthenakis' Hauptkritikpunkt ist dabei folgender:

„Das ist das größte Versäumnis des Situationsansatzes in den letzten 20 Jahren. Es wurde eine Theoriediskussion, wie sie der Ansatz selbst nahe legt, nicht geführt, und der Anschluss an die internationale Forschung wurde im Wesentlichen nicht gefunden."[507]

Als pädagogisches Konzept stellt der Situationsansatz somit auch für Fthenakis nicht das Optimum dar, er schreibt ihm viel eher eine ganz andere Rolle zu:

„Zweifellos hat die Auseinsandersetzung um den Situationsansatz eine Debatte über die Angemessenheit unseres Bildungskonzeptes motiviert und den Weg für diesbezügliche Überlegungen frei gemacht. Die bisherige weitgehend unreflektierte Umsetzung des Situationsansatzes und eine damit einhergehende individuelle Auslegung in der frühpädagogischen Praxis Deutschlands – bei fehlender Rezeption internationaler curricularer Entwicklungen – hat dazu geführt, dass längst fällige Reformen in der Bildung von Kindern unter sechs Jahren ausgeblieben sind und der Beliebigkeit freier Lauf gewährt wurde."[508]

Für Fthenakis hat jedoch nicht allein der Situationsansatz eine Reformierung des vorschulischen Bereichs nivelliert, sondern ebenso sind Versäumnisse von Wissenschaft und Politik [509] anzuführen. Er kreidet dieses Defizit somit auch nicht Zimmer an, sondern merkt an:

„Zimmer muss man Recht geben, wenn er seinen Kritikern zwar Lust an Kritik, aber konsistenten Mangel an Alternativen vorhält."[510]

Fthenakis übt somit vielmehr Kritik an allen deutschen Wissenschaftlern des frühpädagogischen Bereichs. Diese haben eine auf den Situationsansatz ausgerichtete defizitorientierte, aber nicht innovative Diskussion geführt. Die weitere Entwicklung im frühpädagogischen Bildungsbereich sollte, folgt

---

[506] Fthenakis in Fthenakis/Textor 2000, S. 115/116.

[507] Fthenakis in Fthenakis/Textor 2000, S. 122.

[508] Fthenakis in Fthenakis/Textor 2000, S. 128.

[509] Fthenakis in Fthenakis/Textror 2000, S. 128.

[510] Fthenakis in Fthenakis/Textor 2000, S. 128.

man Fthenakis, nicht allein am Situationsansatz orientiert bleiben. Lob spricht er in dieser Hinsicht gegenüber Laewen und Elschenbroich aus, die dies mit ihren Arbeiten[511] erkannt haben.[512]

Fthenakis denunziert somit nicht direkt den Situationsansatz, wie es primär bei Tietze, Roßbach und Schäfer der Fall ist, sondern schreibt ihm eher Mängel bei der praktischen Umsetzung zu, die vor allem auf eine mangelnde theoretische Diskussion zurückzuführen sind. Ihm gelingt es somit, einen eher parteilosen Kommentar abzuliefern, der auf die Versäumnisse aller Wissenschaftler im frühpädagogischen Bereich verweist – besonders hat er dabei die Wissenschaftler im Fokus, die Lehrstühle in diesem Bereich innehaben und seiner Ansicht nach in den vergangenen Jahren wohl mehr hätten leisten müssen, als eine permanente Kritik am Situationsansatz zu üben.

Hier tritt wieder ganz evident die Position zu Tage, die sich Fthenakis innerhalb des Diskurses zuschreibt. Denn er präsentiert durch seine Kritik eine deutlich überlegene Position den anderen Wissenschaftlern gegenüber.

Um abschließend noch einmal auf das Werk von Preissing zurückzukommen, so steht dies wohl repräsentativ für Unternehmungen, die zu einer Weiterentwicklung des Situationsansatzes beigetragen haben. Natürlich lassen sich damit nicht alle Kritikpunkte am Situationsansatz ausräumen. Aber es ist darauf zu verweisen, dass im Werk Preissings der individuelle Aspekt der kindlichen Bildung einen expliziten Ausdruck findet, so wird eine deutliche Sensibilität gegenüber den Selbst- und Weltdeutungen des Kindes proklamiert. Des weiteren werden konkrete Vorstellungen über das Bild vom Kind formuliert und theoretische Dimensionen herangezogen, die den konzeptionellen Grundsätzen einen Bezugsrahmen bieten. Die Qualitätskriterien bieten eine Basis, an der sich gute Praxis messen lässt und die Bildungsempfehlungen legen offen, dass der Situationsansatz mehr als ein Konzept darstellt, das auf soziales Lernen ausgerichtet ist, und nicht nur „die Regelung von sozialen Beziehungen"[513] intendiert. Natürlich nimmt das soziale Lernen weiterhin eine sehr starke Position ein, es zeigt sich aber auch, dass der Situationsansatz durchaus dem freien Spiel, der Fantasie und dem zweckfreien Interesse an der Sache gewogen ist.[514]

---

[511] Angesprochen sind hier die Projekte ‚Welt-Kenntnis und Lebens-Wissen der Siebenjährigen' (1997-1999, Elschenbroich) und ‚Zum Bildungsauftrag von Kindertageseinrichtungen' (1997-2000, Laewen).

[512] Vgl. Fthenakis in Fthenakis/Textor 2000, S. 129.

[513] Zimmer et al. 1997, S. 231.

[514] Darauf verweist auch bereits Zimmer in Fthenakis/Textor 2000, S. 101.

9.2 Der Situationsansatz im Kontrast zum Bildungskonzept von Laewen

Um seinen, in dieser Arbeit bereits erläuterten, Entwurf von Bildung und Erziehung und das ihm zugrundeliegende Bild vom konstruierenden Kind auf seine Stichhaltigkeit hin zu prüfen, wählt Laewen einen Vergleich mit dem Situationsansatz, ein Konzept, dass er selbst als vollkommen anders begründet bezeichnet.[515]

Und diese Unterschiede sind evident. So basiert Laewens Konzept wesentlich auf erkenntnistheoretischen, entwicklungspsychologischen und neurobiologischen Modellen, sowie auf Argumenten der Geschichte der Pädagogik. Der Situationsansatz hingegen stellt vor allem ein soziologisches und auf dem Entwurf vom richtigen Leben begründetes und damit moralisches Konzept dar.[516] Laewen identifiziert im Situationsansatz primär einen Werte-Kanon, dem er folgendes Lob zukommen lässt:

> „Der Situationsansatz besteht – aus meiner Sicht zu Recht – auf einem ‚Werte-Kanon‘, hinter den in Deutschland kein pädagogisches Konzept mehr zurückfallen darf, wenn Demokratie nicht zu einer Verfahrenstechnik zur Verteilung von Machtpositionen degenerieren soll."[517]

Bei einer Betrachtung des Bildungs- und Erziehungskonzepts konstatiert Laewen jedoch Mängel. So lässt sich für ihn keine explizite Abgrenzung zwischen den Begriffen Erziehung und Bildung finden. Da Bildung im Situationsansatz jedoch für Laewen eine Robustheit gegenüber legitimen, aber widersprüchlichen Bedürfnissen präsentiert, die zum einen der Überlieferung bedarf, zum anderen jedoch auf die Zukunft hin gerichtet ist,[518] hegt er große Sympathien für dieses Bildungskonzept. Dennoch identifiziert er im Situationsansatz auch die Tendenz der Annahme, Erziehung könne Bildungsprozesse zu gewünschten Zielen hin formen.

> „Hier werden anspruchsvolle Ziele beschrieben, vermutlich zukunftsfähig und legitimierbar, allemal, aber es sind die Ziele der älteren Generation mit Blick auf die jüngere, der Erwachsenen mit Blick auf die Kinder: Es sind Erziehungsziele in der Sprache unseres Projekts."[519]

---

[515] Vgl. Laewen/Andres 2002a, S. 208.

[516] Vgl. Laewen/Andres 2002a, S. 215.

[517] Laewen/Andres 2002a, S. 214.

[518] Vgl. Laewen/Andres 2002a, S. 217.

[519] Laewen/Andres 2002a, S. 217.

Er gesteht dem Situationsansatz jedoch zu, dass dieser die Subjektposition des Kindes eindeutig ins Zentrum stellt – zumindest dem Anspruch nach, denn der folgende Makel bleibt bestehen

> „... jedoch fehlt in diesem Zusammenhang der Hinweis auf die grundlegende Grenze erzieherischen Handelns ...".[520]

Laewens Vorschlag ist in diesem Kontext, das Bild des konstruierenden Kindes in den Situationsansatz zu integrieren und ganz dezidiert zwischen Erziehung als Tätigkeit von Erwachsenen und Bildung als Tätigkeit des Kindes zu differenzieren.[521]

Des Weiteren nimmt Laewen zwischen dem Situationsansatz und seinem Bildungskonzept einen Vergleich der Vorgehensweisen in der pädagogischen Praxis vor. Gut schneidet dabei die Orientierung des Situationsansatzes an Fragen der internen Organisation sowie der Einbindung in das regionale Umfeld ab. Damit wird, folgt man Laewen, der Notwendigkeit Rechnung getragen, gesellschaftliche Entwicklungen in Bezug auf die pädagogische Praxis zu reflektieren, denn „die Vorstellung einer auf sich allein gestellt arbeitenden Erzieherin in einem von gesellschaftlichen Entwicklungen unbeeinträchtigten ‚Kinderreservat'"[522] ist vollkommen absurd.

Laewen betrachtet es jedoch als kritisch, dass der Situationsansatz hinsichtlich der Subjekt-Welt-Relation, eher die Welt als das Subjekt in den Fokus rückt:

> „Es will uns scheinen, als ob über das Handlungskonzept des Situationsansatzes diese Relation zu Gunsten der Welt gewichtet würde."[523]

So wird beispielsweise im Rahmen des Situationsansatzes zwar betont, dass die Sichtweisen und Interessen des Kindes eine wesentliche Rolle im pädagogischen Handeln spielen müssen, die Notwendigkeit zur Überwindung eventueller Verständigungsbarrieren, die aus den, den Erwachsenen weitestgehend fremd gewordenen Prozessen der Wahrnehmung des Kindes resultieren, werden jedoch nicht thematisiert.[524] Ein Zitat von Schäfer, der in ähnlicher Hinsicht Kritik am Situationsansatz übt, scheint hier passend:

---

[520] Laewen/Andres 2002a, S. 218.

[521] Vgl. Laewen/Andres 2002a, S. 218.

[522] Laewen/Andres 2002a, S. 228.

[523] Laewen/Andres 2002a, S. 232.

[524] Vgl. Laewen/Andres 2002a, S. 232.

„Das Interesse des Situationsansatzes erreicht zwar das Subjekt an den Grenzen seiner individuellen Situation, aber nicht seine individuellen Denk- und Erfahrungsweisen selbst."[525]

Auch innerhalb der Identifikation von Schlüsselsituationen sieht Laewen diese Asymmetrie gegeben. So betrachtet er es zwar als positiv, dass die Erzieherin zur Konkretisierung ihres erzieherischen Handelns eine forschende Haltung einnimmt, d.h. Schlüsselsituationen in einem Diskurs mit anderen Personen auswählt und darauf bedacht ist, die Bedürfnisse, Interessen und Sinndeutungen der Kinder zu integrieren und damit den Kindern und ihrer Realität näher ist als Konzepte, die auf eine bloße Vermittlung von Kompetenzen zielen;[526] dennoch ermöglicht die Auswahl gesellschaftlich definierter Schlüsselsituationen als Fundament für die Festlegung von Erziehungszielen lediglich eine Zumutung von Themen, „jedoch nicht mehr die Interpretation der Antwort des Kindes darauf."[527] Laewen kritisiert somit, dass der Situationsansatz zwar ein Verfahren entwickelt hat, das systematisch Erziehungsziele und gesellschaftlich relevante Themen identifiziert und in dieser Hinsicht „vermutlich das Menschenmögliche"[528] leistet, dass jedoch für den umgekehrten Weg, d.h. für das Auffinden von Themen der Kinder und ihrer Beantwortung durch die Erzieherin, kein systematisches Vorgehen vorliegt.[529]

„Der Situationsansatz hat kein Verfahren zur Identifizierung von Schlüsselthemen oder Schlüsselsituationen von Kindern entwickelt, das sich auf das subjektive Erleben von Kindern, auf deren Konstruktion von Welt stützt und diese Informationen zum Ausgangspunkt weitergreifender Analysen bis hin zu Konzepten erzieherischen Handelns machen würde."[530]

Nebenbei sei angemerkt, dass dies ein Aspekt ist, an dem auch Schäfer ganz massiv Kritik übt. So bearbeitet der Situationsansatz für ihn nur mangelhaft, wie mit den individuellen Problemen und Problemzugängen der Kinder umgegangen werden sollte. Folgt man ihm, wecken die Zugangsweisen der Kinder nur ein episodisches Interesse.[531] Für ihn enthüllt sich dabei eine nur

---

[525] Schäfer (2004a) [online] [25.10.2006].

[526] Vgl. Laewen/Andres 2002a, S. 235.

[527] Laewen/Andres 2002a, S. 236.

[528] Laewen/Andres 2002a, S. 236.

[529] Vgl. Laewen/Andres 2002a, S. 236.

[530] Laewen/Andres 2002a, S. 237.

[531] Vgl. Schäfer (2004a) [online] [25.10.2006].

begrenzte Betrachtung der Sicht der Kinder und ihrer individuellen Situation:

> „Sie wird vorwiegend als Aufhänger für ein Problem gebraucht, welches dann in sachlicher Allgemeinheit pädagogisch aufklärend oder fördernd weitergetrieben wird und nicht auf individuell verschlungenen Pfaden."[532]

Laewen hat zugleich ein Beispiel an der Hand, dass dieses Defizit des Situationsansatzes auszugleichen vermag: die Reggio-Pädagogik. Innerhalb dieser nimmt die Dokumentation als Annäherung zu einem Verständnis des Kindes einen hohen Stellenwert ein. Ein Aspekt, der in den Situationsansatz integriert werden sollte.[533]

Für Laewen bietet die Auseinandersetzung mit dem Situationsansatz den Beweis dafür, dass das von ihm erarbeitet Bildungs- und Erziehungskonzept als Folie dienlich ist, um pädagogische Konzepte für den vorschulischen Bereich mit einem grundlegenden Bildungsentwurf, sowie auf die Stimmigkeit eines darauf bezogenen erzieherischen Handelns, zu untersuchen.[534]

> „Die Vorgaben des Modells haben es erlaubt, im Situationsansatz eine Lücke in der Konzeptualisierung seines Anspruchs aufzuspüren, Erziehungshandeln grundsätzlich auch an den subjektiven Situationsbedeutungen der Kinder zu orientieren."[535]

Generell fällt Laewens Prognose für den Situationsansatz als frühpädagogischem Theorieentwurf - natürlich vor dem Hintergrund der von ihm vorgeschlagenen Modifiaktionen - positiv aus. So stelle der Situationsansatz ein Konzept dar, dass seinem „entwickelten Verstehen von Bildung und Erziehung im Vorschulalter sehr nahe käme."[536]

Betrachtet man vor diesem Hintergrund erneut die aktuellen Ausführungen zum Situationsansatz, wie sie Preissing vorgenommen hat, lassen sich die Erweiterungsvorschläge Laewens weitestgehend wiederfinden.[537] So fällt auf, dass sie, genau wie Laewen, ihren Bildungsbegriff an Humboldt orien-

---

[532] Schäfer (2004a) [online] [25.10.2006].

[533] Vgl. Laewen/Andres 2002a, S. 239.

[534] Vgl. Laewen/Andres 2002a, S. 242/243.

[535] Laewen/Andres 2002a, S. 243.

[536] Laewen/Andres 2002a, S. 243.

[537] Damit soll jedoch nicht angedeutet werden, dass Preissing diese von Laewen übernommen hat. Denn es lassen sich weder im Werk ‚Qualität im Situationsansatz' noch im Berliner Bildungsprogramm literarische Verweise darauf finden.

tiert und daraus das Bild eines aktiven, sich die Welt aneignenden Kindes formuliert.[538]

Ganz bewusst werden weiterhin in einer „Wahlverwandtschaft"[539] Bezüge zur Reggio-Pädagogik hergestellt. So findet die von Laewen postulierte Dokumentation ihren Platz und verhilft dazu, nicht nur gesellschaftlich relevante Themen für die Kinder zur Bearbeitung bereitzustellen, sondern ganz explizit auch Themen aufzugreifen, die die Kinder bewegen und interessieren.[540] Damit folgt der Situationsansatz der Programmatik, das aktive Kind und seine Wahrnehmung und Deutung der Welt ins Zentrum von Bildungsprozessen zu rücken. Bildung trotzt damit ganz im Sinne Laewens einer bloßen Bedarfsorientierung.

---

[538] Vgl. Preissing 2003, S.41/42.

[539] Preissing 2003, S. 12.

[540] Vgl. Preissing 2003, S. 14.

10   Bildungspläne

Bildungspläne für den vorschulischen Bereich sollen vor allem eine Basis bieten, um die feudalen Strukturen im Bildungswesen zu überwinden.[541] Vor dem Hintergrund des hohen Stellenwerts frühkindlicher Bildung dienen sie als Orientierung und Unterstützung des Elementarbereichs als erster Stufe des Bildungssystems. Sie sind damit konstitutiv für eine Weiterentwicklung und Absicherung der Bildungsqualität in Kindertageseinrichtungen.[542] Dass sich die Bildungspläne jedoch durch alles andere als eine Konformität auszeichnen, zeigen die folgenden Ausführungen.

Im Laufe dieser Arbeit hat sich bereits angedeutet, dass die Kontroverse um Selbstbildung versus Ko-Konstruktivismus eng mit der Frage verbunden ist, inwieweit die Vermittlung von Kompetenzen als Aufgabe von Kindertageseinrichtungen fungieren sollte. Die in dieser Hinsicht differierenden Positionen offenbaren sich am deutlichsten in den Bildungs- und Erziehungsplänen. Da es im Rahmen dieser Arbeit nicht möglich ist, dezidiert alle Pläne zu behandeln, werde ich im folgenden zwei Pläne herausgreifen, deren Verfasser schon im Verlauf dieser Arbeit als deutliche Kontrahenten transparent geworden sind. Es handelt sich dabei zum einen um Fthenakis, der als Hauptverfasser des ‚Bayerischen Bildungs- und Erziehungsplans für Kinder in Tageseinrichtungen bis zur Einschulung‘ benannt werden kann, zum anderen um Schäfer, der maßgeblich den ‚Offenen Bildungsplan für Nordrhein-Westfalen‘ erarbeitet hat.

10.1 Der Bayerische Bildungs- und Erziehungsplan

Es scheint trivial zu erwähnen, dass Fthenakis seinen Bildungs- und Erziehungsplan auf der Grundlage seines Verständnisses von Bildung als Ko-Konstruktion generiert. So betitelt er den Bayerischen Bildungs- und Erziehungsplan als „Prototyp der von ihm vertretenen Philosophie von Ko-Konstruktion.“[543] Neben einer dezidierten Darlegung dieses Bildungsverständnisses wird gleich zu Beginn evident, was im Fokus des Bildungs- und Erziehungsplans steht: Der Erwerb von Kompetenzen. Fthenakis differen-

---

[541] Vgl. Fthenakis in Fthenakis/Oberhuemer 2004, S. 391.

[542] Vgl. Bayerisches Staatsministerium für Arbeit und Sozialordnung, Familie und Frauen/Staatsinstitut für Frühpädagogik München 2006, S. 20.

[543] Bayerisches Staatsministerium für Arbeit und Sozialordnung, Familie und Frauen/Staatsinstitut für Frühpädagogik München 2006, S. 12.

ziert dabei zwischen zehn Kompetenzbereichen, die eine konkretere Fassung der im Elementarbereich geläufigen Termini ‚Ich-Kompetenzen', ‚Sozialkompetenzen' sowie ‚Sachkompetenzen' darstellen.[544] Bildung wird dabei als lebenslanger Prozess aufgefasst und trägt somit vor allem den Anforderungen der Wissensgesellschaft Rechnung. Als Leitziele von Bildung fungieren folgende Aspekte[545]: Die Stärkung kindlicher Autonomie und sozialer Mitverantwortung, die Stärkung lernmethodischer Kompetenz und die Stärkung des kompetenten Umgangs mit Veränderungen und Belastungen. Auch hieran wird erneut deutlich, welch hoher Stellenwert dem Erwerb von Kompetenzen dediziert wird. Eine Prioritätensetzung, der Schäfer mehr als kritisch gegenübersteht. Für ihn orientieren sich die Bildungsziele des Bayerischen Bildungs- und Erziehungsplans vollkommen unreflektiert an den Werten einer globalen Wissensgesellschaft.[546]

„Die kleinen Kinder sind also die Träger einer Utopie für den Wandel der Gesellschaft."[547]

Dass die Absichten der Gesellschaft einen eindeutigen Platz innerhalb des Bayerischen Bildungs- und Erziehungsplans einnehmen, zeigt sich an dem folgenden Zitat. So merkt Fthenakis – selbstverständlich in positiveren Worten als sein Kritiker Schäfer – an:

„Dieser Plan fordert die pädagogischen Fachkräfte heraus, Brücken zwischen den Absichten der Gesellschaft und der Welt der Kinder zu bauen."[548]

Kompetenzen, die ihre Definition primär aus den gesellschaftlichen Anforderungen erhalten, fungieren somit bei Fthenakis evident als Bildungsziele – Laewen würde in dieser Hinsicht wohl von einer ‚bedarfsorientierten Bildung' sprechen.[549]

---

[544] Vgl. Bayerisches Staatsministerium für Arbeit und Sozialordnung, Familie und Frauen/Staatsinstitut für Frühpädagogik München 2006, S. 47.

[545] Vgl. Bayerisches Staatsministerium für Arbeit und Sozialordnung, Familie und Frauen/Staatsinstitut für Frühpädagogik München 2006, S. 26/27.

[546] Vgl. Schäfer (2005) [online] [10.02.2007].

[547] Schäfer (2005) [online] [10.02.2007].

[548] Bayerisches Staatsministerium für Arbeit und Sozialordnung, Familie und Frauen/Staatsinstitut für Frühpädagogik München 2006, S. 38.

[549] Vgl. Laewen/Andres 2002a, S. 40.

Fthenakis postuliert vor allem die Stärkung der lernmethodischen Kompetenz, ein ‚Lernen des Lernens'[550], ein Aspekt, den Schäfer als besonders bedenklich betrachtet. Denn dieses verbindet sich für ihn zwangsläufig mit einem systematisierten und institutionalisierten Vorgehen und richtet sich somit gleichzeitig gegen informelle und offene Formen des Lernens.[551] Da die Antwort auf den gesellschaftlichen Bildungsbedarf im Bayerischen Bildungs- und Erziehungsplan, folgt man Schäfer, nicht hinreichend hinterfragt wird, avanciert das frühkindliche Lernen zu einer Instruktion und Bildung geht vor allem in klaren und überprüfbaren Zielen auf.[552] Im Laufe dieser Arbeit ist bereits deutlich geworden, wie kritisch Schäfer einem solchen Bildungsverständnis gegenübersteht. Für ihn stellt der Bayerische Bildungs- und Erziehungsplan ganz eindeutig einen Instruktionsansatz dar. So merkt er an:

„Es scheint als dominiere in der praktischen Umsetzung des Bayerischen Bildungs- und Erziehungsplans ein Bildungsverständnis, das vorwiegend durch den Erwerb von Kompetenzen in institutionalisierten und systematisch strukturierten Lernarrangements – also von Instruktionsvorstellungen geprägt ist.“[553]

Dass dies jedoch nicht Intention von Fthenakis ist, zeigt sich an dessen Versuch, eine Überwindung des Gegensatzes von spiel- und instruktionsorientierten Lernansätzen zu proklamieren. Das Spiel als ureigenste Ausdrucksform des Kindes ermöglicht dem Kind demnach ein Hineinwachsen in die Gesellschaft, den Erwerb von Kompetenzen sowie die Entwicklung einer eigenen Identität.[554] Als Grundlagen elementarer Bildungsprozesse identifiziert Fthenakis informelle Lernformen wie sinnliche Wahrnehmung, Bewegung und Spiel sowie einen kommunikativen Austausch – alles somit ganz im Sinne Schäfers. Allerdings merkt Fthenakis aber zugleich an, dass kein Kind nur spielen will.[555] Demnach muss sich mit der Höhergewichtung des elementaren Bildungsauftrags das beiläufige Lernen des Kindes beim Spiel zu einem spielerischen Lernen hin entwickeln, dem zugleich mehr systema-

---

[550] Vgl. Bayerisches Staatsministerium für Arbeit und Sozialordnung, Familie und Frauen/Staatsinstitut für Frühpädagogik München 2006, S. 27.

[551] Vgl. Schäfer (2005) [online] [10.02.2007].

[552] Vgl. Schäfer (2005) [online] [10.02.2007].

[553] Schäfer (2005) [online] [10.02.2007].

[554] Vgl. Bayerisches Staatsministerium für Arbeit und Sozialordnung, Familie und Frauen/Staatsinstitut für Frühpädagogik München 2006, S. 30/31.

[555] Vgl. Vgl. Bayerisches Staatsministerium für Arbeit und Sozialordnung, Familie und Frauen/Staatsinstitut für Frühpädagogik München 2006, S. 32.

tische Begleitung, sowie didaktische Aufbereitung zuteil wird. Fthenakis lehnt das Freispiel des Kindes somit nicht ab, macht jedoch ganz deutlich klar, dass dieses in einem angemessenen Verhältnis zu initiierten Lernaktivitäten stehen muss.[556] Spielen und Lernen sind dabei keine Gegensätze, sondern „zwei Seiten derselben Medaille".[557] Lernprozesse sollen dabei mit den Interessen, Zielen und Absichten des lernenden Kindes in Verbindung gebracht werden, wobei soziale und individuelle Formen des Lernens Hand in Hand gehen. Den Pädagogen und Kindern kommt die Aufgabe zu, Bildungsziele und Lerninteressen sozial zu teilen und nach Wegen zu suchen, um zu einer Übereinstimmung zu gelangen.[558] Lernprozesse werden dabei nicht als eine bloße Wissensaneignung verstanden, „sondern als aktive und kooperative Formen der Wissenskonstruktion und des Kompetenzerwerbs."[559] Fthenakis sieht darin eine neue Sichtweise von Bildung und Lernen, die ihm zugleich die Möglichkeit offeriert, eine implizite Kritik an Schäfer zu üben. So merkt er an:

> „Moderne Lerntheorien und -ansätze verwerfen die herkömmlichen Vorstellungen eines Wissenstransfers von Lehrenden zu Lernenden und von Bildung als primären Selbstbildungsprozess."[560]

Diese neue Sichtweise von Bildung evoziert für Schäfer jedoch nur Widersprüche. So liegt dem Bayerischen Bildungs- und Erziehungsplan, seiner Ansicht nach, zwar ein postmodernes Bild vom Kind zugrunde, dass das Kind eindeutig als kompetentes Wesen und Subjekt im Bildungsprozess betrachtet, dieses wird jedoch nicht in die Praxis umgesetzt,[561] sondern vielmehr von einem „institutionalisierten Instruktionsverständnis verdrängt."[562] Schäfer äußert sich dazu wie folgt:

---

[556] Vgl. Bayerisches Staatsministerium für Arbeit und Sozialordnung, Familie und Frauen/Staatsinstitut für Frühpädagogik München 2006, S. 32.

[557] Vgl. Bayerisches Staatsministerium für Arbeit und Sozialordnung, Familie und Frauen/Staatsinstitut für Frühpädagogik München 2006, S. 31.

[558] Vgl. Bayerisches Staatsministerium für Arbeit und Sozialordnung, Familie und Frauen/Staatsinstitut für Frühpädagogik München 2006, S. 31/32.

[559] Bayerisches Staatsministerium für Arbeit und Sozialordnung, Familie und Frauen/Staatsinstitut für Frühpädagogik München 2006, S. 32.

[560] Bayerisches Staatsministerium für Arbeit und Sozialordnung, Familie und Frauen/Staatsinstitut für Frühpädagogik München 2006, S. 31.

[561] Vgl. Schäfer (2005) [online] [10.02.2007].

[562] Schäfer (2005) [online] [10.02.2007].

„Man kann auch auf zwei Hochzeiten tanzen: Auf der einen Seite postmodern, die Autonomie des Individuums preisen, das Lob der Differenz singen, von Ko-Konstruktion auf gleicher Ebene sprechen und auf der anderen Seite, wenn es um die praktische Umsetzung geht, Instruktionspädagogik betreiben."[563]

Als besonders problematisch betrachtet Schäfer die Tatsache, dass Bildung anscheinend mit der Vermittlung und dem Erwerb von Kompetenzen gleichgesetzt wird, wobei der Kompetenzbegriff keine definierte Fassung erfährt, sondern zu einer Floskel avanciert. So existiert eine Vielzahl von Kompetenzen, exemplarisch seien hier Basiskompetenzen, Orientierungskompetenzen und lernmethodische Kompetenzen angeführt.[564] Schäfer merkt dazu an:

„Der Instruktionsansatz in der Version des IFP demonstriert die Schwäche und die Beliebigkeit des Kompetenzbegriffs durch seinen inflationären Gebrauch."[565]

Eine weitere Schwäche des Bildungsbegriffs im Bayerischen Bildungs- und Erziehungsplan identifiziert Schäfer in der scheinbar synonymen Verwendung des Bildungsbegriffs für sämtliche Dinge, die mit Lernen zu tun haben.[566] Für Schäfer wählt Fthenakis damit ein Vorgehen, dass dieser selbst in Bezug auf Laewen denunziert hat. Und so stellt er sich in gewisser Weise auf die Seite Laewens und erinnert er an folgende Kritik Fthenakis:

„Wenn man einbezieht, dass Fthenakis noch 2001, anlässlich der Präsentation der Ergebnisse des INFANS-Projekt: „Zum Bildungsauftrag in Kindertageseinrichtungen" in Berlin, ausdrücklich gegen den Bildungsbegriff Stellung bezogen hat – er sei schwammig und als eine rein deutsche Diskussion international nicht vermittelbar – fragt man sich, was der Grund sein könnte, den Bildungsbegriff ungleichsam flächendeckend für alle Formen von Lernprozessen zu verwenden?"[567]

Für Schäfer bleibt der Bildungsbegriff im Bayerischen Bildungs- und Erziehungsplan eindeutig unscharf und trägt den Charakter eines vagen Sammelbegriffs. Wobei vor allem der Eigenanteil des Kindes an seiner Bildung nicht thematisiert wird.[568]

„Wenn also der Eigenanteil des Subjekts an seinem Bildungsprozess weder theoretisch diskutiert, noch praktisch umgesetzt wird, fehlt dem Bayerischen Bil-

---

[563] Schäfer (2005) [online] [10.02.2007].

[564] Vgl. Schäfer (2005) [online] [10.02.2007].

[565] Vgl. Schäfer (2005) [online] [10.02.2007].

[566] Vgl. Schäfer (2005) [online] [10.02.2007].

[567] Schäfer (2005) [online] [10.02.2007].

[568] Vgl. Schäfer (2005) [online] [10.02.2007].

dungs- und Erziehungsplan das zentrale Bestimmungsstück eines Bildungsansatzes."[569]

Anstelle eines klar definierten Bildungsbegriffs, kommen für Schäfer lediglich Vorstellungen einer planmäßigen Instruktion zum Ausdruck.

„Kinder werden instruiert und dürfen sich an dieser Instruktion beteiligen, wenn sie das machen, was man ihnen zu tun vorschlägt."[570]

Definiert man Bildung als einen Instruktionsprozess, geht für Schäfer damit eindeutig das Spezifische des Bildungsbegriffs verloren: Die Berücksichtigung der Autonomie und der individuellen Eigentätigkeit des Kindes.[571] Letzterer scheint generell nur durch einen Selbstbildungsansatz gebührend Rechnung getragen werden zu können.[572]

Nun stellt sich die Frage, ob Fthenakis die Vermittlung von Kompetenzen wirklich auf einem reinen Instruktionsansatz konstituiert und die Eigentätigkeit des Kindes unberücksichtigt bleibt. Dazu ist anzumerken, dass Fthenakis das Erwachsenen-Kind-Verhältnis eindeutig von einer „kompetenzorientierten Grundhaltung"[573] geprägt betrachtet. Dennoch nehmen die Erwachsenen innerhalb dieser Konstellation keine Expertenrolle ein, denn Lernprozesse werden stets gemeinsam getragen.[574]

„Kinder werden zu Mitgestaltern ihrer Lernprozesse und zu aktiven Ko-Konstrukteuren ihres Wissens und Verstehens."[575]

Bildung findet somit stets in einem ko-konstruktiven Prozess statt, an dem sich Erwachsene und Kinder aktiv beteiligen.

Aber auch hier übt Schäfer erneute Kritik, denn auch den Begriff der Ko-Konstruktion sieht er als nicht hinreichend erläutert an und gänzlich unkompatibel für einen Instruktionsansatz – den der Bayerische Bildungs- und Erziehungsplan für ihn ja eindeutig darstellt. So beschreibt der Terminus der Ko-Konstruktion generell die Kooperation von gleichwertigen Partnern. Ein

[569] Schäfer (2005) [online] [10.02.2007].

[570] Schäfer (2005) [online] [10.02.2007].

[571] Vgl. Schäfer (2005) [online] [10.02.2007].

[572] Vgl. Schäfer (2005) [online] [10.02.2007].

[573] Bayerisches Staatsministerium für Arbeit und Sozialordnung, Familie und Frauen/Bayerisches Staatsinstitut für Frühpädagogik München 2006, S. 35.

[574] Bayerisches Staatsministerium für Arbeit und Sozialordnung, Familie und Frauen/Bayerisches Staatsinstitut für Frühpädagogik München 2006, S. 35.

[575] Bayerisches Staatsministerium für Arbeit und Sozialordnung, Familie und Frauen/Bayerisches Staatsinstitut für Frühpädagogik München 2006, S. 32.

Instruktionsansatz hingegen geht automatisch von einem Ungleichgewicht aus „einer weiß, ein anderer nicht".[576] Folgt man dem Sozialkonstruktivismus, entsteht die Bedeutung von Dingen in einem Interaktionsprozess, in dem die Bedeutung der Dinge aus einer sozialen Übereinkunft abgeleitet wird. Für Schäfer bleibt damit offen, worin die ko-konstruktive Tätigkeit des Kindes besteht.

> „… denn wenn der individuelle Sinn nur aus der sozialen Übereinkunft abgeleitet wird, braucht das Kind nur nachzukonstruieren, was ihm vorkonstruiert wird."[577]

Fthenakis verweist jedoch darauf, dass Kinder am besten lernen, wenn sie an ihren Lernprozessen aktiv beteiligt sind und möglichst viel selbst denken und experimentieren dürfen.[578]

> „Hier kommt der Grundsatz zum Tragen: „Zeige mir und ich erinnere. Lass es mich selbst tun und ich verstehe."[579]

Fthenakis orientiert sich somit nicht ausschließlich an einer Instruktion der Kinder, sondern spricht ihnen eine aktive Rolle zu. Natürlich ist dabei das Ziel der Bildung – mit dem Erwerb von Kompetenzen – eindeutig festgelegt.

Besonders störend empfindet Schäfer in diesem Kontext den Terminus der Metakognition. Fthenakis beschreibt damit die Fähigkeit des Kindes, über das eigene Lernen nachzudenken. Erworben wird diese Fähigkeit vor allem durch eine gezielte Moderation von Lernprozessen.[580] Schäfer merkt dazu an:

> „Das metakognitive Kind ist ein Kind, das offensichtlich zu allem angeleitet werden muss. Wo bleibt hier das kompetente Kind, sein Ideenreichtum, seine Neugier, sein Forschergeist, also die Eigenschaften des Kindes, die eine postmoderne Position ausmachen?"[581]

Für ihn werden beim Lernen des Lernens die vielfältigen Wahrnehmungs-, Ausdrucks-, Gestaltungs- und Denkweisen des Kindes ausgeblendet. Fthe-

---

[576] Schäfer (2005) [online] [10.02.2007].

[577] Schäfer (2005) [online] [10.02.2007].

[578] Vgl. Bayerisches Staatsministerium für Arbeit und Sozialordnung, Familie und Frauen/Staatsinstitut für Frühpädagogik München 2006, S. 30.

[579] Bayerisches Staatsministerium für Arbeit und Sozialordnung, Familie und Frauen/Staatsinstitut für Frühpädagogik München 2006, S. 30.

[580] Vgl. Bayerisches Staatsministerium für Arbeit und Sozialordnung, Familie und Frauen/Staatsinstitut für Frühpädagogik München 2006, S. 27.

[581] Schäfer (2005) [online] [10.02.2007].

nakis generiert damit das Bild eines armen Kindes, „das einer Vielzahl seiner Lern- und Verarbeitungsmöglichkeiten beraubt wurde."[582]

Jedoch auch Fthenakis betont, dass sich Lernprozesse am idealsten vollziehen, wenn vielseitige, bereichsübergreifende Zugangsweisen vorhanden sind und Kindern die Möglichkeit geboten wird, mit allen Sinnen zu lernen.[583] So sollen auch sämtliche Themen, die letztlich den Ausgangspunkt für Lernprozesse bilden, an den Sichtweisen und der Lebenswelt der Kinder anknüpfen. Lernen wird dabei als Bestandteil der gesamten Erfahrungswelt des Kindes aufgefasst.[584] Fthenakis fokussiert somit keinesfalls ein Kind, dass lediglich durch systematische Instruktionen zu einem ‚Bündel von Kompetenzen' avanciert. Natürlich ist in seinem Bildungsansatz eine größere Systematik der Gestaltung von Lernprozessen zu konstatieren als bei Schäfer, der sich ganz dezidiert gegen den Kompetenzbegriff, sowie gegen jegliche Instruktion ausspricht.

Ich möchte nun im Folgenden einen kurzen Einblick in den offenen Bildungsplan für Nordrhein-Westfalen bieten, um zu verdeutlichen, wie unterschiedlich Bildungspläne, die doch eigentlich das feudale System überwinden sollten, sein können.

10.2 Der offene Bildungsplan für Kindertageseinrichtungen in Nordrhein-Westfalen

Schäfers Bildungsverständnis spiegelt sich zugleich im Titel des Bildungsplans wider. So trägt dieser den Beisatz: ‚Bildung beginnt mit der Geburt'.

Und auch gleich zu Beginn seines Werkes wird deutlich, dass Schäfer sich ganz explizit von dem Ausgangspunkt distanziert, den er beim Bayerischen Bildungs- und Erziehungsplan identifiziert hat. So stellt er seinen Bildungsplan den politischen Aktionismus entgegen, der sich als Reaktion auf die PISA-Studie generiert hat. Denn dieser hat Vorstellungen von kindlicher Bildung hervorgebracht, die Schäfer wie folgt beschreibt:

> „Kinder sind defizitäre Wesen, und es sind die pädagogischen Anstrengungen, vielleicht ein wenig spielerisch eingekleidet, wenn es um die Kleinsten geht, die

---

[582] Schäfer (2005) [online] [10.02.2007].

[583] Vgl. Bayerisches Staatsministerium für Arbeit und Sozialordnung, Familie und Frauen/Staatsinstitut für Frühpädagogik München 2006, S. 30.

[584] Vgl. Bayerisches Staatsministerium für Arbeit und Sozialordnung, Familie und Frauen/Staatsinstitut für Frühpädagogik München 2006, S. 70/71.

sie zu kompetenten Wesen machen – als ob man Kompetenzen von einem Kopf in einen anderen füllen könnte."[585]

Schäfer vergleicht ein solches Modell mit einem „Warentransport"[586] und sieht es als gänzlich ungeeignet an, um Verbesserungen im Bildungsbereich zu erwirken.

Auch eine Adaption schulischer Methoden auf den vorschulischen Bereich, die er ja in gewisser Weise auch dem Bayerischen Bildungs- und Erziehungsplan inhärent sieht, denunziert Schäfer und merkt in diesem Kontext recht provokativ an:

> „Wenn die PISA-Studie den Schulen bescheinigt, dass sie nicht in der Lage sind, soziale Benachteiligung ausreichend zu berücksichtigen und auszugleichen; wenn es ihnen nicht gelingt, Neugier und produktives Problemlösen zu unterstützen, ist es wohl der falsche Schluss, schulische Methoden nun auch in den Bereich vor der Schule einzuführen, um die Defizite schulischen Lernens zu kompensieren."[587]

Schäfer plädiert völlig gegensätzlich zu den oben beschriebenen Positionen dafür, dass Bildung ihren Ausgangspunkt an dem wählen muss, was Kinder können. Bei frühkindlicher Bildung geht es somit primär darum, die Neugier des Kindes anzusprechen und seine Interessen und Denkansätze ins Zentrum zu stellen. Er verweist somit wieder, gemäß seiner Position, auf die kindliche Selbstbildung und grenzt sie von einem Vorgehen ab, dass lediglich auf die Ausbildung kindlicher Kompetenzen abzielt.[588] Ganz im Gegensatz zu Fthenakis hegt er somit starke Aversionen gegenüber dem Kompetenzbegriff, der seiner Ansicht nach stets von einem Defizit-Ansatz ausgeht.[589] Zudem scheint es für Schäfer unmöglich, die kindlichen Alltagserfahrungen nach den ihnen inhärenten Kompetenzen aufzugliedern, da in den alltäglichen Erfahrungen der Kinder stets diverse Bereiche und Fähigkeiten zugleich angesprochen werden.[590]

Roßbach merkt zu dieser Orientierung Schäfers folgendes an:

> „Kinder entwickeln sehr früh Kompetenzen, die wir durch Unterstützung weiterentwickeln, zur Entfaltung bringen wollen – wo ist da ein Defizit? Wenn wir von

---

[585] Schäfer 2003, S. 11.

[586] Schäfer 2003, S. 12.

[587] Schäfer 2003, S. 12.

[588] Vgl. Schäfer 2003, S. 25.

[589] Vgl. Roßbach (2005) [online] [31.01.2007].

[590] Vgl. Roßbach (2005) [online] [31.01.2007].

kindlichen Kompetenzen sprechen, dann sprechen wir auch davon, was Kinder (schon) können."[591]

Des Weiteren verweist Roßbach darauf, dass es sich bei der Aufgliederung in kognitive, soziale, ästhetische, moralische und emotionale Kompetenzen lediglich um eine analytische Unterscheidung handelt. Denn natürlich ist auch den anderen Wissenschaftlern der Frühpädagogik klar, dass Kinder für ihr Handeln in Tageseinrichtungen mehrere Kompetenzen zugleich benötigen.[592] So verweist auch Fthenakis, trotz seiner minutiösen Aufgliederung in einzelne Kompetenzbereiche, darauf, dass sich Lernen stets ganzheitlich vollzieht.[593]

Von Roßbach und ungewollt auch von Laewen (vgl. Kapitel 8.2) haben wir gelernt, dass auch die frühkindliche Bildung nicht ohne Bildungsziele auskommt. Was aber nun sind die Bildungsziele bei Schäfer, wenn nicht Kompetenzen? Er differenziert zwischen vier Dimensionen von Bildungszielen, die es in Kindertageseinrichtungen zu verwirklichen gilt:[594]

1. Die Entwicklung der Persönlichkeit. In diesem Ziel offenbart sich ganz evident, dass der Begriff der Bildung mehr umfasst, als die Aneignung von Wissen und Fertigkeiten. So sollen die Entwicklung von Identität und Selbstbewusstsein ein konstitutives Element der Bildungsbemühungen darstellen.

2. Das Ausschöpfen von Selbstbildungspotenzialen. Mit diesem Ziel verbindet sich das Postulat, an den Interessen und Fragen der Kinder anzuknüpfen und so ihr gegebenes Forschungsinteresse zu diversifizieren. Den Erzieherinnen kommt dabei die Aufgabe zu, die dafür erforderlichen Angebote und Rahmenbedingungen zu schaffen.

3. Die Vorbereitung auf zukünftige Lebenssituationen. Dieses Ziel umfasst zum einen die Vorbereitung auf eine sachliche Zukunft, d.h. auf zukünftige Lern- und Lebensaufgaben, zum anderen die Vorbereitung auf eine soziale Zukunft, d.h. letztendlich auf eine Teilhabe an der Gesellschaft.

---

[591] Roßbach (2005) [online] [31.01.2007].

[592] Vgl. Roßbach (2005) [online] [31.01.2007].

[593] Vgl. Bayerisches Staatsministerium für Arbeit und Soziales, Familie und Frauen / Staatsinstitut für Frühpädagogik München 2006, S. 30.

[594] Vgl. Schäfer 2003, S. 107-109.

4. Der Ausgleich von Benachteiligungen. Dies kann, folgt man Schäfer, wesentlich durch einen Bildungsansatz erfolgen, der seinen Orientierungspunkt an den jeweils gegebenen individuellen Voraussetzungen hat.

Die oben genannten Bildungsziele finden ihre Umsetzung vor allem in den vier Bildungsbereichen Bewegung; Spielen und Gestalten, Medien; Sprache(n), Natur und kulturelle Umwelt(en).[595] Und hier zeigt sich, dass ähnlich wie bei Laewen, implizit Kompetenzen des Kindes integriert werden. So bieten zum Beispiel sämtliche Bildungsbereiche Anlässe für eine Anregung des naturwissenschaftlich-mathematischen Denkens oder die Förderung der sprachlichen Kompetenz.[596]

Diesen Aspekt identifiziert auch Roßbach innerhalb der Ausführungen von Schäfer, denn er merkt an:

„Zudem betont Schäfer Sinnensschulung, emotionale Wahrnehmung, Spracherwerb, Ausbildung zwischenmenschlicher Beziehungen, das Kennen lernen kultureller Muster und Entwicklung von Weltbildern – aber das ist doch auch ein Erwerb von Kenntnissen und Kompetenzen.“[597]

Natürlich vollzieht sich der Erwerb von Kompetenzen bei Schäfer primär akzidentiell und weniger intendiert als bei Fthenakis. Denn während Fthenakis auf eine Verknüpfung von Spiel und initiierten Lernaktivitäten setzt,[598] lautet die These bei Schäfer:

„Im Vorschulalter lernen Kinder – in der Regel – nur, indem sie spielen, also etwas aus freien Stücken und von sich aus tun.“[599]

Und so ist auch die Rolle der Erzieherin ganz klar festgelegt – sie fungiert als eine Unterstützerin der kindlichen Selbstbildungsprozesse, wobei ihre professionelle Einstellung vor allem dadurch gekennzeichnet ist, der Eigentätigkeit des Kindes einen größtmöglichen Raum zu bieten.[600] Schäfer fasst die von ihr geforderten Handlungskompetenzen wie folgt zusammen:

---

[595] Vgl. Schäfer 2003, S. 140.

[596] Vgl. Schäfer 2003, S. 144ff.

[597] Roßbach (2005) [online] [31.01.2007].

[598] Vgl. Bayerisches Staatsministerium für Arbeit und Soziales, Familie und Frauen /Staatsinstitut für Frühpädagogik München 2006, S .32.

[599] Schäfer 2003, S. 157.

[600] Vgl. Schäfer 2003, S. 110ff.

„Wahrnehmen, Aushalten, Verständigung und Verstehen, interessiertes Begleiten, Anregen, Herausfordern ...".[601]

Die Selbstbildung des Kindes kann somit nur vor dem Hintergrund eines
professionellen pädagogischen Handelns und einer minuziösen Wahrnehmung der Bildungswege des Kindes realisiert werden.

Eine weitere relevante Voraussetzung für das Bildungsgeschehen sieht
Schäfer in der Raumgestaltung gegeben. Sie soll durch eine sinnesanregende
Gestaltung vor allem die Neugierde und den Forschungsdrang des Kindes
anregen. Folgendes Zitat verdeutlicht, dass die Rolle der Erzieherin und die
Gestaltung der Umgebung des Kindes, in einem sich komplementierenden
Zusammenhang stehen, wenn es darum geht, Selbstbildungsprozesse zu
ermöglichen:

> „Es wurde deutlich, dass die Kinder bei zunehmender Zurückhaltung der Erzie-
> herinnen auf eine vielfältige, sinnesanregende, herausfordernde Umgebung an-
> gewiesen sind."[602]

Der Raum fungiert in Anlehnung an die Reggio-Pädagogik, die Schäfer zumindest praktisch als „vorbildliches" Konzept für die frühkindliche Bildung
betrachtet,[603] als ‚Dritter Erzieher'[604]; so formuliert die Erzieherin durch die
Raumgestaltung die Bildungsaufgaben nicht verbal, sondern lässt die Materialien ‚sprechen.'[605]

Schäfer fasst die Erzieherin somit vor allem selbst als Lernende auf,[606] da
ihre Hauptaufgabe darin besteht, die Eigenwege des Kindes bei seiner Bildung aufzufassen und sich darum zu bemühen, diese zu verstehen. Er merkt
in diesem Kontext an:

> „Erzieherinnen müssen zunächst die Eigentätigkeit erkennen; sie müssen ertra-
> gen, dass Kinder eigene Wege gehen, auch wenn diese Wege nicht den Vorstel-
> lungen der Erzieherinnen entsprechen."[607]

Demgegenüber lässt sich bei Fthenakis ein differierendes Erzieherinnen-
Kind-Verhältnis konstatieren. Dieses ist, wie bereits erwähnt, vor allem von
einer kompetenzorientierten Grundhaltung getragen und setzt auf eine sys-

---

[601] Schäfer 2003, S. 112.

[602] von der Beek et al. 2006, S. 34.

[603] Schäfer 2005, S. 25.

[604] Vgl. Knauf (2005) [online] [19.10.2006].

[605] Vgl. Schäfer 2003, S. 118.

[606] Vgl. Schäfer 2003, S. 111.

[607] Schäfer 2003, S. 111.

tematischere Gestaltung der Lernprozesse des Kindes, die zu einer Optimierung früher Bildungsprozesse beitragen soll.[608] Natürlich betont auch Fthenakis, wenn auch nicht in einem so weiten Rahmen wie Schäfer, dass Bildungsprozesse ihren Ausgangspunkt beim Kind nehmen sollen. Demnach ist die Erzieherin dazu aufgefordert, den Ideen, Theorien und dem Weltverständnis des Kindes Aufmerksamkeit zu schenken.[609] Kinder sind dabei eindeutig Mitgestalter ihrer Lernprozesse, wobei die Grenzen zwischen Lernen und Lehren verwischen.[610] Bildung scheint bei Fthenakis generell ein wesentlich kommunikativerer und sich in einer stärkeren Zusammenarbeit vollziehender Prozess zu sein, als dies bei Schäfer der Fall ist – und folgt man Fthenakis, ist dies der eindeutig effektivere. So merkt er an:

„Ko-Konstruktion erweitert das Verständnis- und Ausdrucksniveau in allen Entwicklungsbereichen des Kindes und erzielt bessere Lerneffekte als selbst entdeckendes Lernen oder die individuelle Konstruktion von Bedeutung."[611]

Während Schäfer somit vor allem den Orientierungspunkt für Bildung nahezu ausschließlich beim Kind setzt, an dessen Selbstbildungstätigkeit sich die Erzieherin zu orientieren hat, wählt Fthenakis eine gezielte Zusammenarbeit von Kind und Erzieherin, bei der die Erzieherin zwar nicht als alleinige Expertin fungiert, aber dennoch größere Interventionsmöglichkeiten besitzt und diese auch gezielt anwenden soll. Während sich Bildung bei Schäfer somit primär akzidentiell vollzieht, lässt sich bei Fthenakis von einem wesentlich intendierteren Prozess sprechen.

Die obigen Ausführungen belegen somit, dass sich bei den Bildungs- und Erziehungsplänen ein ebenso konträres Bild zeigt, wie dies generell bei den Bildungskonzeptionen für den frühpädagogischen Bereich zu konstatieren ist. Ein übereinstimmendes Bildungsverständnis für Kinder in Tageseinrichtungen von Schleswig-Holstein bis Bayern erscheint somit momentan noch als Utopie.

---

[608] Vgl. Bayerisches Staatsministerium für Arbeit und Sozialordnung, Familie und Frauen / Staatsinstitut für Frühpädagogik München 2006, S. 35 u. 427.

[609] Vgl. Bayerisches Staatsministerium für Arbeit und Sozialordnung, Familie und Frauen / Staatsinstitut für Frühpädagogik München 2006, S. 427.

[610] Vgl. Bayerisches Staatsministerium für Arbeit und Sozialordnung, Familie und Frauen / Staatsinstitut für Frühpädagogik München 2006, S. 32.

[611] Bayerisches Staatsministerium für Arbeit und Sozialordnung, Familie und Frauen / Staatsinstitut für Frühpädagogik München 2006, S. 428.

10.3 Kritik an den Bildungsplänen

Wie bereits eingangs erwähnt, wird mit den Bildungsplänen eine Überwindung der feudalen Strukturen im vorschulischen Bildungssystem intendiert.[612] Ebenfalls dienen sie als Instrumentarium, um zu einer adäquaten Realisierung des Bildungsauftrags des Kindergartens zu kommen. Diese Absichten klingen positiv, dennoch gibt es zumindest einen Vertreter im wissenschaftlichen Bereich der Frühpädagogik, der den Bildungsplänen generell kritisch gegenübersteht: Ludwig Liegle. So stellt sich ihm die Frage:

„Warum bedarf es einer so starken und ausführlichen Kodifizierung der Bildungskulturen im Kindergarten?"[613]

Für ihn stellt sich die Vielfalt von Bildungskulturen, die besonders seit PISA eine noch stärkere Ausdifferenzierung erfahren hat, als positiv dar. Mit Blick auf die Geschichte der vorschulischen Erziehung betrachtet Liegle es als vollkommen überflüssig eine neue Bildungskultur ‚erfinden' zu müssen, da eine Vielfalt von Bildungskulturen längst gegeben ist.[614] Er plädiert aus diesem Grund für Rahmenrichtlinien und einer kurzen Beschreibung von Bildungszielen und –bereichen, die jedoch keinen 90-seitigen Umfang haben müssen – exemplarisch führt er hier das Bildungsprogramm Berlins an – sondern sich vielmehr an einem 10-seitigen Curriculum orientieren sollten wie es beispielsweise Schweden liefert.[615]

Eine positive Funktion schreibt er den Bildungsplänen aber dennoch zu: so stellen sie wohl die einzige Möglichkeit dar, um in Sachen Bildung im Kidergarten zu einer „Explosion"[616] zu gelangen.

Im Zusammenhang mit den Bildungsplänen gibt es jedoch noch einen weiteren, inhaltlichen Aspekt, dem Liegle ganz dezidiert Kritik zukommen lässt und der bereits bei Schäfer zu Unbehagen geführt hat: der Vermittlung lernmethodischer Kompetenzen. Diese identifiziert er vor allem im Berliner Bildungsprogramm, das unter anderem von Preissing erarbeitet wurde, stärker jedoch noch im Bayerischen Bildungs- und Erziehungsplan.

---

[612] Ich habe bereits kurz zuvor darauf verwiesen, dass dies bislang noch eine Utopie zu sein scheint.

[613] Liegle 2003, S. 18.

[614] Vgl. Liegle 2003, S. 17/18.

[615] Vgl. Liegle 2003, S. 18.

[616] Vgl. Liegle 2003 S. 18.

„Es sind Erwartungen, Kinder sollten ein Bewusstsein ihres Lernens entwickeln, ihr Lernen solle reflexiv werden, Kinder sollten eintreten in das Lernen des Lernens. Und hier setzen meine Fragen an.“[617]

Diese ‚Fragen‘ bzw. Kritikpunkte lassen sich wie folgt zusammenfassen. So verweist Liegle darauf, dass lernmethodische Kompetenzen nicht vermittelt werden können, sondern angeeignet werden. Zugleich stellt sich ihm die Frage, ob es denn gut sei, Erzieherinnen zur ‚Vermittlung‘ solcher Fähigkeiten heranzuziehen.[618] Als negierende Antwort zieht er Befunde der Hirnforschung heran, die darauf verweisen, dass Wissen nicht übertragbar ist und die Aneignung von Wissen schwer zu beeinflussen.[619] Die Vermittlung bzw. Beeinflussung der Aneignung lernmethodischer Kompetenzen erscheint vor diesem Hintergrund als Programmatik des Kindergartens eindeutig überzogen.

Für Liegle stellen Kinder kleine Philosophen dar, die permanent fragen. Auch vor diesem Hintergrund kann es, seiner Ansicht nach, kaum positiv sein, Kinder dazu aufzufordern, die Bedeutung ihrer Fragen permanent zu reflektieren.[620] Ebenso steht außer Frage, dass Kinder mit all ihren Sinnen lernen. Liegle merkt in diesem Kontext an:

„Tun wir gut daran, von den Kindergartenkindern bereits Systematisierungs-, Abstraktionsleistungen, „Metakompetenzen“ zu erwarten?“[621]

Einen weiteren Kritikpunkt generiert Liegle aus den ‚100 Sprachen‘ des Kindes, die der Reggio-Pädagogik entstammen. Auch hier erscheint es ihm wenig sinnvoll, die Kinder reflektieren zu lassen, was sie hervorgebracht haben und was Sprache letztendlich für ihren Lernprozess bedeutet. Denn so müssten doch gerade die Erwachsenen wissen, wie viele Sprachen sie durch die permanente Reflexion über den Wert und Nutzen dessen, was sie lernen, eingebüßt haben.[622]

Letztlich zieht Liegle folgendes Resümee aus seiner Auseinandersetzung mit den lernmethodischen Kompetenzen – wie für ihn üblich mit Orientierung an der Geschichte der Pädagogik. So hat bereits Schleiermacher darüber räsoniert, was sich heute als Gefahr des Meta-Lernens offenbart:

---

[617] Liegle 2003, S. 18.

[618] Vgl. Liegle 2006, S. 106.

[619] Vgl. Liegle 2006, S. 106.

[620] Vgl. Liegle 2003, S. 18.

[621] Liegle 2003, S. 18.

[622] Vgl. Liegle 2003, S. 18.

„Dass der Wille zu erziehen, Bildung und Lernen zu organisieren, dazu beitragen kann, die Gegenwart des Kindes seiner Zukunft zu opfern."[623]

Liegles Kritik ist jedoch nicht als ein genereller Angriff auf Fthenakis zu verstehen, wie dies bei Schäfer ganz eindeutig zum Ausdruck kommt. So führt er folgende beschwichtigende Worte an:

„Ich bin mir jedenfalls sicher, dass die Autorinnen und Autoren der Bildungsprogramme nicht das im Auge haben und beabsichtigen, was ich hier als Gefahr beschworen habe."[624]

Der Terminus der lernmethodischen Kompetenz sorgt jedoch nicht nur bei Schäfer und Liegle für Unbehagen, denn auch Roßbach steht dem Erwerb lernmethodischer Kompetenzen kritisch gegenüber – allerdings aus einem anderen Grund als Schäfer. So verweist er darauf, dass sich Kompetenzen nie unabhängig von spezifischen Bereichen entwickeln. Auch Lernkompetenzen entwickeln sich somit nicht „freischwebend,"[625] sondern sind zunächst recht spezifisch an die konkreten Lernbereiche gebunden, an denen sie sich entwickeln. Bereichsübergreifende Lernkompetenzen sind somit Zielvorstellungen, die nur durch Übungen einer Lernkompetenz an verschiedenen Anwendungsbereichen erreicht werden können.[626]

„Deshalb sind die „modischen" Forderungen nach der Förderung von übergreifenden Lernkompetenzen mit Skepsis zu betrachten."[627]

Roßbach verweist darauf, dass die Erzieherin bei dem Erwerb lernmethodischer Kompetenz eine „lenkende Rolle"[628] einnehmen muss – eine Notwendigkeit, die Fthenakis ja ganz evident in seinem Bildungsplan zum Ausdruck bringt. Für Roßbach ist es somit gänzlich falsch davon auszugehen, dass das Kind, indem es aus eigenem Antrieb lernt, gleichzeitig lernt, wie man etwas lernt. Er betrachtet den Erwerb lernmethodischer Kompetenz als einen schwierigen Prozess, der viel Hilfestellung bedarf.[629] Ein so hohes und komplexes Bildungsziel für den vorschulischen Bereich zu proklamieren, betrachtet er jedoch als eher kritisch.

---

[623] Liegle 2003, S. 18.

[624] Liegle 2006, S. 108.

[625] Roßbach (2005) [online] [31.01.2007].

[626] Vgl. Roßbach (2005) [online] [31.01.2007].

[627] Roßbach (2005) [online] [310.1.2007].

[628] Roßbach (2005) [online] [31.01.2007].

[629] Vgl. Roßbach (2005) [online] [31.01.2007].

An dieser Kritik von Liegle und Roßbach zeigt sich erneut, wie unterschiedlich die Vorstellungen über frühkindliche Bildung doch sind und wie viel Diskussionsbedarf noch von Nöten ist, um zu einer einheitlichen Regelung für die erste Stufe des Bildungssystems zu gelangen.

11 Resümee

Kommt man am Ende dieser Arbeit erneut auf die Theorie des sozialen Raumes von Bourdieu zurück, so zeigt sich der frühpädagogische Diskurs als ein Feld, in dem Lob und Tadel, Kritik und Anerkennung auf der Tagesordnung stehen.

Jede/r der einzelnen Wissenschaftler/innen hat seine spezifische Stellung im Diskurs inne, um dessen Wahrung sie/er bemüht ist. Freundschaft und Feindschaft zeigen sich mal ganz explizit, hin und wieder jedoch auch eher implizit. Nicht selten werden Aspekte, exemplarisch ist an dieser Stelle die Debatte um Selbstbildung versus Ko-Konstruktivismus anzubringen, konträrer dargestellt, als sie auf den zweiten Blick erscheinen. Die Wissenschaftler scheinen stets darum bemüht, sich der Konkurrenz gegenüber abzugrenzen. Und so hat sich auch bei der NQI gezeigt, dass die Wissenschaftler zwar in Form von Teilprojekten an einer gemeinsamen Initiative partizipieren, und sich auch bei der Methodik annähern, sich daraus aber dennoch keine große Einigkeit entwickelt.

Wir haben Wissenschaftler, wie vor allem Fthenakis kennengelernt, der als Kritiker ex professo auftritt und sich aus seiner hohen Position im Diskurs die Legitimation erteilt, die Diskussionen um die Bereiche der Qualität und Bildung – und somit letztlich alle daran beteiligten Wissenschaftler –einer Kritik zu unterziehen. Ähnliches zeigte sich bei Honig, denn auch bei seiner Kritik an der Qualitätsdebatte erschienen die Bemühungen der anderen Wissenschaftler doch eher als defizitär.

Tietze hat sich wohl besonders durch seine Studie ,Wie gut sind unsere Kindergärten?' einen Namen gemacht. Wie diese Arbeit gezeigt hat, hat er seine ganz eigenen Vorstellungen darüber entwickelt, wie an die Qualitätsthematik von Kindertageseinrichtungen heranzugehen ist. Und auch wenn sich seine Position im Rahmen der NQI etwas verwässert hat, hält er doch weiterhin recht rigide an seinen Vorstellungen fest. Ein Aspekt, der ihn vor allem in einen Disput mit Zimmer verwickelt, der Tietzes Ansichten über Qualität so gar nicht zu teilen scheint. Ähnliches ist bei Honig zu konstatieren, so tritt Tietze permanent in dessen kritischen Fokus.

Noch deutlicher zeigen sich die Kontroversen des Diskurses im Bereich der Bildung. So lässt sich dort grob zwischen drei Lagern differenzieren. Die einen, die frühkindliche Bildung vornehmlich als Selbstbildung auffassen, hiermit verbinden sich vor allem Namen wie Schäfer und Laewen, des weiteren die Anhänger eines ko-konstruktiven Bildungsverständnisses, wie Fthenakis, und diejenigen, die die Debatte dieser beiden Lager als eher überflüssig bewerten, wobei Roßbach und Liegle zu nennen wären. Gerade im Bereich der Bildung, der sich momentan besonders in Bewegung befindet, sind die einzelnen Wissenschaftler darum bemüht, ihre Bildungskonzepte als die einzig gültigen und richtigen auszuweisen. Denn schließlich besitzt wohl jeder den Ehrgeiz, sein Bildungskonzept als dasjenige zu sehen, nachdem Kinder zukünftig in Deutschland gebildet werden. In all diesen Auseinandersetzungen um die frühkindliche Bildung muss sich auch der Situationsansatz neu bewähren, wie die Bemühungen von Preissing zeigen. Sie zeigt sich dabei recht offen und versucht die vielseits geübte Kritik am Situationsansatz produktiv aufzugreifen und das Konzept zu modifizieren. Allerdings ist es doch recht fragwürdig, ob ein Schäfer oder Tietze jemals ein positives Wort für den Situationsansatz übrig haben wird.

Bedenkt man, dass die Frühpädagogik zwar kein Feld ist, das erst seit gestern existiert, aber dennoch erst seit wenigen Jahren eine immense öffentliche Reputation erntet, die nicht zu enden scheint, ist es wenig verwunderlich, dass Konkurrenz unter den Wissenschaftlern auf der Tagesordnung steht. So hat diese Arbeit gezeigt, dass sich zwar schon viel bewegt hat – die NQI und die Bildungspläne sind Paradebeispiele –, dass aber ebenso noch viel Mühe von Nöten ist, um Kindertageseinrichtungen als erste Stufe des Bildungssystems zu etablieren – und dies nicht nur formell – und damit einen größeren Erfolg zu erlangen als bei den Reformbemühungen der 1970er Jahre. Dass die Frühpädagogik so stark in das Zentrum des öffentlichen Interesses getreten ist, ist generell positiv zu bewerten, denn so sind mehr Gelder für Forschungen vorhanden und der gewisse Druck, der mit diesem öffentlichen Interesse einhergegangen ist, belebt den Diskurs. Ein Beispiel hierfür sind wohl vor allem die unterschiedlichen Bildungspläne für den vorschulischen Bereich. Auch wenn sie sich momentan noch allesamt in der Praxis bewähren müssen, sind sie doch ein wichtiger Schritt in die Richtung eines adäquaten Bildungskonzepts für die erste Stufe des Bildungssystems, das vielleicht in einigen Jahren gewährleistet, das Bildung von Schleswig-Holstein bis Bayern das selbe meint und gleiche Chancen generiert.

Das Feld der Frühpädagogik zeigt sich somit facettenreich und voller Potentiale für Innovationen. Und eines scheint gewiss: Schon allein auf Grund der Kontroversen, die die Wissenschaftler untereinander auszutragen haben, werden die Reformbemühungen wohl kaum zu so einem abrupten Abbruch kommen wie in den 1970er Jahren.

Literaturverzeichnis

Aden-Grossmann, W.: Kindergarten. Eine Einführung in seine Entwicklung und Pädagogik, Weinheim und Basel 2002 (Beltz)

Althaus, J. / Hahn, H. / Reul-Friedrich, B. / Schön, C. / Volk, I.: Kindergarten. Zur Entwicklung der Vorschulerziehung, Frankfurt am Main 1987 (Brandes und Apsel)

Bayerisches Staatsministerium für Arbeit und Sozialordnung, Familie und Frauen / Staatsinstitut für Frühpädagogik München: Der Bayerische Bildungs- und Erziehungsplan für Kinder in Tageseinrichtungen bis zur Einschulung, Weinheim und Basel 2006 (Beltz)

Beck, C. H.: Jugendrecht, München 2002 (Deutscher Taschenbuch Verlag)

Bourdieu, P. / Boltanski, L. / de Saint Martin, M. / Maldidier, P.: Titel und Stelle. Über die Reproduktion sozialer Macht, Frankfurt am Main 1981 (Europäische Verlagsanstalt)

Bourdieu, P.: Sozialer Raum und ‚Klassen'. Lecon sur la lecon. Zwei Vorlesungen, Frankfurt am Main 1985 (Suhrkamp)

Braun, U. (2004): Ganz unten fängt es an ... Eine Bestandsaufnahme und Perspektive für den frühpädagogischen Bereich. [online] Available: http://www.kindergartenpaedagogik.de/1324.html [19.10.2006]

Bundesministerium für Bildung und Forschung (Hrsg.): Auf den Anfang kommt es an: Perspektiven für eine Neuorientierung frühkindlicher Bildung, Bonn und Berlin 2005

Bundesministerium für Familie, Senioren, Frauen und Jugend (Hrsg.): Auf den Anfang kommt es an! Perspektiven zur Weiterentwicklung des Systems der Tageseinrichtungen für Kinder in Deutschland, Weinheim, Basel, Berlin 2003 (Beltz)

Colberg-Schrader, H. / Krug, M.: Arbeitsfeld Kindergarten. Pädagogische Wege, Zukunftsentwürfe und berufliche Perspektiven, Weinheim und München 1999 (Juventa)

Diller, A. / Leu, H.R. / Rauschenbach, T.: Vorwort. In: Diller, A. / Leu, H.R. / Rauschenbach, T. (Hrsg.): Der Streit ums Gütesiegel. Qualitätskonzepte für Kindertageseinrichtungen, München 2005 (Verlag Deutsches Jugendinstitut) (S. 7-19)

Diller/Rauschenbach: Reform oder Ende einer Ausbildung – eine einleitende Skizze. In: Diller, A. / Leu, H.R. / Rauschenbach, T. (Hrsg.): Reform oder Ende der Erzieherinnenausbildung? Beiträge zu einer kontroversen Debatte, München 2006 (Verlag Deutsches Jugendinstitut) (S. 7-12)

Elschenbroich, D.: Verwandelt Kindergärten in Labors, Ateliers, Wälder. In: Wehrmann, I. (Hrsg.): Kindergärten und ihre Zukunft, Weinheim, Basel, Berlin 2004 (Beltz)

Esch, K. / Klaudy, E.K. / Micheel, B. / Stöbe-Blossey, S.: Qualitätskonzepte in der Kindertagesbetreuung. Ein Überblick, Wiebaden 2006 (Verlag für Sozialwissenschaften)

Fried, L. / Dippelhofer-Stiem, B. / Honig, M.-S. / Liegle, L. (Hrsg.): Indikatoren der Qualität von Bildungseinrichtungen am Beispiel von Kindertagesstätten: Probleme der Auswahl und Begründung. Dokumentation des Workshops 2001 der Kommission der „Pädagogik der frühen Kindheit" in der Deutschen Gesellschaft für Erziehungswissenschaft, Trier 2001 (Berichte und Studien aus dem Fach Pädagogik)

Fried, L.: Präventive Bildungsressourcen des Kindergartens als Antwort auf interindivduelle Differenzen bei Kindergartenkindern. In: Liegle, L. / Treptow, R. (Hrsg.): Welten der Bildung in der Pädagogik der frühen Kindheit und in der Sozialpädagogik, Freiburg im Breisgau 2002 (Lambertus) (S. 339-348)

Fried, L. / Dippelhofer-Stiem, B. / Honig, M.-S. / Liegle, L.(Hrsg.): Einführung in die Pädagogik der frühen Kindheit, Weinheim, Basel, Berlin 2003 (Beltz)

Fthenakis, W. E. (Hrsg.): Tendenzen der Frühpädagogik. In: Fthenakis, W. E. (Hrsg.): Tendenzen der Frühpädagogik, Düsseldorf 1984 (Schwann) (S. 11-29)

Fthenakis, W. E.: Erziehungsqualität: Operationalisierung, empirische Überprüfung und Messung eines Konstrukts. In: Fthenakis, W. E. / Textor, M. R.: Qualität von Kinderbetreuung. Konzepte, Forschungsergebnisse, internationaler Vergleich, Weinheim und Basel 1998 (Beltz) (S. 52-75)

Fthenakis (1998): Wie zeitgemäß ist unsere Erziehung? Veränderte Lebenswelten von Kindern und deren Konsequenzen für die Qualität von Tagesbetreuung. [online] Available: http://www.liga-kind.de/fruehe/398_fthen. php [10.1.2007].

Fthenakis, W.E. / Nagel, B. / Strätz, R. / Sturzbecher, D. / Eirich, H. / Mayr, T.: Neue Konzepte für Kindertageseinrichtungen: Eine empirische Studie zur Situations- und Problemdefiniton der beteiligten Interessengruppen. In. Fthenakis, W. E. / Eirich, H. (Hrsg.): Erziehungsqualität im Kindergarten. Forschungsergebnisse und Erfahrungen, Freiburg im Breisgau (Lambertus) (S. 23-27, S. 51-54, S. 97-104, S. 135-140)

Fthenakis, W.E.: Kommentar: Die (gekonnte) Inszenierung einer Abrechnung – ein Beitrag von Jürgen Zimmer. In: Fthenakis, W.E. / Textor, M.R. (Hrsg.): Pädagogische Ansätze im Kindergarten, Weinheim und Basel 2000 (Beltz) (S. 115-129)

Fthenakis, W.E.: Die Ausbildung von Erzieherinnen und Erziehern: Strategiekonzepte zur Weiterentwicklung von Ausbildungsqualität. In: Fthenakis, W.E. / Oberhuemer, P. (Hrsg.): Ausbildungsqualität. Strategiekonzepte zur Weiterentwicklung der Ausbildung von Erzieherinnen und Erziehern, Neuwied, Kiftel, Berlin 2002 (Luchterhand) (S. 15-37)

Fthenakis, W.E. / Hanssen, K. / Oberhuemer, P. / Schreyer (Hrsg.): Träger zeigen Profil. Qualitätshandbuch für Träger in Kindertageseinrichtungen, Weinheim, Basel, Berlin 2003 (Beltz)

Fthenakis, W.E.: Vorwort. In: Fthenakis, W.E. (Hrsg.): Elementarpädagogik nach PISA – wie aus Kindertagesstätten Bildungseinrichtungen werden können, Freiburg im Breisgau 2003 (Herder) (S. 9-15)

Fthenakis, W.E.: Zur Neukonzeptualisierung von Bildung in der frühen Kindheit. In: Fthenakis, W.E. (Hrsg.): Elementarpädagogik nach PISA – Wie aus Kindertagesstätten Bildungseinrichtungen werden können, Freiburg im Breisgau 2003 (Herder) (S. 18-38)

Fthenakis, W.E.: Pädagogische Qualität in Tageseinrichtungen für Kinder. In: Ftheankis, W.E. (Hrsg.): Elementarpädagogik nach PISA –wie aus Kindertagesstätten Bildungseinrichtungen werden können, Freiburg im Breisgau 2003 (Herder) (S. 208-243)

Fthenakis, W. E. (2003a): Deutschland braucht ein Bildungskonzept für den frühkindlichen Bereich. Interview beim Forum Bildung. [online] Available: http//:www.ifp-Bayern.de/cms/forumbildung.pdf [7.12.2006]

Fthenakis, W.E. (2003b): Der Bildungsauftrag in Kindertageseinrichtungen: Ein umstrittenens Terrain? [online] Available: http://www.familienhandbuch.de/Cmain/f_Akzuelles/a_Kindertagesbetreuung/s_739.html [13.02.2007]

Fthenakis, W. E.: Kindergärten und ihre Zukunft: Das System bedarf der Reform. In: Wehrmann, I.: Kindergärten und ihre Zukunft, Weinheim, Basel, Berlin 2004 (Beltz) (S. 559-576)

Fthenakis, W. E.: Implikationen und Impulse für die Weiterentwicklung von Bildungsqualität in Deutschland. In: Fthenakis, W.E. / Oberhuemer, P. (Hrsg.): Frühpädagogik international. Bildungsqualität im Blickpunkt, Wiesbaden 2004 (Verlag für Sozialwissenschaften) (S. 387-403)

Fthenakis, W. E. (2004): Bildung und Erziehung für Kinder unter sechs Jahren: Der bayerische Bildungs- und Erziehungsplan. [online] Available: http://www.ifp-bayern.de/cmain/a_Bildungsplan:Allgemeines/s:143 [27. 10.2006]

Gerspach, M.: Elementarpädagogik. Eine Einführung, Stuttgart 2006 (Kohlhammer)

Grossmann, W.: Kindergarten. Eine historisch-systematische Einführung in seine Entwicklung und Pädagogik, Weinheim und Basel 1987 (Beltz)

Hammes-Di Bernado, E. / Hebenstreit-Müller, S. (Hrsg.): Innovationsprojekt Frühpädagogik, Baltmannsweiler 2005 (Schneider Verlag Hohengehren)

Hoffmann, D.(2004): Frühkindliche Bildung – ein neues Konzept? Zur Entwicklung frühpädagogischer Einrichtungen in Ost- und Westdeutschland vom Zweiten Weltkrieg bis heute. [online] Available: http://www2.hu-berlin.de/leibniz-Sozietaet/bildung/hoffmann_kk.de [15.1.2007]

Honig, M.-S. / Leu, H. R. / Nissen, U.: Kinder und Kindheit. Soziokulturelle Muster – Sozialisationstheoretische Perspektiven, Weinheim und München 1996 (Juventa)

Honig, M.-S.: Entwurf einer Theorie der Kindheit, Frankfurt am Main 1999 (Suhrkamp)

Honig, M.-S. / Lange, A. / Leu, H.R. (Hrsg.): Aus der Perspektive von Kindern? Zur Methodologie der Kindheitsforschung, Weinheim und München 1999 (Juventa)

Honig, M.-S.: Instituetik frühkindlicher Bildungsprozesse – Ein Forschungsansatz. In: Liegle, L. / Treptow, R. (Hrsg.): Welten der Bildung in der Pädagogik der Frühen Kindheit und in der Sozialpädagogik, Freiburg im Breisgau 2002 (Lambertus) (S. 181-194)

Honig, M.-S. (2003): Kinder wahrnehmen: Ansatz und Fragestellung der Ehtnografie-Studie im Trierer „Caritas-Projekt". [online] Available:

http://www.uni-trier.de/.../pers-abt/abteilungen/pdfs/sp2_arbeitspapier/
Arbeitspapier 14_Paedagogische_Kulturpdf [29.11.2006]

Honig, M-S. / Joos, M. / Schreiber, N.: Was ist ein guter Kindergarten? Theoretische und Empirische Analysen zum Qualitätsbegriff in der Pädagogik, Weinheim und München 2004 (Juventa)

Honig, M.-S. (2004): Aspekte pädagogischer Qualität in Rheinland-Pfälzischen Kindertagesstätten (Quarta), Mainz September 2004. [online] Available: http://www.mbfj.rpl.de/downloads/Eingangsstatement_Honig. doc [29.11.2006]

Jugendministerkonferenz (2002): Bildung fängt im frühen Kindesalter an. Beschluss vom 06/07. Juni 2002, TOP 4. [online] Available: http://www.kindergartenpaedagogik.de/826.html [30.11.2006]

Knauf, T. (2005a): Reggio-Pädagogik: kind- und bildungsorientiert. [online] Available: http:/www.kindergartenpaedagogik.de/1138.html [25.10.2006]

Knauf, T. (2005): PISA, Reggio und der Bildungsauftrag des Kindergartens. [online] Available: http://www.kindergartenpaedagogik.de/1323.html [19.10.2006]

Kruthaup, B.: Qualität in der institutionellen Elementarpädagogik – ein beliebiges Konstrukt? Eine kritisch-theoretische Diskussion der gegenwärtigen Qualitätskriterien und angestrebten Standardisierungen, Münster 2004 (Lit Verlag)

Laewen, H.-J. (1992): Auf dem Weg zu einer neuen Kleinkindpädagogik. Anmerkungen zur Tagesbetreuung von Kleinkindern in Kindertagesstätten. [online] Available: http://www.mwfk.brandenburg.de/media/bml.a1231.de/hd_2_92_teil_1_101.pdf [10.12.2006]

Laewen, H.-J. / Neumann, K. / Zimmer, J. (Hrsg.): Der Situationsansatz – Vergangenheit und Zukunft. Theoretische Grundlagen und praktische Relevanz. Dokumentation der Referate und Diskussionen der Frühjahrstagung der Kommission Pädagogik der frühen Kindheit der Deutschen Gesellschaft für Erziehungswissenschaft vom 17. bis 19. Mai 1995 in Potsdam, Seelze-Velber 1997 (Kallmeyer`sche Verlagsbuchhandlung)

Laewen, H.-J. / Andres, B. (Hrsg.): Bildung und Erziehung in der frühen Kindheit. Bausteine zum Bildungsauftrag von Kindertageseinrichtungen, Weinheim, Basel, Berlin 2002a (Beltz)

Laewen, H.-J. / Andres, B. (Hrsg.): Forscher, Künstler, Konstrukteure. Werkstattbuch zum Bildungsauftrag von Kindertageseinrichtungen, Weinheim, Basel, Berlin 2002b (Beltz)

Laewen, H.-J.: Bildung in Kindertageseinrichtungen: Der schwierige Weg in die Praxis. In: Wehrmann, I. (Hrsg.): Kindergärten und ihre Zukunft, Weinheim, Basel, Berlin 2004 (Beltz) (S. 149-165)

Liegle, L.: Welten der Kindheit und Familie. Beiträge zu einer pädagogischen und kulturvergleichenden Sozialistaionsforschung, Weinheim und München 1987 (Juventa)

Liegle, L.: Über die besonderen Strukturmerkmale frühkindlicher Bildungsprozesse. In: Liegle, L. / Treptow, R. (Hrsg.): Welten der Bildung in der Pädagogik der frühen Kindheit und der Sozialpädagogik, Freiburg im Breisgau 2002 (Lambertus) (S. 51-63)

Liegle, L. / Treptow, R.: Was ist neu an der gegenwärtigen Neubestimmung von Bildung? In: Liegle, L. / Treptow, R. (Hrsg.): Welten der Bildung in der Pädagogik der frühen Kindheit und der Sozialpädagogik, Freiburg im Breisgau 2002 (Lambertus) (S. 13-22)

Liegle, L.: Bildungskulturen im Kindergarten. In: Frühe Kindheit, die ersten sechs Jahre 6. Jahrgang, Ausgabe 05/03 (S. 16-19)

Liegle, L. (2004): Bildung, Erziehung und Betreuung von Kindern unter drei Jahren: Chancen und Bedingungen für qualitative Angebote. Vortrag auf der Fachtagung der Bundesvereinigung Evangelischer Tageseinrichtungen am 12. November 2004 in Berlin, [online]. Available: http://www. beta-diakonie.de/cms/041112_Liegle.pdf [10.02.2007]

Liegle, L.: Bildung und Erziehung in früher Kindheit, Stuttgart 2006 (Kohlhammer)

Preissing, C. (Hrsg.): Qualität im Situationsansatz. Qualitätskriterien und Materialen für die Qualitätsentwicklung in Kindertageseinrichtungen, Weinheim, Basel, Berlin 2003 (Beltz)

Preissing, C. (2003): Bildung im Situationsansatz – Bildung nach PISA. [online] Available: http://www.kindergartenpaedagogik.de/936.html [25.10. 2006]

Rauschenbach, T.: Bildung für alle Kinder: Zur Neubestimmung des Bildungsauftrags in Kindertageseinrichtungen. In: Wehrmann, I. (Hrsg.): Kindergärten und ihre Zukunft, Weinheim, Basel, Berlin 2004 (Belt)

Reinhold, G. (Hrsg.): Pädagogiklexikon, München und Wien 1999 (Oldenbourg)

Reyer, J.: Einführung in die Geschichte des Kindergartens und der Grundschule, Bad Heilbrunn 2006 (Klinkhardt)

Roßbach, H.-G.: Analyse von Messinstrumenten zur Erfassung von Qualitätsmerkmalen frühkindlicher Betreuungs- und Erziehungsumwelten, Münster 1993 (Institut für sozialwissenschaftliche Forschung e.V.)

Roßbach, H.-G.: Bildungsökonomische Aspekte in der Weiterentwicklung des Früherziehungssystems. In: Tietze, W. (Hrsg.): Früherziehung. Trends, internationale Forschungsergebnisse, Neuwied, Kriftel, Berlin 1996 (Luchterhand) (S. 279-291)

Roßbach, H.-G. (2005): Die Bedeutung eines Orientierungsplans für die Weiterentwicklung der frühkindlichen Bildung und Erziehung. (Vortrag auf der Didacta 2005). [online] Available: http://www.didacta.de/download/050310Rossbachdidacta2005.pdf [31.01.2007]

Roux, S.: Wie sehen Kinder ihren Kindergarten? Theoretische und empirische Befunde. Zur Qualität von Kindertagesstätten, Weinheim und München 2002 (Juventa)

Roux, S. (2002): PISA und die Folgen: Der Kindergarten zwischen Bildungskatastrophe und Bildungseuphorie. [online] Available: http://www.kindergartenpaedagogik.de/967.html [28.11.2006]

Schäfer, G.E.: Spielphantasie und Spielumwelt. Spielen, Bilden und Gestalten als Prozesse zwischen Innen und Außen, Weinheim und München 1989 (Juventa)

Schäfer, G.E.: Bildungsprozesse im Kindesalter. Selbstbildung, Erfahrung und Lernen in der frühen Kindheit, Weinheim und München 1995 (Juventa)

Schäfer, G.E. (Hrsg.): Bildung beginnt mit der Geburt. Ein offener Bildungsplan für Kindertageseinrichtungen in Nordrhein-Westfalen, Weinheim, Basel, Berlin 2003 (Beltz)

Schäfer, G.E. (2004a): Der Situationsansatz. [online] Available: http://www.uni-koeln.de/ew-fak/paedagogik/fruehekindheit/texte/einfuehrung05.html [25.10.2006]

Schäfer, G.E. (2004b): Auf dem Weg zu einer Bildungstheorie..., [online]. Available: http://www.uni.koeln.de/ew-fak/paedagogik/fruehekindheit/ texte/einfuehrung02.html [25.10.2006]

Schäfer, G.E. (2004c): Vielfalt der Bildung – Vom konkreten zum symbolischen Denken [online] Available: http://www.uni-koeln.de/ew-fak/paedagogik/fruehekindheit/texte/doku_ws7:pdf [10.01.2007]

Schäfer, G.E.: Bildung von Anfang an: Aufgaben frühkindlicher Bildung in Familie, Krippe, Kindergarten. In: Wehrmann, I. (Hrsg.): Kindergärten und ihre Zukunft, Weinheim, Basel, Berlin 2004 (Beltz) (S. 123-135)

Schäfer, G.E.: Bildungsprozesse im Kindesalter. Selbstbildung, Erfahrung und Lernen in der frühen Kindheit, Weinheim und München 2005 (Juventa)

Schäfer, G.E. (2005): Der Bayerische Erziehungs- und Bildungsplan –Ein Instruktionsansatz? [online] Available: http://www.uni-koeln.de/ew-fak/ paedagogik/fruehekindheit/texte/05_Instruktionsansatz.pdf [10.02.2007]

Schäfer, J.: Geschichte der Vorschulerziehung, Frankfurt am Main 1987 (Verlag Peter Lang)

Senatsverwaltung für Bildung, Jugend und Sport (2003): Das Berliner Bildungs-Programm für die Bildung, Erziehung und Betreuung von Kindern in Tageseinrichtungen bis zu ihrem Schuleintritt. Entwurf Juni 2003. [online] Available: www.ufu.de/component/option,com_docman/Itemid, 0/task,doc_download/gid,10 [15.1.2007]

Spiewak, M.: Der Schatz der frühen Jahre. In: Die Zeit 29.6.2006

Stroß, A.M.: Bildung – Reflexion – Partizipation. Anstöße zur Professionalisierung von Erzieherinnen und Erziehern, Münster u.a. 2007 (Lit Verlag)

Textor, M.R. (2003): Zur Reform des Bildungswesens, insbesondere des Elementar-Bereichs. [online] Available: http://www.kindergarten-paedagogik.de/1045.html. [19.10.2006]

Textor, M.R. (2005a): Bildung: Was müssen und können Kindergärten leisten? [online] Available: http://www.kindergartenpaedagogik.de/1230. html [18.11.2006]

Textor, M.R. (2005b): Piagets Theorie der kognitiven Entwicklung. [online] Available: http://www.kindergartenpaedagogik.de/1226.html [24.10.2006]

Tietze, W. / Schuster, K.-M. / Roßbach, H.-G.: Kindergarten-Einschätz-Skala (KES), Neuwied, Kriftel, Berlin 1997 (Luchterhand)

Tietze, W.: Wie gut sind unsere Kindergärten? Eine Untersuchung zur pädagogischen Qualität in deutschen Kindergärten, Neuwied, Kriftel, Berlin 1998 (Luchterhand)

Tietze, W. / Meischner, T. / Gänsefuß, R. / Grenner, K. / Schuster, K.-M. / Völkel, P. / Roßbach, H.-G.: Erziehung und Betreuung im Kindergartenalter. In: Fthenakis, W. E. / Eirich, H. (Hrsg.). Erziehungsqualität im Kindergarten. Forschungsergebnisse und Erfahrungen, Freiburg im Breisgau 1998 (Lambertus) (S. 28-30, S. 56-60, S. 107-112, S. 142-146)

Tietze, W. / Spieß, C.K.: Gütesiegel als neues Instrument der Qualitätssicherung von Humandienstleistungen. Gründe, Anforderungen und Umsetzungsüberlegungen am Beispiel von Kindertageseinrichtungen. Diskussionspapier Nr. 234, Berlin 2001 (Deutsches Institut für Wirtschaftsforschung)

Tietze, W. / Viernickel, S. (Hrsg.): Pädagogische Qualität in Tageseinrichtungen für Kinder. Ein nationaler Kriterienkatalog, Weinheim, Basel, Berlin 2003 (Beltz)

Tietze, W.: Pädagogische Qualität in Familie, Kindergarten und Grundschule und ihre Bedeutung für die kindliche Entwicklung. In: Faust, G. / Götz, M. / Hacker, H. / Roßbach, H.-G. (Hrsg.): Anschlussfähige Bildungsprozesse im Elementar- und Primarbereich, Bad Heilbrunn 2004(Klinkhardt) (S. 139-154)

Tietze, W.: Notwendigkeit und Perspektiven von Qualitätsentwicklung und Qualitätssicherung in Kindertageseinrichtungen. In: Wehrmann, I. (Hrsg.): Kindergärten und ihre Zukunft, Weinheim, Basel, Berlin 2004 (Beltz) (S. 407-417)

Tietze, W. / Schuster, K.-M. / Grenner, K. / Roßbach, H.-G.: Kindergarten Skala (KES-R) Feststellung und Unterstützung pädagogischer Qualität in Kindergärten, Weinheim und Basel 2005 (Beltz)

Tietze, W. / Roßbach, H.-G. / Grenner, K.: Kinder von 4 bis 8 Jahren. Zur Qualität der Erziehung und Bildung in Kindergarten, Grundschule und Familie, Weinheim und Basel 2005 (Beltz)

Tietze, W. / Förster, C.: Allgemeines pädagogisches Gütesiegel für Kindertageseinrichtungen. In: Diller, A. / Leu, H.R. / Rauschenbach, T. (Hrsg.): Der Streit ums Gütesiegel. Qualitätskonzepte für Kindertageseinrichtungen, München 2005 (Verlag Deutsches Jugendinstitut)

Tietze, W. (2005): Ansätze für nachhaltige Qualitätssicherung. [online] Available: http://www.mckinsey-bildet.de/html/04_bildungswerkstatt/ bw 4:vortraege_04.php [25.10.2006]

Tietze, W. / Förster, C..: Qualitätsfeststellung und Gütesiegel. Der Deutsche Kindergarten – Gütesiegel als neuartiges Instrument der Qualitätssicherung in Kindertageseinrichtungen. In: frühe Kindheit, die ersten sechs Jahre, 9. Jahrgang, Ausgabe 04/06 (S. 8-12)

Viernickel, S.: Kleinkinder konstruieren soziale Bedeutungen. In: Fried, L. / Büttner, G. (Hrsg.): Weltwissen von Kindern. Zum Forschungsstand über die Aneignung sozialen Wissens bei Krippen- und Kindergartenkindern, Weinheim und München 2004 (Juventa) (S. 35-55)

Viernickel, S. / Klauer, M. / Isenmann-Emser, M.: Qualität in Kindertageseinrichtungen: Die Perspektive der Kinder. In: frühe Kindheit, die ersten sechs Jahre, 9. Jahrgang, Ausgabe 04/06 (S. 13-17)

von der Beek, A. / Schäfer, G.E. / Steudel, A.: Bildung im Elementarbereich – Wirklichkeit und Phantasie, Weimar, Berlin 2006 (Verlag Das Netz)

Wehrmann, I.: Kindergarten und Gütesiegel. In: Wehrmann, I. (Hrsg.): Kindergärten und ihre Zukunft, Weinheim, Basel und Berlin 2004 (Beltz)

Zimmer, J. / Preissing, C. / Thiel, T. / Heck, A. / Krappmann, L.: Kindergärten auf dem Prüfstand. Dem Situationsansatz auf der Spur, Seelze 1997 (Kallmeyer'sche Verlagsbuchhandlung)

Zimmer, J. / Preissing, C. / Thiel, T. / Heck, A. / Krappmann, L.: Evaluation des Erprobungsprogramms. In: Fthenakis, W. E. / Eirich, H. (Hrsg.): Erziehungsqualität im Kindergarten. Forschungsergebnisse und Erfahrungen, Freiburg im Breisgau 1998a (Lambertus) (S. 27-28, S. 54-56, S. 104-107, S. 140-142)

Zimmer, J.: Das kleine Handbuch zum Situationsansatz, Ravensburg 1998 (Ravensburger Buchverlag)

Zimmer, J.: Der Situationsansatz in der Diskussion und Weiterentwicklung. In: Fthenakis, W.E. / Textor, M.R. (Hrsg.): Pädagogische Ansätze im Kindergarten, Weinheim und Basel 2000 (Beltz) (S. 94-114)